JOURNAL
DE LA
CAMPAGNE D'ITALIE
— 1859 —

PAR

LE COMTE D'HÉRISSON

PARIS
PAUL OLLENDORFF, ÉDITEUR
28 *bis*, RUE DE RICHELIEU, 28 *bis*

—

1889
Tous droits réservés.

JOURNAL

DE LA

CAMPAGNE D'ITALIE

DU MÊME AUTEUR :

ÉTUDE SUR LA CHINE CONTEMPORAINE, 1864.

L'ESPRIT CHINOIS ET L'ESPRIT EUROPÉEN, 1868.

LA RÉFORME DES HUMANITÉS, 1872.

DESCRIPTION GÉNÉRALE DE L'ANCIEN BOURBONNAIS, 1875.

RELATION D'UNE MISSION ARCHÉOLOGIQUE EN TUNISIE, 1884.

L'EXPÉDITION DE CHINE, d'après la Correspondance confidentielle du général COUSIN DE MONTAUBAN, comte de Palikao. — Ouvrage mis sous séquestre par « Raison d'État », puis acquis par le Ministre de la Guerre, 1883.

JOURNAL D'UN OFFICIER D'ORDONNANCE, 54ᵉ édition, 1 vol. grand in-18. . . . . 3 fr. 50

JOURNAL D'UN INTERPRÈTE EN CHINE, 28ᵉ édition, 1 vol. grand in-18 . . . . 3 fr. 50

LE CABINET NOIR. — Louis XVII. — Napoléon. — Marie-Louise. — 19ᵉ édition, 1 vol. grand in-18. 3 fr. 50

LA LÉGENDE DE METZ, 20ᵉ édit., 1 vol. gr. in-18. 3 fr. 50

AUTOUR D'UNE RÉVOLUTION, 10ᵉ édition. 1 vol. grand in-18. . . . . 3 fr. 50

NOUVEAU JOURNAL D'UN OFFICIER D'ORDONNANCE, 16ᵉ édition, 1 vol. grand in-18. . . . . 3 fr. 50

En préparation :

LE PRINCE IMPÉRIAL (NAPOLÉON IV).

JOURNAL DE LA CAMPAGNE DE CRIMÉE.

LES CHASSES A L'HOMME (Guerres d'Afrique).

Tous droits de reproduction et de traduction réservés pour tous les pays, y compris la Suède et la Norwège.

S'adresser, pour traiter, à M. PAUL OLLENDORFF, Éditeur, 28 *bis*, rue de Richelieu, Paris.

JOURNAL

DE LA

CAMPAGNE D'ITALIE

— 1859 —

PAR

LE COMTE D'HÉRISSON

PARIS

PAUL OLLENDORFF, ÉDITEUR

28 bis, RUE DE RICHELIEU, 28 bis

—

1889

Tous droits réservés.

Il a été tiré de cet ouvrage vingt exemplaires sur papier de Hollande, numérotés à la presse (1 à 20).

PRÉFACE

Me voici avec une *Histoire de la Campagne d'Italie* sur les bras, devant le grand public qui a fait à mes livres, parus ces dernières années, un accueil dont je lui suis profondément reconnaissant.

Or, ce public n'a peut-être point oublié que, dans le *Journal d'un Interprète en Chine*, je lui ai raconté, qu'engagé volontaire, pour la campagne d'Italie, dans un régiment de hussards, j'étais resté pendant toute la durée de cette guerre, si rapide, au dépôt d'instruction à Tours et que j'avais pris, par conséquent, une part infiniment faible à l'abaissement de la « Maison d'Autriche », en montant la garde dans une écurie.

Mes camarades, de la portion active du régiment, ne firent pas plus de mal que moi à l'adversaire du cardinal de Richelieu.

Ils ne virent pas l'ennemi, et tout leur rôle militaire se borna à respirer l'air embaumé de Florence, et à se promener par petites étapes, dans le « Jardin de l'Europe », où les femmes et leurs fleurs semblaient se disputer le plaisir de leur ouvrir leurs bras et leurs corolles.

Néanmoins, quand ils revinrent en France, la médaille d'Italie brillait sur leur dolman. En bonne justice j'aurais dû la porter aussi ; car, si ma mission n'avait pas été plus dangereuse que la leur, elle avait été plus insipide ; et s'ils n'avaient combattu personne, j'avais eu à lutter contre un ennemi terrible, qu'ils n'avaient point connu : l'ennui.

Je ne puis donc dire au lecteur, comme dans mes récits du siège, de l'expédition de Chine, et même de la Commune : « Je vais vous raconter ce que j'ai vu », car je n'ai pas vu la campagne d'Italie ; mais un autre que moi l'a vue avec des yeux meilleurs que les miens. Et, non seulement il l'a vue, mais l'a photographiée, et il m'a transmis les clichés primitifs tirés par lui sur place, dont il n'a été donné, jusqu'ici, aucune épreuve.

Un officier faisant partie de la garde impériale, a écrit, au jour le jour, ses notes, ses impressions.

C'est ce manuscrit, vivant et précieux, qui forme en quelque sorte le squelette du volume que j'apporte.

J'ai complété ce manuscrit par un procédé que

j'ai déjà appliqué, que j'ai emprunté, j'en fais l'aveu, au journalisme contemporain, qui a, à notre époque, toutes les faveurs du public et qui, je le crois, les mérite.

Ce procédé consiste à transformer l'auteur en juge d'instruction, établissant une enquête sur les faits historiques, comme on établit une enquête sur une cause judiciaire, évoquant les acteurs d'un drame, militaire ou politique, et recueillant leur témoignage, comme on évoque devant un tribunal les acteurs et les témoins d'un drame ordinaire.

Je suis donc allé trouver la plupart des personnages encore vivants, qui ont pris une part prépondérante et active à la campagne d'Italie, dans ses préliminaires, dans sa marche et dans ses conclusions.

Je les ai interrogés, comme un magistrat; j'ai écrit leurs dépositions, comme un greffier!

De ces interrogatoires ou de ces *interview*, comme on dit maintenant, j'ai recueilli des documents extraordinairement intéressants.

Cette besogne faite; ces matériaux rassemblés, il me restait à m'occuper de la forme qui pouvait être la plus agréable pour le lecteur.

J'ai pensé que, pour lui éviter les ennuis et les répétitions, ce que j'avais de mieux à faire, c'était de compléter, avec tous ces témoignages, le manuscrit primitif de mon camarade. C'est ce que j'ai fait.

Il résulte de ce travail d'adaptation, un récit, dont tous les détails n'ont pas été vus par les mêmes yeux, mais dont tous les détails ont été vus sur place, par des yeux différents; dont chaque phrase pourrait être contresignée par des officiers, des généraux, des diplomates ou des princes.

Si on me permet cette comparaison, je dirai que ce livre est une ruche, dont les abeilles auraient été remplacées par des hommes, apportant chacun sa déposition, comme l'insecte apporte son miel.

Je n'ai fourni que la forme extérieure de l'enveloppe, les parois de la ruche.

La campagne d'Italie a été très populaire en France. Ce pays-ci s'enflamme plus facilement pour les idées que pour les intérêts et pour les mots que pour les choses.

Napoléon III ne pouvait pas lui dire, qu'en jetant 300 000 de ses enfants par-dessus les Alpes, il allait simplement acquitter un billet à ordre souscrit par lui, dans sa jeunesse, au profit des Carbonari et se mettre à l'abri des bombes et des poignards qui leur servaient à rappeler sa dette à un débiteur intimement disposé peut-être à laisser protester sa signature.

Les Français auraient réfléchi! Il leur parla de liberté, d'indépendance, et ils ne réfléchirent plus.

Lorsque ce souverain se rendit à la gare de Lyon, pour prendre le train qui devait l'emmener en Italie, les ouvriers dételèrent sa voiture et la traînèrent eux-mêmes : les évêques appelèrent sur l'Empereur les bénédictions du ciel, et firent allusion, dans leurs mandements, aux « lauriers moissonnés sur ce sol classique », par le fondateur de la dynastie.

Quand l'Empereur et l'armée revinrent victorieux, Paris fit à l'Empereur et à l'armée un plancher et un toit de fleurs.

Paris ne se doutait pas que ces triomphateurs n'étaient, hélas! que l'avant-garde des troupes allemandes qui devaient l'investir. Les évêques ne se doutaient pas que la chute du pouvoir temporel du Pape allait être la conséquence nécessaire de nos victoires et des conquêtes du Piémont. La France ne se doutait pas qu'elle venait de se créer une rivale, et qu'à côté de ce berceau fleuri, où vagissait un ennemi naissant, allait se forger un berceau de fer surmonté de la couronne impériale de Charlemagne.

La France ne se doutait pas que de l'Italie unifiée allait sortir l'Allemagne unie, qu'en traversant l'Adige, elle perdait le Rhin, et qu'un jour viendrait où elle se débattrait dans l'étreinte combinée de l'Italie, et de l'Allemagne créée par elle-même.

C'est ce qui est arrivé pourtant, c'est ce que nous touchons. Certes! nous n'avons plus ni le pouvoir, ni même la volonté de retourner en arrière. Personne en France ne songe à défaire l'Italie, et cela pour un tas de raisons, et il faut toute la mauvaise foi des hommes d'État de la Péninsule pour nous représenter comme des adversaires de la nation que nous avons enfantée dans la douleur et dans la victoire.

Mais si c'était à refaire, si on nous rajeunissait de trente ans!...

Laissons ces rêves impossibles. L'expédition d'Italie a été une campagne de soldats encore plus que de généraux. Elle a mis en lumière les qualités guerrières de notre race et l'admirable tempérament individuel du troupier français. Cela suffit pour qu'il y ait plaisir à la raconter.

Ni les victoires, ni les défaites ne sont éternelles ici-bas, et c'est une œuvre utile et juste que de rappeler aux vaincus d'hier qu'ils ont été les victorieux d'avant-hier, et que, par conséquent, la gloire qui leur a été infidèle peut un jour, la grande capricieuse qu'elle est, leur rendre ses faveurs, lorsqu'ils les auront reconquises par la discipline, le travail et le patriotisme.

COMTE D'HÉRISSON.

JOURNAL
DE LA
CAMPAGNE D'ITALIE
1859

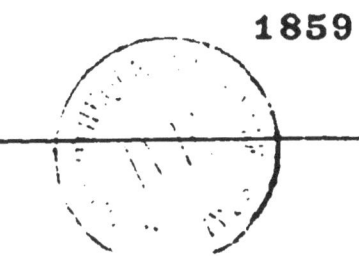

CHAPITRE PREMIER

L'attentat Orsini. — Suites de l'attentat. — L'Empereur a-t-il eu peur? — Une lettre du baron de Heeckeren. — Un acte d'affiliation. — Carbonari et Francs-Maçons. — L'Empire romain. — *Le Journal de Florence*. — Le secret de l'Empereur. — Ce que pensait M. Thouvenel. — Appel au peuple italien. — La reconnaissance de l'Italie.

On lit dans le *Moniteur Officiel* du 14 janvier 1858 :
« Ce soir, à huit heures et demie, au moment où LL. MM. l'Empereur et l'Impératrice arrivaient à l'Opéra, trois détonations, provenant de projectiles creux, se sont fait entendre.

« Un nombre considérable de personnes qui stationnaient devant le théâtre, des soldats de l'escorte et de la garde de Paris ont été blessés, deux mortellement.

« Ni l'Empereur ni l'Impératrice n'ont été atteints. Le chapeau de l'Empereur a été percé par un projectile, et le général Roguet, aide de camp de Sa Majesté, qui se trouvait sur le devant de la voiture, a été légèrement blessé à la nuque.

« Deux valets de pied ont été blessés.

« Un cheval de la voiture de Sa Majesté a été tué et la voiture brisée par les projectiles.

« L'Empereur et l'Impératrice ont été accueillis, à leur entrée dans la salle de l'Opéra, par le plus vif enthousiasme. La représentation n'a pas été interrompue.

« En apprenant cet événement, LL. AA. II. le prince Jérôme Napoléon et le prince Napoléon, S. A. I. la princesse Mathilde, LL. AA. les princes Murat, les ministres, plusieurs maréchaux, le maréchal commandant l'armée de Paris, plusieurs grands fonctionnaires, des membres du corps diplomatique, les préfets de la Seine et de police, le procureur général près la cour de Paris, le procureur impérial, se sont rendus auprès de Leurs Majestés. L'instruction a été commencée immédiatement.

« Leurs Majestés ont quitté l'Opéra à minuit. Les boulevards avaient été spontanément illuminés, et une foule considérable a fait entendre, sur le passage de l'Empereur et de l'Impératrice, les acclamations les plus enthousiastes et les plus touchantes.

« A leur arrivée aux Tuileries, Leurs Majestés y ont trouvé un grand nombre de personnes, parmi lesquelles se trouvaient l'ambassadeur d'Angleterre, le président du Sénat, des membres du corps diplomatique et plusieurs sénateurs. »

S. A. R. le duc de Saxe-Cobourg-Gotha assistait à la représentation, dans la loge de Leurs Majestés Impériales.

Le *Moniteur* du 15 janvier ajoutait :
« L'Empereur et l'Impératrice sont sortis aujourd'hui en voiture découverte; et ont parcouru sans escorte les boulevards, où ils ont reçu les accueils les plus enthousiastes. De là, ils sont allés à l'hôpital du Gros-Caillou, visiter les blessés qui faisaient partie de l'escorte d'hier au soir. »

« L'attentat dont tout Paris frémit encore, et qui soulèvera l'indignation du monde entier, semble être le résultat d'un vaste complot tramé à l'étranger. En effet, le gouvernement recevait de Jersey, dès le mois de juin dernier, les renseignemens suivants :

« Le complot consiste dans la fabrication de grenades fulminantes. Elles sont d'une puissance inconnue jusqu'à présent, et sont destinées à être jetées sous la voiture de Sa Majesté Impériale, où leur simple choc contre le pavé déterminera leur explosion et la destruction de la voiture. »

« D'un autre côté, un nouveau manifeste de Mazzini paraissait le 9 janvier 1858, dans le journal de Gênes, *Italia del Popolo*.

Enfin des rapports récemment parvenus de Londres à l'administration française portaient ce qui suit :

« Un nommé Pierri, originaire de Florence, ancien chef dans la légion italienne, vient de quitter l'Angleterre dans le but de mettre à exécution un complot tramé contre la vie de l'Empereur. Cet Italien est un homme de quarante à quarante-cinq ans, petit, maigre, brun, au teint maladif, parlant assez mal le français et avec un accent italien très prononcé : il parle très bien l'anglais. C'est un individu violent, méchant, très déterminé, et qui a fui son pays à la suite de meurtres, entre autres celui d'un prêtre. Avant de quitter l'Angleterre, Pierri a eu plusieurs entretiens avec les réfugiés français à Londres. »

« Un rapport mentionne que Pierri a passé par Bruxelles, où il a vu plusieurs réfugiés.

« Il s'est dirigé sur Paris en passant par Lille, accompagné d'un homme âgé qu'il a pris à Bruxelles, et portant avec lui une machine en fonte creuse, faite d'après le système Jacquin. On remarque du reste que cet individu voyage dans les voitures de 1re classe, descend dans les meilleurs hôtels et paraît avoir de l'argent.

« Ce même Pierri, dont le signalement était entre les mains des agents de l'autorité, a été arrêté hier soir, près de l'Opéra, quelques minutes avant l'attentat. Il était porteur d'une grenade fulminante, d'un pistolet-revolver et d'un poignard. Malheureusement ses complices étaient déjà à l'œuvre, et il n'a pas été possible de prévenir leur coupable dessein.

« Le ministre de l'instruction publique et des cultes a adressé la dépêche télégraphique suivante à NN. SS. les archevêques et évêques :

« La Providence vient de préserver les jours de l'Empereur et de l'Impératrice menacés par un abominable attentat. Pour remercier Dieu de sa protection si éclatante, Sa Majesté désire qu'un *Te Deum* solennel soit chanté dimanche prochain dans toutes les églises de France. Veuillez, Monseigneur, vous concerter, à cet effet, avec le préfet de votre département. »

« Immédiatement après l'attentat d'hier au soir, LL. MM. l'Empereur et l'Impératrice ont chargé plusieurs officiers d'ordonnance d'aller recueillir des renseignements sur les victimes, et ont donné l'ordre de leur porter tous les secours que réclamait leur état.

« Le nombre des victimes est malheureusement considérable. Dans les lanciers de la garde impériale, douze hommes ont été atteints, dont sept, parmi lesquels se trouvent un maréchal des logis et un brigadier, ont reçu des blessures graves. Les cinq autres sont blessés légèrement.

« Onze militaires de la garde de Paris ont aussi été frappés, dont deux maréchaux des logis. Un des gardes est blessé mortellement. Cinq ont des blessures graves; les six autres ont des blessures légères.

« Trois des valets de pied qui étaient derrière la voiture de l'Empereur ont été atteints de plusieurs projectiles. Leur état, quoique grave, n'inspire pas d'inquiétudes. Le cocher de la voiture de l'Empereur est également blessé. Il a montré beaucoup de présence d'esprit. Dans le civil, le nombre des blessés connus s'élève à cinquante, dont plusieurs le sont grièvement. Un des blessés est mort en arrivant à l'hôpital de Lariboisière. Une petite fille de douze ans a eu le genou ouvert par un projectile.

« Le personnel de la préfecture de police ne compte pas moins de vingt-neuf blessés, parmi lesquels un commissaire de police, un inspecteur divisionnaire, et douze ou quinze agents ont des blessures graves.

« Les deux chevaux de la voiture de l'Empereur ont été tués, l'un sur le coup, l'autre a dû être abattu. Vingt chevaux de lanciers ont été atteints. Deux sont restés sur la place, cinq sont mortellement blessés.

« En outre des secours donnés aux agents de la force publique blessés dans la soirée du 14, l'Empereur a fait distribuer par le docteur Corvisart, un de ses médecins, une somme de 10 000 francs aux victimes de l'attentat.

17 JANVIER. — Tous les généraux et officiers supérieurs de terre et de mer, présents à Paris, se sont rendus spontanément, aujourd'hui, aux Tuileries.

« Au moment où Leurs Majestés sortaient de la chapelle, d'unanimes cris de : « Vive l'Empereur! vive « l'Impératrice! » les ont accueillies.

« L'Empereur et l'Impératrice s'étant placés à l'une des extrémités du salon, tous les officiers ont passé successivement devant Leurs Majestés. L'Empereur et l'Impératrice se sont plus particulièrement entretenus avec les colonels des lanciers de la garde impériale et de la garde de Paris, s'informant de nouveau auprès de ces chefs de corps de l'état des soldats blessés le 14. »

L'acte d'accusation lu à l'audience du 29 février à la cour d'assises de la Seine ajoutait les détails suivants :

« Le cortège arriva vers huit heures et demie. La première voiture, occupée par des officiers de la Maison de l'Empereur, avait déjà dépassé le péristyle du théâtre. Elle était suivie d'une escorte de lanciers de la garde impériale, précédant la voiture où se trouvaient Leurs Majestés, et avec Elles M. le général Roguet. Parvenue à la hauteur de l'entrée principale, la voiture impériale ralentissait le pas pour s'engager dans le passage réservé à l'extrémité du péristyle. A ce moment, trois explosions successives, comparables à des coups de canon, éclatèrent à quelques secondes d'intervalle : la première en avant de la voiture impériale et au dernier rang de l'escorte des lanciers ; la seconde, plus près de la voiture et un peu à gauche ; la troisième sous la voiture même de Leurs Majestés.

« Au milieu de la confusion générale, le mouvement unanime de ceux qui n'avaient pas été trop cruellement atteints fut de constater par leurs acclamations que l'Empereur et l'Impératrice avaient été préservés. Le ciel, en effet, les avait couverts de sa protection la plus visible, car le danger auquel ils venaient d'échapper se révélait autour d'eux par d'effroyables preuves.

« Dès la première explosion, les nombreux becs de gaz illuminant la façade du théâtre avaient été éteints par le seul effet de la commotion. Les vitres du péri-

style et celles des maisons voisines avaient toutes volé
en éclats. La vaste marquise qui protège l'entrée était
perforée en plusieurs endroits, malgré son extrême
solidité. Enfin, sur les murs, sur le pavé même de la
rue Lepelletier, on remarquait des traces profondes
laissées par des projectiles de toutes formes et de
toutes grosseurs.

« La voiture impériale était littéralement criblée ;
elle a été atteinte dans ses diverses parties par 76 projectiles, et des deux chevaux composant l'attelage, l'un,
atteint de 25 blessures, était mort sur le coup ; l'autre,
grièvement blessé, a dû être abattu. Plusieurs éclats
avaient pénétré dans l'intérieur de la voiture, et M. le
général Roguet, assis sur la banquette de devant, avait
reçu à la partie supérieure et latérale droite du cou,
au-dessous de l'oreille, une contusion très violente,
qui a déterminé un énorme épanchement de sang,
s'étendant jusqu'à la clavicule, et accompagnée d'un
gonflement considérable.

« L'Empereur et l'Impératrice ne sont descendus de
voiture qu'après la dernière explosion. Ils n'avaient
cessé d'être calmes, et se montraient surtout préoc-
cupés des secours à donner aux victimes. Sur le sol
jonché de débris et inondé de sang, gisaient, en effet,
de nombreux blessés, dont plusieurs étaient mortellement frappés.

« Les constatations judiciaires, certainement encore
inférieures à la vérité, ont établi que 156 personnes
avaient été atteintes ; et le nombre des blessures également constatées par l'expertise médicale ne s'élève

pas à moins de 511. Dans cette longue liste de victimes on remarque 21 femmes, 11 enfants, 13 lanciers, 11 gardes de Paris et 31 agents ou préposés de la préfecture de police. »

Nous avons laissé la parole à l'organe officiel du gouvernement de cette époque, nous nous contenterons d'y joindre quelques brèves réflexions sur l'effet qu'avait produit cet attentat dans le reste du pays.

Un bruit se répandit partout avec la rapidité d'une trainée de poudre : Il a eu peur! Tous les ennemis de la dynastie napoléonienne, durement muselés depuis le 2 décembre, le répétaient mystérieusement comme un mot d'ordre.

Pour bien comprendre la portée de ces quatre mots, il faut se rappeler que l'Empereur s'était conquis une réputation de bravoure à toute épreuve, lorsque, après le coup d'État, il allait seul, à cheval, se promener sans armes et sans escorte au milieu des ouvriers du faubourg Saint-Antoine, dont il connaissait les sentiments peu bienveillants. Cette crânerie ne désarmait pas leurs rancunes, mais elle leur imposait, comme celle de Sylla se démettant du pouvoir après avoir décimé tout le parti de Marius.

C'était une force et une force sérieuse, dont ses ennemis avaient grand intérêt à le dépouiller ; mettre son courage en doute, rien ne pouvait l'amoindrir davantage aux yeux de la nation.

L'Empereur avait-il eu peur? Qui le saura jamais? Rien n'est journalier comme le courage. Pour s'en assurer on n'a qu'à voir comment se comporte le plus souvent, dans une tempête, un vieux loup de terre qui n'a pas le pied marin.

Si l'Empereur a eu peur, il y avait bien de quoi, et que celui qui n'a jamais tremblé lui jette la première pierre. Mais il y a une différence entre avoir peur et le laisser voir. On s'en amusa à cette époque, le duc de Saxe-Cobourg-Gotha l'a même répété dans ses mémoires.

Voici ce qu'a répondu à cet égard le baron de Heeckeren, dans le supplément du *Figaro* :

Ce 14 novembre 1888, Paris.

Monsieur le rédacteur,

Je me permets de vous soumettre une rectification qui peut avoir une certaine valeur, relativement au passage des Mémoires du duc de Saxe-Cobourg-Gotha, que vous avez inséré dans votre supplément du 10 novembre.

Cet extrait sur l'*attentat d'Orsini* est un vrai *racontar*.

Moi aussi, j'ai été témoin oculaire de ce tragique événement. Je me permettrai donc d'opposer mes souvenirs, qui sont encore très vivants, à ceux du duc.

Je puis *affirmer* que l'Empereur et l'Impératrice *ont été acclamés par les spectateurs* de l'Opéra dès que ces derniers ont eu connaissance de l'attentat.

J'ai pu facilement pénétrer dans la loge de l'Empereur un des premiers après l'événement. Je l'ai trouvé calme.

Après m'avoir donné la main, il m'a dit textuellement : « J'y ai échappé miraculeusement. Mais le roi Louis-Philippe a été l'objet de dix tentatives. Je n'en suis qu'à *ma quatrième*; j'ai donc encore de la marge devant moi. »

Ce *langage* n'était certainement pas celui d'un homme

abruti ni hébété, *se livrant par peur à des gestes incohérents*, comme le duc, qui avait été reçu aux Tuileries avec une grande courtoisie, l'affirme dans ses Mémoires.

Veuillez agréer, monsieur le rédacteur, l'assurance de ma considération distinguée,

BARON DE HEECKEREN,
Ancien sénateur de l'Empire.

Aucun des témoins que nous avons pu consulter n'a remarqué ces gestes incohérents. L'Empereur était calme, l'Impératrice fut superbe.

Cependant il est à présumer que plus tard ce fut l'Impératrice qui dut avoir peur et influer sur les déterminations de l'Empereur.

En effet, personne n'ignore qu'il avait pris vis-à-vis des sectes italiennes des engagements qu'il ne demandait qu'à oublier, et qu'il n'eût peut-être pas tenus s'il n'avait été père de famille, car ils étaient en contradiction avec ses devoirs les plus élémentaires envers le pays qui lui avait placé une couronne sur la tête. Dans cette circonstance comme dans une autre qui n'en fut d'ailleurs que la conséquence directe, il fit passer ses intérêts dynastiques avant ceux de la France.

Napoléon III était carbonaro, c'est un fait parfaitement établi depuis longtemps. Mgr de Ségur a dit à Mme de Pitray, sa sœur, avoir vu l'acte d'affiliation de l'Empereur, l'avoir tenu dans ses mains.

Je laisse parler Mme de Pitray[1] :

1. *Mon bon Gaston*, par la vicomtesse DE SIMARD DE PITRAY, née SÉGUR. Gaume et Cie, 1887.

« ... Un drame, peut-être plus épouvantable encore, est arrivé à Paris. L'ecclésiastique qui y joua le rôle de confesseur l'a raconté *lui-même* à mon frère, lequel me l'a redit en m'en nommant le narrateur. Ce prêtre voulut lui fournir une preuve nouvelle montrant combien la lutte avec la franc-maçonnerie est nécessaire, cette association ne procédant que par le meurtre secret, et commettant dans l'ombre et le silence ses monstrueux attentats !

« Une après-midi, à la nuit tombante, l'ecclésiastique dont il s'agit vit entrer dans son modeste logis un inconnu qui, dans des termes convenables, le pria de l'accompagner afin d'aller administrer les derniers sacrements à un homme qui allait mourir. Le prêtre le suivait sans défiance lorsque, arrivé dans la cour, le visiteur l'arrêta en lui disant ces étranges paroles :

« — Vous ne pouvez venir qu'à une condition : c'est d'avoir les yeux bandés ; sans cela, l'homme dont je vous ai parlé mourra sans sacrements. »

« L'ecclésiastique, d'abord interdit, comprit vite quel était son devoir. Il accepta courageusement l'obligation qui lui était imposée, et put voir, tandis que l'inconnu préparait près de la porte cochère le foulard destiné à être posé sur ses yeux, une voiture de place attendant, la portière ouverte, et dans l'intérieur deux hommes assis sur la banquette de devant.

« Ils montèrent et le fiacre partit. Où alla-t-il ? fit-il des détours dans le dessein de sembler faire un long trajet, ou alla-t-on réellement à un endroit éloigné ? Le prêtre l'ignore : toujours est-il que la voiture roula longtemps. On s'arrêta enfin, et l'on fit descendre l'ecclésiastique, les yeux toujours bandés.

« On entra alors dans une maison ; mais au lieu de monter, on descendit longtemps, longtemps. L'inconnu, s'arrêtant tout à coup, enleva le foulard qui était posé sur les yeux du prêtre, et celui-ci se vit dans un cachot au coin duquel un malheureux était enchaîné. — Cet homme, dit alors l'inconnu, a trahi les secrets de la franc-maçonnerie, il va être muré vivant ici ; mais comme il nous avait rendu des services, nous lui avons accordé, comme grâce dernière, la permission de recevoir les derniers sacrements : donnez-les-lui.

« Resté seul avec son pénitent, le pauvre prêtre terrifié, désolé, prodigua les secours de la religion à la victime infortunée de ces monstres à face humaine ; puis, lorsque les bourreaux revinrent, il se jeta à leurs pieds, demandant grâce et pitié, offrant sa vie pour sauver celle du malheureux captif ; larmes, prières, tout fut inutile, on n'émeut ni le bronze ni le diable ; le prêtre eut la douleur de voir entrer, avant son départ, des misérables armées de truelles et de tout ce qui était nécessaire pour murer vivant celui qui, devenu traître à leurs yeux, était le martyr d'une indicible et implacable cruauté. L'ecclésiastique, les yeux bandés de nouveau, fut reconduit au logis qu'il habitait par l'inconnu, qui lui défendit, avec les menaces les plus terribles, de rien révéler de ce qui venait de se passer.

« ... Mais le courageux ecclésiastique n'hésita pas à

courir chez le commissaire de police, lui racontant ce qui venait de lui arriver, et le suppliant de rechercher la victime! Le magistrat fut aussi embarrassé qu'ému par ce récit. Où chercher? Dans quel quartier? Aucun indice, hélas! ne pouvait faciliter sa tâche. Le crime resta donc secret et impuni... ici-bas! Combien d'autres horreurs ne doit-il pas faire supposer! C'était sous Napoléon III que se passa cette ténébreuse affaire. Hélas! l'Empereur lui-même était de cette société secrète; mon frère en a eu la triste preuve, et tint entre ses mains l'acte d'affiliation du souverain, alors simple prétendant, et dont le parrain était le père d'Orsini.

« Quelle lumière ne jette pas sur ce règne la découverte d'un pareil document! On comprend alors la reculade politique de Napoléon III, la guerre d'Italie, Castelfidardo et l'abandon de Rome en 1870. »

Mais qu'est-ce qu'un *carbonaro*, et en quoi diffère-t-il d'un franc-maçon?

C'est une question dont la réponse ne rentre pas dans le plan de ce livre, et nous ne pouvons que renvoyer les curieux au petit précis de Mgr de Ségur sur la franc-maçonnerie, qu'on peut résumer de la sorte : « La franc-maçonnerie est une armée dont la charbonnerie est l'état-major. »

L'Empereur Napoléon III a accordé à la franc-maçonnerie une situation quasi-officielle qu'elle ne possède dans aucun autre État de l'Europe. Les listes des membres de ses Loges sont déposées dans toutes les préfectures, tout le monde peut les consulter.

Ses manuels courent aujourd'hui les rues, tout le monde connaît son rituel biscornu qui lutte de bizarrerie avec celui des religions les plus antiques, et nous nous sommes toujours demandé comment deux francs-maçons pouvaient se regarder sans rire, lorsqu'ils se livrent à la plus compliquée des chorégraphies.

Dans la charbonnerie, c'est autre chose. Pas de situation quasi officielle, pas de liste quasi publique, pas de rituel, pas de chorégraphie, pas de ferblanterie, pas de mercerie. Rien qu'un serment dont la violation est toujours punie de mort. La charbonnerie est une force intime et occulte qui a existé dans tous les temps, dans tous les lieux, et ne sera pas supprimée de sitôt. Dans l'ancienne société, il existait une foule de charbonniers de naissance, tous ceux qui, en vertu de leur rang héréditaire, étaient initiés de droit aux secrets de l'État; aujourd'hui, cette classe n'existe plus en France, mais la force occulte des sociétés secrètes est impossible à supprimer, parce qu'on ne peut en saisir que les manifestations, sans pouvoir mettre la main sur ceux qui les dirigent dans l'ombre. De temps en temps, on apprend quelque exécution mystérieuse sur laquelle la police ferme les yeux, parce que toutes les précautions ont été prises pour dérouter le public. Il est si commode d'invoquer le suicide!.. C'est toujours le châtiment d'un serment violé.

Nous avons dit que la charbonnerie était un état-major sans troupes; cependant, au commencement de ce siècle, elle avait recruté une armée à l'aide des grades inférieurs qui l'avaient rapprochée de l'organisation maçonnique. Cette armée a été licenciée lorsqu'elle a été jugée inutile, et il n'est pas probable qu'elle soit reconstituée, car la plupart des charbonniers étant aussi francs-maçons, ont leurs entrées dans les loges, où ils peuvent recruter des soldats tant qu'ils en veulent, en faisant miroiter à leurs yeux certains hochets qui ne manquent jamais leur effet sur les simples d'esprit. Ainsi s'explique comment la charbonnerie est tout à coup rentrée dans l'ombre, tandis que la ferblanterie maçonnique continue à resplendir du plus vif éclat, dans les deux hémisphères.

On ne connait plus en France que deux *carbonari*, le prince Jérôme Napoléon et M. Barthélemy Saint-Hilaire, l'apologiste de Louvel.

Le plus célèbre des carbonari modernes a été Mazzini, qui peut être considéré comme le type de l'ordre, avec ses allures cléricales ; Garibaldi représentait, au contraire, les allures guerrières de la franc-maçonnerie. Ces deux hommes se haïssaient et se méprisaient ; cependant, Garibaldi a toujours obéi à Mazzini.

Il est évident que les *carbonari* forment, comme les maçons, une gigantesque société de correspondance universelle, mais complètement secrète.

Toutes les fois qu'ils se laissent entrevoir, c'est toujours dans des questions internationales, qu'ils subordonnent à un plan général et de longue haleine.

Ont-ils un patriotisme local ? Peut-être, car c'est à eux que l'on doit l'intervention de ce principe des nationalités dont ils se sont servis pour battre en brèche l'organisation laissée à l'Europe par Charlemagne ; partout ils poursuivent avec la même ardeur et la même persévérance, la sécularisation des biens des ordres du clergé, et leur asservissement à l'État.

On ne saurait douter que l'unification de l'Italie et de l'Allemagne ne soit leur œuvre directe. Mais quel est leur but final?

Nous avons donné dans le *Cabinet noir* une pièce qui fut soumise à l'approbation de Georges III, roi d'Angleterre, et qui était tout simplement un projet de rétablissement de l'empire romain dans les conditions suivantes :

L'Italie limitée par les Alpes et les trois mers. avec Rome pour capitale et résidence d'un empereur. Ses armoiries seront celles des anciens Romains.

Cet empereur sera choisi dans les familles qui règnent sur la Sardaigne, Naples, ou l'Angleterre. La Corse, la Sardaigne, la Sicile, et toutes les îles de la mer Adriatique feront partie intégrante de l'empire romain. Il sera formé un royaume d'Illyrie qui sera donné à la maison régnante de Sicile. Le Tyrol allemand sera cédé à la Suisse, en échange des bailliages italiens de la Valteline.

Le roi d'Angleterre faillit signer ce projet, qui dut l'être plus tard par l'Empereur Napoléon III, alors prétendant, car ce fut certainement celui dont Orsini vint réclamer l'exécution et qu'ont poursuivi tous les hommes d'État qui se sont succédé en Italie, depuis Cavour, avec une persévérance indéniable.

Il s'y joint aujourd'hui des revendications sur le

littoral de l'Afrique qui achèvent de le mettre en contradiction avec tous les intérêts matériels et moraux de la France. Napoléon III ne l'ignorait point et n'eut pas le courage de s'avouer que, dans de pareilles conditions, il ne lui restait plus qu'un parti raisonnable et honorable, renoncer à un trône dont la chute était aussi inévitable que la sienne.

M. Keller[1] s'honora par son courage non moins que par son éloquence, en signalant au Corps législatif, dans la séance du 13 mars 1861, la guerre d'Italie comme l'exécution du testament d'Orsini, et l'on sait avec quel acharnement le gouvernement chercha depuis lors à empêcher sa réélection. Mais la lumière de l'histoire s'est faite complètement, et, en 1874, le *Journal de Florence* a publié sur ces événements un récit détaillé dont les principaux traits ont été connus à l'époque, mais qu'il importe de placer ici dans son entier :

« ... Le soir de l'attentat (14 janvier 1858) l'Empereur montra, en présence du péril, un sang-froid admirable. Comme lors des conspirations de l'Hippodrome et de l'Opéra-Comique en 1853, de Pianori en 1855, il méprisa d'abord l'implacable persécution de la secte italienne dont il était membre, mais qu'il avait résolu de renier pour se vouer à la prospérité de la France et à l'établissement solide de sa dynastie.

« Mais vint bientôt la réflexion, et, avec la réflexion, cette frayeur rétrospective qui s'empare des âmes les

---

[1]. *Les sociétés secrètes et la société, ou philosophie de l'histoire contemporaine*, par N. DESCHAMPS. Oudin frères, 1880, t. II, p. 342.

mieux trempées et fait leur supplice. Le prince impérial n'était qu'un petit enfant ; que deviendrait l'Empire et que deviendrait ce prince héritier, si la secte qui avait juré la mort de Napoléon parvenait à réaliser son exécrable dessein ?

« L'Empereur, en proie à des perplexités terribles, se souvint d'un conseil que lui avait donné sa mère, la reine Hortense :

« — Si vous vous trouvez jamais dans un grand péril, si vous avez jamais besoin d'un conseil extrême, adressez-vous en toute confiance à l'avocat X..., il vous tirera du péril et vous conduira sûrement.

« Cet avocat, que je ne veux point nommer ici, était un exilé romain que Napoléon lui-même avait connu dans les Romagnes pendant le mouvement insurrectionnel de l'Italie contre le Saint-Siège. Il vivait près de Paris dans un état qui n'était ni la fortune ni la médiocrité, cet état de mystérieuse aisance que la Maçonnerie assure à ses capitaines.

« Napoléon chargea M... d'aller le trouver et de l'inviter à venir aux Tuileries.

« Il y consentit, et rendez-vous fut pris pour le lendemain matin.

« Quand il entra dans le cabinet de l'Empereur, celui-ci se leva, lui prit les mains et s'écria :

« — On veut donc me tuer ? qu'ai-je fait ?

« — Vous avez oublié que vous êtes Italien, et que des serments vous lient au service de la grandeur et de l'indépendance de notre pays.

« Napoléon objecta que son amour de l'Italie était

resté inaltérable dans son cœur, mais que, Empereur des Français, il se devait aussi et avant tout à la grandeur de la France. Et l'avocat répondit que l'on n'empêchait nullement l'Empereur de s'occuper des affaires de la France, mais qu'il pouvait et devait travailler aux affaires de l'Italie, et unir la cause des deux pays en leur donnant une égale liberté et un même avenir. Faute de quoi, on était parfaitement décidé à employer tous les moyens pour supprimer tous les obstacles, pour délivrer la péninsule du joug de l'Autriche et pour fonder l'unité italienne.

« — Que faut-il que je fasse? Que me veut-on? demandait Napoléon.

« L'avocat promit de consulter ses amis et de donner dans peu de jours une décision.

« Cette décision ne se fit pas longtemps attendre.

« La secte demandait à Napoléon trois choses :

« 1° La grâce de Pierre Orsini.

« 2° La proclamation de l'indépendance de l'Italie.

« 3° La participation de la France à une guerre de l'Italie contre l'Autriche.

« On accordait un délai de quinze mois à Napoléon pour préparer les événements, et il pouvait, durant ces quinze mois, jouir d'une sécurité absolue. Les attentats ne se renouvelleraient pas, et les patriotes italiens attendraient l'effet des promesses impériales.

« Ici, reprend le *Journal de Florence*, le mémoire accumule les documents connus qui marquèrent le revirement si brusque de la politique impériale et relièrent cette politique à la lettre à Edgar Ney.

« Le fait est que l'Empereur multiplia ses efforts pour réaliser la première demande de la secte. Il fit implorer la grâce d'Orsini par l'Impératrice, consulter ses ministres, le corps diplomatique étranger, et ne trouva de résistance que dans un seul personnage; mais ce personnage, le plus porté à la clémence par état, ne crut pas que l'Empereur fût maître d'enchaîner le bras de la justice.

« Le cardinal Morlot lui dit :

« Sire, Votre Majesté peut beaucoup en France, sans doute, mais elle ne peut pas cela. Par une miséricorde admirable de la Providence, votre vie a été épargnée dans cet affreux attentat; mais autour de vous le sang français a coulé, et ce sang veut une expiation. Sans cela toute idée de justice serait perdue, et *Justitia regnorum fundamentum.*

« Napoléon avait compris. Il ne lui restait qu'une chose à faire, il la fit. Il alla trouver Orsini.

« Quel fut l'entretien des deux adeptes de la vente de Césène? On ne le saura peut-être jamais. Ce que l'on sait pourtant, c'est que dans cet entretien Napoléon confirma les engagements pris en Italie dans sa jeunesse, renouvelés à l'avocat X... et qu'il jura, dans les bras de celui qu'il ne pouvait sauver, de se faire son exécuteur testamentaire.

« L'expression n'est que juste. Napoléon a été l'exécuteur testamentaire d'Orsini. Il fut convenu que celui-ci écrirait une lettre que l'Empereur rendrait publique, et dans laquelle le programme de l'unité italienne serait déclaré.

« On vit alors un des plus grands scandales de notre temps : la lecture devant des juges de cette lettre-testament, et sa publication dans le *Moniteur*.

« Le mémoire donne la lettre où ne figure pas le passage du Pape, passage qui a été pourtant connu depuis 1870.

« *Martyr* de l'idée italienne, Orsini monta sur l'échafaud avec la certitude que l'Italie serait une, que le Pape serait découronné, et il cria en présence de la mort :

« *Vive l'Italie! Vive la France!* »

Il est donc impossible de comprendre la politique de Napoléon III sans tenir compte des deux causes principales qui la lui imposèrent : son ambition et ses engagements avec les carbonari. Ces causes, qui se combattaient souvent, expliquent le bien et le mal qu'il a fait. Pour assurer son pouvoir et fonder sa dynastie, il voulait rétablir l'ordre, *rassurer les bons et faire trembler les méchants;* mais ses complices des ventes, que la protection intéressée qu'il accordait à la religion irritait, lui rappelaient son serment et le contraignaient à suivre la route tracée.

Dès son entrée en scène[1], il obéit à la secte en ne votant pas l'expédition de Rome, et lorsqu'il fut forcé de la terminer, comme président de la République, il ternit la victoire de la France par sa lettre à Edgar Ney, où il déclara que l'armée ne doit pas *étouffer la*

---

1. E. CARTIER, *Lumière et Ténèbres*, p. 213.

liberté italienne et protéger la proscription et la tyrannie à la rentrée du Pape.

Comme condition au rétablissement du pouvoir temporel, il demande *l'amnistie générale, la sécularisation de l'administration, l'adoption du Code Napoléon et un gouvernement libéral.*

Le général Rostolan, qui ne voulut pas laisser publier à Rome cette insulte à la papauté, fut disgracié et privé, comme le général Oudinot, des honneurs qu'il méritait. Et pendant l'occupation française, combien d'exigences eut à pardonner la patiente bonté de Pie IX!

Dès que le coup d'État du 2 décembre et les votes du suffrage universel lui eurent donné pleins pouvoirs, il s'en servit pour réaliser le plan arrêté par lord Palmerston après 1848 : Abaissement de la Russie qui menaçait la Révolution, formation d'un grand empire d'Allemagne au profit de la Prusse, affaiblissement de l'Autriche qui protégeait le Saint-Siège et création d'un royaume d'Italie qui s'emparerait des États pontificaux.

La guerre de Crimée eut pour prétexte une difficulté que pouvait aplanir l'échange de quelques notes. La France en porta presque tout le poids, sans en retirer aucun avantage.

L'Angleterre, au contraire, en profita largement, mais le bénéfice principal fut pour le Piémont.

Il avait été admis à fournir un contingent très inutile d'ailleurs; mais ce concours, que rien n'expliquait, lui donnait le droit d'intervenir au Congrès de Paris, où la guerre d'Italie fut préparée.

Le comte de Cavour, organe du Grand-Orient du Piémont maçonnique, présenta à ses compères, les ministres de France et d'Angleterre, une note qui renouvelait toutes les insolences diplomatiques du mémorandum de 1831. On y dénonçait l'impuissance du Souverain Pontife à gouverner son peuple, le danger permanent du désordre dans le centre de l'Italie et l'extension de la domination autrichienne bien au delà de ce que les traités de 1815 lui ont accordé[1]. On réclamait encore la sécularisation de l'État et le Code Napoléon, et on proposait, comme conclusion, l'affranchissement des Légations sous la protection des Puissances et la surveillance armée de la France.

Cette note fut discutée malgré l'opposition de l'Autriche et de la Russie, qui ne reconnaissaient pas au Congrès le droit d'intervention dans les affaires intérieures des souverains indépendants, et non seulement le Saint-Siège, mais encore tous *les autres gouvernements de la péninsule italienne*, furent blâmés publiquement, à la grande joie des révolutionnaires italiens. La guerre était décidée : il s'agissait de la préparer et de la faire réussir.

La franc-maçonnerie comptait sur Napoléon III, mais l'Empereur hésitait entre ses intérêts et ses engagements. Il craignait de compromettre son pouvoir et l'avenir de son fils, en s'aliénant les catholiques et en provoquant l'opposition de l'Allemagne et de la Russie.

D'un autre côté, ses anciens complices lui rappe-

---

1. *Les Sociétés secrètes et la Société*, t. II, p. 332.

laient ses serments. Le Grand-Orient, il est vrai, l'avait acclamé, comme il faisait pour tous les gouvernements nouveaux ; il avait sollicité sa protection et accepté pour chef le prince Murat, mais la partie la plus active de la franc-maçonnerie était toujours menaçante. La démocratie combattait le césarisme, et les sectaires, d'Italie surtout, exigeaient l'affranchissement de leur patrie. Sommation lui avait déjà été faite par plusieurs attentats, lorsque éclatèrent les bombes d'Orsini.

Ce drame maçonnique éclaire d'une lueur sinistre les ténèbres des arrière-loges. Orsini, le fils de celui qui, à Césène, avait initié le jeune prince et reçu de lui le serment de délivrer son pays et de renverser le pouvoir temporel du pape, est envoyé pour le punir d'être infidèle à ses promesses. Il vient le frapper au sommet de ses grandeurs, au milieu de ses plaisirs.

L'Empereur comprend qu'il est condamné à mort ; il a recours à un avocat que lui avait indiqué sa mère, la reine Hortense. C'est un réfugié italien, un de ces chefs mystérieux de la franc-maçonnerie, qui vient traiter d'égal à égal avec lui[1]. Il lui promet, nous venons de le lire dans le *Journal de Florence*, la révocation de la sentence à trois conditions : la grâce de Pierre Orsini, la proclamation de l'indépendance italienne et une armée pour faire la guerre à l'Autriche ; un délai de quinze mois lui est accordé. Napoléon ac-

---

1. Je l'ai connu ici à Paris. Quoique très réservé, il ne cachait pas l'influence occulte qu'il exerçait sur l'Empereur ; il habitait alors un pied-à-terre dans la Cour des Coches.

cepte les conditions, mais il ne peut, malgré son désir, satisfaire à la première; trop de victimes ont été frappées à sa place : Orsini doit mourir.

Alors a lieu dans la cellule de Mazas une scène qui révèle toute la puissance satanique de la secte. L'Empereur vient faire ses adieux à *son bon cousin* d'autrefois, et renouveler dans les bras de son assassin l'engagement de sa jeunesse. Orsini offre sa vie pour l'affranchissement de son pays et le renversement du pouvoir temporel. Il monte sur l'échafaud en martyr de la liberté. Les Alpes répéteront son dernier cri : « Vive l'Italie ! vive la France ! »

Napoléon se fit l'exécuteur testamentaire d'Orsini. Le *Moniteur* publia la lettre qu'il lui avait adressée comme programme politique, et dans le délai fixé l'armée française entra en Italie.

M. L. Thouvenel, le fils de l'ancien ministre de Napoléon III, a écrit[1] :

« Il est impossible de ne pas reconnaître que ce prince (Napoléon III), qui avait vu si juste dans les affaires intérieures de la France, et qui avait su tout d'abord donner à sa politique extérieure un éclat digne des plus beaux jours de notre histoire, perdait pour ainsi dire contenance quand il tournait son regard voilé du côté de l'Italie. A n'en pas douter, il y a eu un *secret de l'Empereur* comme il y a eu jadis un *secret du Roi*. Faut-il voir dans cette double politique la rai-

---

1. *Le Secret de l'Empereur*, L. THOUVENEL, 1889. 1er vol. page IV.

son déterminante des fautes commises? Il nous paraît difficile, en tous cas, de ne pas attribuer à cette cause une large part dans la marche et l'issue des événements : l'action souterraine paralysait l'action officielle en enlevant à cette dernière toute l'autorité qu'elle aurait dû légitimement avoir, aussi bien auprès des amis qu'auprès des ennemis. Du jour où M. Thouvenel fut bien convaincu de cette vérité, il quitta le pouvoir, renonçant à une tâche ingrate, aux côtés d'un souverain qu'il aimait toutefois personnellement et qui le lui rendait. »

Quelle plus éloquente confirmation peut-on demander de ce que je viens d'écrire?

Trente ans après l'attentat du 14 janvier, dont la guerre d'Italie devait être la conséquence, le comité mazzinien de Londres adressait aux Italiens le manifeste dont voici la traduction[1] :

Au peuple italien!

« CONCITOYENS,

« Trente ans de mauvais gouvernement et de prétendue liberté; le pays asservi aux Allemands; le Trésor public dilapidé ; les impôts oppressifs employés à enrichir une troupe de mendiants cramponnés au pouvoir ; le commerce ruiné ; l'émigration forcée ; les

1. *Intransigeant*, 9 juin 1889.

chômages et les dettes augmentés; l'or disparu et la pellagre toujours présente; la honte de Massaouah; des juges voleurs et des députés prévaricateurs : tels sont quelques-uns des résultats que nous avons acquis après avoir tant combattu; tels sont les avantages obtenus au prix du sang de tant de héros.

« Une suprême honte nous était réservée par la faction royaliste, qui n'a pas hésité à nous l'infliger.

« L'empire allemand ressuscité nous a envoyé un lieutenant impérial pour nous gouverner. Un Savoyard hussard d'outre-monts, prétendra donc guider les destinées de notre pays suivant les ordres qu'il plaira à son maître de lui envoyer de Berlin? Serons-nous assez vils pour supporter cela? Et ne nous lèverons-nous pas tous, nous les opprimés, afin de nous débarrasser de nos oppresseurs? Ceux-ci ne sont pas bien nombreux, et leur âme est lâche : la lutte sera de courte durée.

« *Refusons de payer les impôts!* Tombé en faillite, le gouvernement royal disparaîtra dans la fange, sa digne sépulture; et alors nos Communes pourront se réorganiser en libres Républiques fédérées, neutres comme la Suisse, et comme elle désintéressées dans les querelles extérieures.

« Les États-Unis d'Italie coopéreront alors au progrès moral et matériel du peuple, possible seulement avec un budget qui ne passe pas un milliard.

« LE COMITÉ MAZZINIEN DE LONDRES.

« 2 juin 1889. »

Il est évident que les carbonari n'ont pas encore atteint leur but.

Quant à la reconnaissance de l'Italie pour le sang français versé pour son indépendance, nous en avons eu la mesure en 1870. Le *Gaulois* du 2 juin 1889 nous met à même de juger qu'elle ne s'est pas accrue depuis cette époque.

(*De notre correspondant particulier.*)

Rome, 1er juin.

Le Roi est arrivé aujourd'hui, venant de Milan ; il a été accueilli par de nombreux cris : « Vive l'Allemagne ! Vive Guillaume ! Vive Humbert ! A bas la France ! »

Les arrestations continuent à Milan.

C.

CHAPITRE II

Le mariage de la princesse Clotilde. — Mission du prince Napoléon auprès de l'Empereur de Russie. — Préliminaires de guerre. — Départ de Paris. — Les fictions de l'Intendance et la réalité. — Le 2ᵉ voltigeurs s'installe à Megnanigo.

Cavour attachait la plus haute importance au mariage de la princesse Clotilde et du prince Napoléon.

Fondre dans une union les intérêts de la maison de Savoie et ceux des Bonaparte, qui disposaient alors d'une grande autorité en Europe, c'était non seulement obliger l'Empereur à tenir ses engagements vis-à-vis de l'Italie, mais encore créer à cette nation, dans la personne du prince Napoléon, un associé et un puissant auxiliaire, dont l'influence auprès de son cousin, Napoléon III, serait à la fois déterminante et productive.

Cavour désirait donc ardemment ce mariage, qui, malgré ses intrigues politiques, traînait en longueur.

Sans y être hostile, l'Impératrice Eugénie ne le

voyait pas d'un bon œil. Qu'était en effet Mlle de Montijo à côté de la fille de Victor-Emmanuel?

Le prince Napoléon était un jour à Turin, dans le cabinet du roi de Sardaigne. On vint naturellement à parler du mariage.

— Cela t'ennuie, n'est-ce pas, dit Victor-Emmanuel, tous ces préparatifs?

Silence du prince.

— Voyons, parle franchement.

— Pas précisément... Mais...

— Eh bien, attends; nous allons brusquer et décider les choses.

Le roi était assis à son bureau, le prince Napoléon marchait de long en large, tout en causant.

Le roi sonne :

— Qu'on m'envoie la princesse Clotilde.

Quelques instants se passent et la princesse arrive.

Sitôt entrée, le roi lui dit :

— Je t'ai toujours dit que tu épouserais Napoléon. Tiens, le voilà.

Et la poussant entre les deux épaules :

— Embrassez-vous et finissons-en.

Stupéfaction et obéissance passive de la princesse, qui ne s'attendait pas à un si brusque dénoûment.

La princesse Clotilde avait, comme institutrice, une dame de bonne famille, Mlle de Foresta, entichée de sa noblesse et surtout de tout ce qui était légitimiste.

Elle avait une grande influence sur la princesse, qui lui était très attachée.

Cavour, en véritable homme politique, ne pensait

qu'au mariage, à l'alliance du sang, à l'argent de la France, dont on allait disposer pour l'unité de l'Italie.

L'institutrice le gênait. Il lui fit dire de faire ses paquets, prit des dispositions pour qu'elle ne pût communiquer avec personne, et lui fit quitter l'Italie dans les vingt-quatre heures.

Quand il vint annoncer ce véritable coup d'État à Victor-Emmanuel :

— Ah! diable, dit le roi, que va dire Clotilde?

Puis après avoir réfléchi un instant, il ajouta :

— Puisque c'est fait... c'est peut-être encore ce qu'il y avait de mieux à faire.

C'est alors que se passa la scène que je viens de raconter, dans le cabinet du roi.

Huit jours plus tard l'union était célébrée dans la chapelle du château.

Napoléon III, qui sentait que ce mariage n'était pas agréable à sa femme et avait une profonde horreur des énervantes scènes conjugales dont l'Impératrice était prodigue, ne voulut pas la charger des ordres à donner pour le trousseau et le choix des bijoux destinés à la princesse. Il s'adressa à la princesse Mathilde.

— Chargez-vous donc de tout cela, lui dit l'Empereur; c'est pour votre frère, et vous ferez, je n'en doute pas, mieux que l'Impératrice.

Dès le commencement de 1859, après le discours du 1er janvier au corps diplomatique, on s'attendait à la guerre avec l'Autriche.

L'Empereur, qui avait retardé, autant qu'il était en son pouvoir, l'exécution de ses engagements, avait finalement pris son parti. Et c'est à Biarritz que furent décidées, entre lui et le prince Napoléon, les premières mesures préparatoires.

Le prince Napoléon était à cette époque ministre de l'Algérie et des colonies. Un désaccord était survenu entre lui et ses collègues, au sujet d'un cordon de douaniers que l'on voulait placer sur toute la frontière du Maroc. Le prince s'y opposait, trouvant la mesure inutile et destinée à charger, sans profit, le budget de l'État.

— Vous voulez donc faciliter la contrebande anglaise? lui disait-on.

— Non, répondait le prince. La contrebande est insignifiante ; mes statistiques l'établissent ; créer des postes de douaniers sur notre frontière, c'est appliquer un remède pire que le mal.

On sait, je n'ai pas besoin d'insister sur ce point, qu'il était alors de bonne politique de se déclarer l'adversaire, presque l'ennemi du prince Napoléon. De tels sentiments à l'égard du Palais-Royal étaient quasi une obligation pour les courtisans et les familiers des Tuileries.

Nous analyserons un jour les sentiments qui avaient poussé l'Impératrice à laisser s'établir et même à encourager un tel état de choses. Contentons-nous simplement aujourd'hui de les constater.

La discussion s'était donc envenimée entre les ministres et le prince ; celui-ci, poussé à bout, avait fini par écrire à l'Empereur que, s'il n'était pas le maître d'agir selon ses sentiments, s'il devait être en butte à des haines constantes, à des tracasseries journalières, — il préférait se retirer en donnant sa démission.

Cette lettre était arrivée à Biarritz, et l'Empereur répondait par dépêche, priant son cousin de se rendre immédiatement auprès de lui.

Muni d'une légère valise, le prince arrivait à Biarritz dans la nuit.

L'Empereur, vu l'heure avancée, s'était déjà retiré dans ses appartements.

Le prince ne put donc le voir immédiatement. Il donna l'ordre à son valet de chambre de le réveiller le lendemain matin à sept heures et demie, voulant avoir la satisfaction de prendre un bain de mer avant de se présenter à l'Empereur.

Le prince dormait profondément lorsque, vers les sept heures, son valet de chambre entra chez lui.

— Quelle heure est-il donc? Je vous ai dit de me réveiller à sept heures et demie.

— C'est que, Monseigneur...

— Quoi?...

— C'est que l'Empereur attend à la porte...

Le valet de chambre venait à peine de prononcer ces mots que l'Empereur, poussant lui-même la porte, s'approchait doucement et à tâtons du lit du prince, le valet de chambre n'ayant pas encore eu le temps d'ouvrir les fenêtres et les volets.

— Bonjour, Napoléon, dit l'Empereur. J'ai reçu ta lettre, je t'ai télégraphié de venir. Je t'attendais donc.

Voyons, lève-toi, ma présence ne doit pas te gêner. Je ne suis pas une jolie femme ; puis, si j'étais une jolie femme, cela ne te ferait pas peur quand même.

Le prince, assis sur son séant, tâchait, malgré une situation si familière qu'elle en devenait critique, de montrer à l'Empereur cette respectueuse déférence que le fils du roi Jérôme conservait à l'égard du fils du roi Louis, devenu empereur des Français.

Napoléon III avait été, en quelque sorte, un second père pour le prince Napoléon ; ils s'étaient toujours tutoyés ; mais peu avant que le prince Louis fût élu président de la République, il y avait eu brouille entre les deux cousins germains. Le prince Napoléon avait boudé quelque temps ; puis, lorsqu'il revint à l'Élysée, il crut devoir mettre de côté le tutoiement par trop familier. Devenu empereur, Napoléon III avait donc seul conservé cette façon affectueuse et familière de parler à son cousin.

Le prince s'était habillé à la hâte ; l'Empereur, s'appuyant sur son bras, l'avait entraîné sur la terrasse de la villa, éloignée de toute oreille indiscrète.

Le prince racontait avec feu depuis quelques moments toutes les difficultés avec lesquelles il était aux prises : cordons de douaniers, contrebande anglaise, statistique, etc., etc. ; rien n'était oublié. Lorsque l'Empereur qui l'écoutait, ayant l'air de penser à tout autre chose, l'interrompant tout à coup :

— Oui, tout ça, c'est très bien ! Mais laisse donc ton Maroc, ta frontière, tes douaniers... Je t'ai fait venir pour te parler d'une chose autrement importante.

— Ah! dit le prince, qui se tut aussitôt. J'écoute, Sire !

— Oui, je t'ai fait venir pour te parler d'une chose dont personne ne se doute, et dans laquelle je veux que tu m'aides.

Puis, après un moment de silence :

— Je veux faire la guerre.

Alors, l'Empereur raconta avec une grande netteté d'idées, une grande justesse d'expressions, qu'il voulait faire la guerre à l'Autriche, affranchir l'Italie; qu'il y était absolument résolu, et qu'il attendait de lui, son cousin, son ami, le concours le plus large et le plus dévoué.

Il voulait en premier lieu le charger d'une mission délicate ; il fallait voir l'empereur de Russie et le mettre au courant de ses intentions, conformément au traité secret qui existait entre les deux souverains, et par lequel aucune des deux nations ne devait déclarer la guerre sans prévenir l'autre à l'avance.

— L'Empereur Alexandre est à Varsovie. Il faut savoir s'il y reste encore assez longtemps pour que tu puisses te rendre auprès de lui. Si tu as matériellement le temps, il faut partir pour Varsovie sans perdre un instant.

On expédia une dépêche chiffrée à l'un des aides de camp de l'empereur Alexandre, lui demandant si on aurait le temps d'envoyer à Sa Majesté un émissaire de l'Empereur partant de Biarritz.

Le service des souverains se fait avec autrement de rapidité que celui des particuliers. Cinq heures après, non seulement la dépêche était arrivée à Varsovie, mais encore la réponse chiffrée de l'empereur Alexandre parvenait à la villa de Biarritz. Elle était ainsi conçue :

« L'empereur devait partir ce soir, mais il attendra avec plaisir l'émissaire envoyé par l'Empereur.

« Quel sera cet émissaire ? »

Nouvelle dépêche de Biarritz à Varsovie :

« C'est le prince Napoléon qui va se rendre auprès de Sa Majesté ; il part sans délai. »

Dernier télégramme de Varsovie à Biarritz :

« L'Empereur sera enchanté de recevoir le prince Napoléon et l'attend. »

La mission du prince Napoléon consistait, en premier lieu, suivant les conventions secrètes établies entre les deux souverains, à mettre l'empereur de Russie au courant des projets belliqueux de son *bon frère*, l'Empereur des Français ; puis, en second lieu, — ce qui était fort délicat et demandait pour réussir une autorité et une diplomatie que Napoléon III savait ne pouvoir mieux trouver que chez son cousin, — à obtenir de la Russie un traité d'alliance offensive et défensive.

Le prince Napoléon partit donc rapidement. Le train qui l'emmenait devant arriver à Varsovie le soir, le prince mit son uniforme dans le wagon. — Il faut être, en Russie, d'une correction extrême. — L'aide de camp, à qui l'on avait télégraphié, attendait le prince à la gare. Il lui dit de ne pas se déshabiller ; car l'Empereur, très intrigué sur l'objet de son voyage, pourrait désirer le voir immédiatement.

En effet, l'entrevue eut lieu de suite. Le prince fit part à l'Empereur des projets de Napoléon III. Grande surprise.

— Ce n'est plus un projet. Tout est bien décidé? demanda l'empereur de Russie.

— Oui, Sire.

— Eh bien, moi, qui suis un autocrate, il faut pourtant, avant de vous répondre, que je consulte mon premier ministre.

L'Empereur s'absente, revient; nouvel entretien, toujours la même nuit. Enfin, après un long échange de pensées, de réflexions, d'appréciations, le prince Napoléon obtient de l'empereur Alexandre un traité défensif.

Il repart pour Biarritz, où Napoléon III l'attendait avec une telle impatience, qu'il était allé au-devant de lui sur la route de la gare. La gare de Biarritz était alors, comme on sait, assez éloignée de la villa impériale.

Sitôt que l'Empereur aperçut le prince Napoléon :

— Voyons, parle, dit-il. Que rapportes-tu?

— Pas tout ce que vous avez désiré, Sire.

— Mais encore?

— Eh bien! un traité défensif.

— En effet, ce n'est pas tout ce que j'avais désiré ; mais je te remercie ; c'est quelque chose.

On parlait donc, je l'ai déjà dit, couramment de la guerre depuis le commencement de 1859. A la cour, on en causait beaucoup. En avril, les choses parurent décidées. Un soir, à son cercle, l'Impératrice émit l'idée que l'Empereur ne devait pas aller à l'armée, en cas de guerre. Il y eut discussion ; elle prenait un ton vif lorsque l'Empereur entra, sa cigarette à la bouche.

— Quel tapage ! Et pourquoi ?

— Ah ! Sire, réplique le général Espinasse, on dit qu'en cas de guerre, vous ne prendriez pas le commandement de l'armée.

— La guerre, si elle a lieu, c'est vous qui l'aurez voulue ; car tout le monde nous en dissuade.

— Alors, si vous ne vous mettez pas à la tête de l'armée, il faudrait vous ranger dans la catégorie des rois fainéants, et nous vous connaissons trop pour croire que vous les imitiez.

Un grand nombre d'amis de l'Empereur le dissuadaient en effet de la guerre, et attaquaient ouvertement ses résolutions, entre autres Persigny, qui était déchaîné.

Il fallait pourvoir au gouvernement qui devait être installé à Paris pendant l'absence de l'Empereur.

Laity, ancien compagnon de Strasbourg, fut accepté comme ministre de l'intérieur. Au dernier moment, il fut remplacé par Arrighi, duc de Padoue.

Persigny avait conduit Laity chez l'Empereur pour recevoir ses dernières instructions, lorsque Napoléon dit :

— J'ai changé d'idée ; je prends le duc de Padoue.

D'un ton violent, Persigny dit à Laity :

— Allons-nous-en ; nous n'avons rien à faire ici. *On nous manque de parole.*

Randon fut mis à la guerre à la place de Vaillant, pris en flagrant délit d'imprévoyance, au moment où on dirigeait les premières troupes au travers des Alpes.

De major général désigné, Randon devint ministre ; quant à Vaillant, il supplia l'Empereur de le prendre à l'armée : par faiblesse l'Empereur accepta, et le nomma major général.

Le maréchal Vaillant était vieux, lourd, et dans ces fonctions devenait un embarras.

Avant le départ, il y eut une discussion vive entre l'Empereur et l'Impératrice. En lui confiant la régence, l'Empereur réservait à son oncle, le roi Jérôme, le commandement de la garde nationale et des troupes.

L'Impératrice, à juste raison, dit qu'elle ne voulait pas d'une *régence désarmée*, et il ne fut rien donné à Jérôme, qui était fort mécontent et ne cachait pas ses griefs.

26 AVRIL 1859. — Nous avons reçu notre ordre de départ. Le 1er et le 3e bataillon du 2e voltigeurs de la garde quittent Paris à 2 heures du soir, prenant en passant le 2e bataillon en garnison à Fontainebleau. Nous arrivons à Marseille le 30, à 3 heures et demie du matin. Bivouac près de la gare, et le même jour, à 3 heures du soir, embarquement de tout le régiment au port de la Joliette.

L'état-major, — tous les officiers supérieurs, — 20 chevaux et 500 hommes du 3e bataillon à bord de l'*Indus*, le 1er bataillon et 2 compagnies du 3e sur l'*Osiris*, le reste sur le *Sinaï*.

A 11 heures du soir, un choc épouvantable me réveille, les talons dans les genoux, et les genoux dans le menton; l'*Osiris*, sous faible pression heureusement, vient de se heurter contre une roche à fleur d'eau.

Je me lève en hâte et monte sur le pont. La mer est calme, le temps superbe. La roche coupable s'étale tranquillement au-dessous de l'avant, duquel pendent des morceaux de bois et de fer déchirés.

La côte escarpée est à 2 ou 300 mètres; entre elle et le bateau émergent beaucoup d'autres rochers pointus. Le capitaine du bord crie :

— Machine en arrière! que personne ne bouge.

Grâce à notre peu de vitesse, nulle voie d'eau. On se dirige sur Antibes, où l'on reste cinq heures à réparer les avaries.

En visitant la ville, je rencontre le commandant de l'*Osiris*, qui me prend pour le personnage le plus important du détachement. Il s'excuse de l'accident en en rejetant la responsabilité sur sa compagnie, qui lui avait recommandé de *serrer au plus près* le rivage :

— Eh! bien, commandant, lui dis-je, je vous fais mon compliment... à moins d'escalader la côte, vous avez fidèlement exécuté les ordres que vous avez reçus... Et nous nous tournons le dos.

Il y a donc des économies de charbon qui pourraient coûter cher.

Le curieux de l'affaire, c'est que le 2ᵉ voltigeurs ayant perçu les vivres de terre pour la journée du 30, notre position réglementaire comme embarqués ne datait que du lendemain 1ᵉʳ mai, ainsi que l'ouverture de la campagne. De sorte que si, par suite de l'accident, nous avions été noyés le 30 avril, la chose aurait été considérée comme non avenue au point de vue administratif, tous les livrets des hommes et les états de service des officiers donnant officiellement le 1er mai comme date d'embarquement et d'entrée en campagne.

Le débat entre la fiction de l'intendance et la réalité du naufrage n'eût pas manqué d'intérêt. Bref, on économise moins le charbon à bord, et l'*Osiris*, malgré ce retard, arrive presque en même temps que les camarades l'*Indus* et le *Sinaï* à Gênes.

2 MAI. *Gênes.* — Arrivée à 5 heures du matin. Hospitalité *arabe* des Génois, quant au prix des tentes, des harnachements, des provisions, nourriture, etc.

Palais, tableaux, musées, théâtres, promenades, voir les guides.

5 MAI. — Ordre de la division :
« La division quittera Gênes demain, 6 mai. Le mouvement commencera à 7 heures du matin. Mon quartier général sera à Ponte-Decimo... »

Signé : CAMOU.

En exécution de cet ordre, le 2e voltigeurs s'installe à Megnanigo, à 14 ou 15 kilomètres de Gênes. La route est belle, pittoresque. Elle longe tantôt la voie ferrée, tantôt le cours d'un torrent fort altéré pour le moment. Bientôt nous apparaît notre gîte, enfoui, perdu, retrouvé, selon les accidents de la route, à travers les rochers escarpés, ou les massifs d'oliviers et de chênes verts qui s'incrustent sur les pentes méridionales de l'Apennin. On arrive, on s'installe ; qu'il serait beau le village... s'il n'y avait pas de maisons... et les maisons agréables, s'il n'y avait pas d'habitants... et les indigènes charmants, s'ils étaient plus propres et moins pouilleux !

A grand renfort d'eau et de branches vertes en guise de balai, nos ordonnances rendent à peu près habitable la chambre où nous devions rester 8 jours, mon commandant et moi. Malgré les conseils du médecin-major et des habitants, quelques officiers, pour échapper aux fléaux domestiques, plantent leurs tentes sur les bords malsains du ruisseau ; l'un d'eux, le lieutenant Boscary, jeune et charmant officier décoré en Crimée pour sa bravoure et ses blessures, y continue la fièvre apportée de France. Il est évacué sur Gênes, puis sur Toulon par le premier bateau. Peu après nous apprenons sa mort. Ce fut au régiment la première victime de la guerre, et la plus regrettable.

CHAPITRE III

Départ de l'Empereur. — *Première étape. Charenton!* — Les proclamations ne sont pas prêtes. — Une mission à Turin. — Chez Victor-Emmanuel. — Ce que pense le maréchal Canrobert. — Le Procès du ministre de la guerre. — Renault. Trochu, Bourbaki. — Situation critique du général Lebœuf. — Le Senarmont du second Empire. — Chez l'Empereur.

14 mai. — L'Empereur partit des Tuileries le 10 mai 1859, à 5 heures, suivi de sa maison militaire.

Au moment où il montait en voiture sous la voûte des Tuileries, Persigny lui dit : « Je viens faire ma paix, et je vous accompagne de tous mes vœux. »

L'Impératrice était à côté de l'Empereur, en voiture découverte. Temps magnifique. Depuis la Bastille jusqu'à la gare de Lyon, ce fut une marche triomphale ; acclamations enthousiastes du peuple.

Je crois devoir placer ici une anecdote relative au départ du général de Cotte, aide de camp de l'Empereur, — anecdote assez curieuse, parce qu'elle montre à la fois la bonté et la généreuse indulgence de l'Emperçur, la finesse malicieuse de son esprit, et aussi le caractère plein d'originalité du brave et regretté général, enfin la bassesse de quelques personnages de l'entourage des souverains.

Le 9 au soir, en sortant de table, le général de Cotte descendait au salon de service, avec le personnel du *service civil*, pour y fumer une cigarette. Et sa cigarette à peine allumée, il disait tout haut, au milieu d'un franc éclat de rire, comme il en avait souvent: « Allons! c'est bien décidé! nous partons demain pour l'Italie : *première étape, Charenton!* » Un quart d'heure ou une demi-heure après, il remontait au salon de l'Impératrice. Il était à peine entré que l'Empereur s'approchait de lui lentement, avec son bon et fin sourire sur les lèvres, et lui disait : « Mon cher général, je respecte trop les idées des autres, même quand elles sont en contradiction avec les miennes, pour vous faire faire une guerre qui blesse vos convictions. Vous resterez auprès de l'Impératrice. »

Le pauvre général resta consterné ; il ne pouvait soupçonner en effet que sa boutade pût jamais parvenir aux oreilles de l'Empereur, encore moins s'expliquer qu'elle y fût parvenue avec tant de rapidité.

Il n'y avait pourtant aucun laquais au salon de service quand il l'avait laissée échapper, et il devait comprendre difficilement, lui qui était la loyauté en personne, qu'un homme portant un habit brodé pût être aussi digne d'en porter un galonné.

Mais l'ancien chasseur d'Afrique n'était pas facile à désarçonner : il ne souffla pas mot, et le lendemain il fit conduire ses chevaux et ses bagages à la gare de Lyon, s'y rendit lui-même en fiacre, monta seul dans un wagon du train impérial, et ne se montra qu'à la gare de Marseille.

L'Empereur l'accueillit avec le même sourire, en lui tendant la main, et le général reprit le jour même son service d'aide de camp, à l'armée d'Italie.

Le train impérial avait quitté Paris à 6 heures; on s'arrêta à Montereau, où l'on dîna au buffet de la gare.

L'Impératrice, qui avait accompagné l'Empereur, retourna à Paris après le dîner.

Le lendemain, 11 mai, l'Empereur s'embarquait à Marseille, pour Gênes.

On y débarqua au milieu d'un enthousiasme indescriptible. C'était le bonheur de l'Italie qui commençait. Représentations de gala, dîners, etc., etc.

Le 11 au soir, mon ami et camarade le capitaine Brady, officier d'artillerie des plus distingués et officier d'ordonnance de l'Empereur, resté à Paris, partait à son tour pour Marseille, emportant le ballot de proclamations qui devaient être affichées à Gênes et à Turin, et qui n'avaient pu être prêtes à l'Imprimerie impériale pour le 10.

Il avait été prévenu par une dépêche du général Fleury qu'un bateau l'attendrait sous vapeur; il put donc s'embarquer et arriver à Gênes sans retard. Il y était impatiemment attendu.

Le départ de Gênes eut lieu le lendemain de son arrivée, et l'Empereur lui donna ordre de le suivre et de rentrer en France par le Mont-Cenis, en passant par

Alexandrie, où il allait établir son quartier général et attendre l'arrivée des troupes et du matériel de guerre encore en route, ou en mer.

J'ai dit que le maréchal Vaillant, ministre de la guerre, avait été destitué par l'Empereur et nommé major général de l'armée. Voici grâce à quelles circonstances cette destitution avait eu lieu.

Le 28 avril 1859, à 11 heures du soir, le jour même où je quittais Paris avec deux bataillons du 2e voltigeurs, une lettre du colonel Toulongeon, aide de camp de service, prévenait le capitaine Brady, officier d'ordonnance de l'Empereur, qu'il était désigné pour une mission à Turin : le lendemain 29, à 10 heures, le capitaine allait prendre les instructions de Sa Majesté.

L'Empereur, après lui avoir remis une lettre à l'adresse du roi de Sardaigne, lui donna les instructions verbales suivantes :

« Vous verrez d'abord le maréchal Canrobert, qui est à Turin depuis huit jours, et vous me ferez connaître les premières dispositions qu'il a dû prendre de concert avec le Roi et le général de la Marmora, pour couvrir Turin, dans le cas où l'armée autrichienne tenterait une attaque de vive force sur la ville avant la concentration de mon armée. »

L'Empereur ajouta :

« Plusieurs divisions sont en marche. La division Renault, la première, doit être entrée en Italie. Celles des généraux Bourbaki et Trochu la suivent de près et doivent franchir le Mont-Cenis en ce moment. Prenez auprès de ces généraux les renseignements les plus détaillés sur la situation et les effectifs de leurs troupes, et vous me les rapporterez. »

Le ton sur lequel fut prononcée cette dernière partie des instructions de l'Empereur donna à penser que, comme le *post-scriptum* d'une lettre, elle n'était pas la moins importante.

Le soir même, samedi 29, Brady quittait Paris après avoir pris les instructions particulières du général Fleury, qui le prévint qu'une voiture de poste l'attendait à Saint-Jean-de-Maurienne pour éviter tout retard, et le conduirait à Suse pour le premier train, à destination de Turin.

Le passage du Mont-Cenis s'effectua pendant la nuit, et le lundi 1ᵉʳ mai, vers 9 heures du matin, l'officier d'ordonnance arrivait au palais de Victor-Emmanuel.

Des chevaux de selle attendaient dans la cour; un aide de camp de service le prévint que le Roi, qui achevait de déjeuner, le recevrait avant de monter à cheval.

Quelques minutes après, Victor-Emmanuel, suivi de son état-major, entrait dans le salon d'attente. Il vint trouver l'envoyé de l'Empereur et lui serra la main, avec cette bonhomie simple, militaire et princière à la fois, qui était un des traits caractéristiques de sa physionomie. Il prit la lettre de Napoléon III, la lut rapidement, et avec un regard brillant de satisfaction, qui ne laissait aucun doute sur le contenu de la lettre, il dit au capitaine :

« Priez l'Empereur de m'excuser, si je ne lui réponds pas par écrit. Je pars à l'instant pour Casale et je vais me mettre à la tête de mon armée. Vous verrez certainement le maréchal Canrobert. Priez-le de ma part de m'envoyer un régiment. Je fais construire, en avant de Casale, quelques ouvrages de fortification ; *et il faut que Giulay voie des pantalons rouges parmi mes travailleurs.* »

En sortant du palais, le capitaine Brady se rendit chez le maréchal, qu'il trouva en conférence avec M. de Cavour ; ce dernier, fort agité, fort inquiet de la situation menaçante de l'armée autrichienne, et attendant avec une fiévreuse impatience l'arrivée des troupes françaises.

Après son départ, l'illustre maréchal changea brusquement de physionomie en se trouvant en tête à tête avec son ancien officier d'ordonnance de Crimée ; il lui dit en souriant, avec le léger accent gascon qu'il ne retrouve et ne reprend que quand il veut plaisanter, avec sa finesse d'esprit toute méridionale, pour l'abandonner aussitôt qu'il aborde les sujets sérieux :

« Il n'est pas rassuré, le grand ministre. Il est vrai que si le général autrichien était un audacieux, il courrait prendre un maréchal de France et une division d'infanterie ; et ce serait un assez joli coup de filet au début de la campagne. Mais j'ai pris une première disposition qui le rendra circonspect et le forcera à réfléchir. Au lieu de chercher à couvrir Turin et à défendre le passage de la Dora Baltea, partout guéable et trop facilement abordable par les bois qui s'étendent sur sa rive gauche, je fais filer rapidement les divisions de mon corps d'armée sur Alexandrie. Et là, enfermées dans le triangle fameux formé par le Pô, la Bormida et le Tanaro, où elles peuvent se défendre longtemps, elles menacent la gauche de l'armée ennemie, dans le cas où elle tenterait un mouvement offensif sur Turin. Néanmoins, il n'y a pas de temps à perdre, et il faut presser l'arrivée de nos troupes. »

Après avoir transmis au maréchal la demande du roi Victor-Emmanuel, le capitaine prit congé de lui. La première partie de sa mission était remplie. Restait la seconde, qu'il pressentait non moins importante et pressée, car il avait quelques raisons de penser qu'il allait instruire le procès du ministre de la guerre. Mais il était résolu à faire son devoir avec une inflexible ponctualité, et deux sentiments également impérieux le lui commandaient : le patriotisme et son dévouement à l'Empereur. Il vit donc les trois généraux : Renault, Trochu et Bourbaki. Il aurait suffi au capitaine Brady d'en questionner un seul, car la situation de leurs troupes était à peu près la même : ces trois divisions qui appartenaient au corps d'armée du maréchal Canrobert et formaient l'avant-garde de l'armée française, franchissaient les Alpes sans *effets* ni *ustensiles* de campement, sans *cartouches* et presque sans canons. C'est à peine croyable !

Après avoir fourni tous les détails et tous les renseignements militaires qu'ils jugeaient nécessaire de faire arriver sûrement et directement aux oreilles de l'Empereur, les généraux Bourbaki et Trochu terminèrent en des termes que nous croyons devoir reproduire textuellement ici, parce qu'ils sont assez empreints de l'esprit et du tempérament des deux hommes de guerre.

« Pour me résumer, dit le général Bourbaki, je vous prie, mon cher Brady, de demander à l'Empereur si son ministre de la guerre est un traître, ou s'il est tombé dans l'imbécillité? »

Quant au général Trochu, que le capitaine trouva à Suse, au milieu de la nuit, après avoir formulé ses plaintes et ses urgentes réclamations il ajoute :

« Mon cher ami, on a pu voir une armée de sans-culottes descendre en Italie sans souliers et sans chemises; mais ce qui ne s'était jamais vu encore, c'est une armée française marchant à l'ennemi *sans cartouches et sans canons!* »

Sur ces derniers mots, le capitaine prit congé du général et se hâta de repasser le Mont-Cenis. Il croyait sa mission terminée; mais elle devait avoir une dernière étape, et en arrivant à Saint-Jean-de-Maurienne, il trouva le général Lebœuf, commandant en chef l'artillerie de l'armée, aux prises lui-même avec des difficultés de toute nature.

L'officier d'ordonnance de l'Empereur était pour lui aussi une vieille connaissance; dès qu'il l'aperçut il courut à lui, et avant d'écouter sa mission, ouvrit un carnet et lui dicta les renseignements qu'il devait porter à l'Empereur.

« Je suis ici, lui dit-il, pour presser et surveiller l'arrivée des batteries, qui sont presque toutes en retard sur leurs divisions. J'ai envoyé à Marseille et à Gênes mon chef d'état-major, le colonel d'Ouvrier, pour hâter les embarquements et les débarquements du personnel et du matériel de l'artillerie. Il y a des retards partout. Partout les ordres du ministère sont incomplets. Partout l'artillerie manque de personnel et on attend l'arrivée des hommes en congé renouvelable, sans lesquels on ne peut compléter les effectifs de la guerre. La formation *des parcs de réserve*, qui doit avoir lieu à Lyon, à Grenoble et à Marseille, *est peu avancée.*

« Cependant, *dans peu de jours, la partie afférente aux cartouches d'infanterie pourra être attelée.*

« Les 3º et 4º corps, — Canrobert, Niel, — *ne seront pas pourvus de leur artillerie avant le 5 ; et les 90 bouches à feu dirigées par Gênes, n'y arriveront que le 10, si les moyens d'embarquement sont suffisants à Marseille.* »

Ici se place un fait presque invraisemblable que signala au capitaine Brady le général : l'approvisionnement en munitions des canons de 4 rayés, qui allaient débuter en Italie et devaient contribuer si puissamment aux succès de la campagne, cet approvisionnement était incomplet, et le colonel Suzanne, alors directeur à Metz, avait dû confectionner, *sans ordres du ministère, sans autorisation du comité,* en prenant la responsabilité de son intelligente initiative !

Nous entrons ici dans quelques détails spéciaux à l'artillerie, parce que, plus encore que la situation de notre infanterie, celle de l'artillerie au moment de l'entrée en campagne trahissait notre imprévoyance et notre légèreté, devenues habituelles depuis 70 ans, et montrait que nous avions encore négligé une des conditions capitales de tout succès à la guerre : *la préparation*.

Nous partions donc pour l'Italie avec un matériel nouveau et *presque inconnu*, sans que ses approvisionnements eussent été préparés et confectionnés à l'avance ; comme nous étions partis pour la Crimée, avec le canon-obusier de l'Empereur à peine éprouvé, et avec un parc de siège qui aurait été à peine suffisant pour démolir une bicoque ; comme nous devions partir, onze ans plus tard, avec une bouche à feu inconnue, le canon à balles, qui ne fut livré aux régiments que la veille de l'entrée en campagne, et dont on fit presque partout, faute d'étude préparatoire, un faux usage et un si intempestif emploi.

Sans insister davantage sur les incuries et les somnolentes imprévoyances des bureaux de la guerre et du ministre, comme sur celles du comité d'artillerie, il faut signaler ici une cause d'un autre ordre et d'une bien autre gravité encore : *notre caractère national*. C'est que nous sommes tantôt des apathiques, tantôt des désorganisateurs ; c'est que nous sommes des révolutionnaires militaires, comme nous sommes des révolutionnaires politiques, et qu'un pareil tempérament, s'il peut de loin en loin engendrer de brillantes découvertes, de lumineuses innovations, n'admet guère le progrès avec ses lenteurs et ses études réfléchies, mais s'accomplissant dans une permanente sécurité.

Or, la science militaire, comme toutes les sciences, repose sur des axiomes, et le premier de tous, c'est *qu'on ne doit jamais être pris au dépourvu.*

Voilà sous son beau jour le maréchal Lebœuf, l'homme qui, dix ans plus tard, devait tomber dans les mêmes fautes, l'officier d'artillerie et l'homme de guerre.

Il avait toutes les aptitudes et toutes les brillantes qualités de soldat nécessaires pour être le Senarmont du second Empire ; il n'avait pas celles qui sont indispensables à un ministre, encore plus à un homme politique.

Des trois grandes circonstances dans lesquelles on a vu Lebœuf : la Crimée, l'Italie et Metz, il ne faut garder qu'un souvenir et un sentiment de juste admiration pour un héroïque lutteur sur le champ de bataille.

L'opinion publique a été d'une fiévreuse sévérité pour lui ; elle ne lui a pas pardonné le défaut de préparation de la guerre de 70, qui a été une des principales causes de nos désastres. Mais l'histoire contemporaine n'est heureusement qu'une histoire provisoire ; et la générosité française aidant, il sera tenu compte plus tard au ministre imprévoyant du dévouement et de l'éclatante bravoure du soldat.

Le 4 mai à 6 heures du matin, le capitaine Brady arrivait aux Tuileries, et l'Empereur prévenu sur-le-champ de son retour le recevait dans sa chambre à coucher.

Déterminé plus que jamais à dire à l'Empereur la vérité tout entière, il lui lut les notes qu'il avait prises, ajoutant même quelques observations qui lui étaient personnelles; il termina par la phrase que le général Bourbaki lui avait recommandé de reporter textuellement à l'Empereur.

A ce moment, un sourire presque imperceptible se dessina sur les lèvres de Napoléon III, sourire bien fugitif, et qui fit place aussitôt à une apparence de profonde tristesse visible malgré lui sur son impassible physionomie.

Se levant alors, et, par un geste qui lui était habituel, portant la main à sa moustache, l'Empereur dit :

« *Je vous remercie: cela ne peut durer plus longtemps. Je vais remplacer le ministre de la guerre* (textuel). »

. Une heure après, un des officiers d'ordonnance de service, de Cadore, lieutenant de vaisseau, portait au maréchal Vaillant une lettre autographe de l'Empereur lui signifiant sa révocation.

Le courageux et consciencieux capitaine venait du même coup de se faire deux puissants et inflexibles ennemis : le maréchal Vaillant, forcé d'abandonner les *otia jucunda* de la rue Saint-Dominique et du jardin des Minimes; et le maréchal Randon, qui voyait lui échapper l'espoir, bien illusoire assurément, d'être le prince de Neuchâtel du second Empire.

CHAPITRE IV

A Gênes. — Plus de préoccupations historiques que de discernement personnel. — Imprévoyance et impéritie ministérielles. — Par ordre de l'Empereur. — Chez les ministres de la guerre et du commerce. — M. Paris de la Bollardière. — Retour à l'armée. — Novi. Alexandrie. — Les premiers blessés de Montebello. — Égalité devant les balles.

Il y avait à Gênes un petit café appelé *la Concordia*, où se réunissaient les officiers. C'est là qu'on se rencontra avec le duc de Chartres, sous-lieutenant aux chevau-légers, pour la première fois : beau garçon, blond allemand de 18 à 20 ans. — Singulier rapprochement.

On s'occupa à Gênes de l'organisation de l'armée; et on se rendit bien compte de tout ce qui lui manquait.

L'artillerie nouvelle rayée, dite de l'Empereur, et de Treuille de Beaulieu, n'était pas encore arrivée.

Quelques jours après le retour de Brady de Turin, il était informé, par une lettre de service du général Rolin, que Sa Majesté l'avait désigné pour rester attaché, pendant un mois, à l'Impératrice régente.

Grand fut son désappointement. Il comprit qu'aucune réclamation n'était possible et il se résigna. Ces fonctions allaient être assez délicates, car il devait à la fois éclairer l'Impératrice sur la direction et les détails d'affaires purement militaires, auxquelles une femme est forcément étrangère, et servir d'intermédiaire entre la Régente et les ministres de la guerre et de la marine. Or il prévoyait que ses relations forcées avec le maréchal Randon seraient particulièrement difficiles.

L'Empereur quitta, je le répète, Paris le 10 mai, et ce fut le même soir que le capitaine Brady reçut l'ordre de repartir le lendemain pour porter à Gênes les proclamations dont nous avons parlé.

Après quelques jours passés à Gênes, l'Empereur se rendit à Alexandrie. Il était couvert à l'est par le corps de Baraguey d'Hilliers ; en avant par Montebello ; celui de Niel, sur les rives du Tanaro et du Pô ; l'armée piémontaise à Casale.

On savait les Autrichiens à Plaisance. — Le maréchal Niel dit : « Le sort du Piémont se décidera vers Montebello, en avant de la Stradella. Giulay ne peut pas l'abandonner sans livrer bataille. »

Le point de première concentration de l'armée ne pouvait être mieux choisi, et la plaine de Marengo, adossée aux Apennins et protégée par les cours d'eau qui en descendent et qui la ferment, permettait à l'armée d'attendre en toute sécurité le jour où elle pourrait prendre l'offensive.

Brady avait espéré qu'au milieu des graves préoccupations du moment, il serait oublié pendant quelques jours, et pourrait peut-être assister à la première opération de l'armée. Mais deux ou trois jours après l'installation du quartier général, l'Empereur lui fit dire de se rendre auprès de l'Impératrice et de lui envoyer tous les renseignements qu'il pourrait recueillir pendant sa route.

Pendant ce peu de temps passé à Alexandrie, le capitaine n'avait pu se rendre compte que bien imparfaitement de nos positions et de celles de l'armée sarde, groupée autour de Casale. Il était d'ailleurs impossible d'apercevoir les positions de l'armée autrichienne, masquées par la nature accidentée du terrain qui ne laissait voir que sa ligne de tirailleurs, déployée sur la rive gauche du Pô, et échangeant des coups de fusil avec les nôtres. Cette ligne de tirailleurs permettait de croire toutefois que Giulay avait établi sa ligne de bataille en prévision d'un passage de vive force tenté par l'armée française sur la portion du fleuve qui s'étend de Valence à Plaisance en longeant le défilé de Stradella. On savait, en outre, que le 11 un mouvement de retraite de l'aile droite ennemie s'était effectué rapidement des positions de Verceil et de San-Germano pour se concentrer à Mortara. Toutes les apparences faisaient présumer que l'attention du général autrichien se porterait de plus en plus sur la défense des passages du Pô, et la reconnaissance offensive qu'il opéra le 20, sur Montebello, l'indiqua plus clairement encore. Ces dispositions défensives prises par Giulay *sur la rive droite du Tessin*, et qui semblent dénoter plus de préoccupation historique que de discernement personnel, étaient absolument défectueuses. En effet, lorsque le général Bonaparte franchissait le Pô en 1796 par Stradella, il allait prendre à revers l'armée autrichienne qui l'attendait sur la *rive gauche du Tessin*; et lorsque le Premier Consul, en 1800, le franchissait une seconde fois en sens inverse et au même endroit, il coupait le général Mélas de sa ligne d'opérations en venant l'attaquer dans la plaine de Marengo.

Les conditions étaient bien différentes en 1859, et, quels que fussent les points où l'armée française et l'armée sarde effectueraient le passage du fleuve, l'obligation s'imposait dans tous les cas, pour le général Giulay, de repasser sur la rive gauche du Tessin, gardant ainsi les deux lignes de défense qui couvrent Milan. Si l'Empereur se portait rapidement sur Verceil, en même temps que l'armée sarde, l'armée autrichienne, occupant encore la province de Novare, et gravement menacée sur son aile droite, était forcée d'exécuter un changement de front, l'aile droite en arrière, pour repasser sur la rive droite du Tessin, manœuvre toujours longue et difficile, à proximité de l'ennemi, pendant l'exécution de laquelle l'armée alliée pouvait passer ce cours d'eau, presque sans coup férir, et faire tomber ainsi une des principales lignes de défense de Milan. Tout semblait concourir d'ailleurs à rendre cette détermination la plus probable.

Le capitaine Brady partit d'Alexandrie le 16, emportant ses impressions et prévisions personnelles, conçues bien à la hâte, et auxquelles une circonstance particulière ne devait pas tarder à donner plus de consistance.

En effet, en arrivant à Saint-Jean-de-Maurienne, le 17 au matin, il trouva un sous-intendant nommé Rousseau aux prises avec de graves difficultés, qui accusaient, une fois de plus, les imprévoyances et les impéritics ministérielles. Ce malheureux sous-intendant avait été envoyé *d'urgence* à Saint-Jean-de-Maurienne, pour y recevoir des approvisionnements de toute nature : en vivres, farines, biscuits et foins, qui étaient expédiés de divers points et principalement de Chambéry et de Genève, qu'il devait diriger, *toujours d'urgence*, sur Suse, par le Mont-Cenis. Il trouva bien, en arrivant, une partie de ces approvisionnements amoncelés en *plein air*, mais pas un magasin pour les mettre à l'abri, pas un soldat d'administration, pas un attelage de train et encore moins de voitures.

Le sous-intendant Rousseau, apercevant le capitaine et reconnaissant son uniforme, accourut à lui, et profondément troublé — on l'aurait été à moins —, le supplia de demander au ministre, en arrivant à Paris, de rendre ses ordres exécutables. Le capitaine pouvait mieux faire et plus vite : ayant deux heures devant lui, il écrivit aux consuls de Genève et de Chambéry, et il prit sur lui, en signant sa dépêche *par ordre de l'Empereur*, de suspendre, jusqu'à nouvel ordre, les arrivages de vivres ; il adressait en même temps une longue dépêche au général Fleury, dans laquelle, après avoir exposé l'état d'encombrement de la gare de Saint-Jean-de-Maurienne, il proposait une solution rapide et pratique de la difficulté, en faisant réquisitionner dans les départements qui avoisinent les Alpes un ou deux mille des petits chariots qui y sont en usage, et y établissant un roulage permanent de la gare à Suse. La dépêche se terminait à peu près ainsi :

« La ville de Suse peut, par sa situation, devenir une place de dépôt précieuse, *dans le cas où l'armée prendrait l'offensive en se portant rapidement sur le haut Tessin*, en raison de ses communications faciles avec *Verceil*, par chemin de fer. »

Cela fait, et après avoir pris congé du pauvre sous-intendant, absolument rassuré en voyant sa responsabilité mise à couvert, jusqu'à ce que ses foins et farines pussent y être, l'officier d'ordonnance de l'Empereur partit pour Paris, où le lendemain il reçut la réponse du général Fleury, ainsi conçue :

« L'Empereur approuve *toutes vos idées*. Entendez-vous avec les ministres de la guerre *et du commerce*. Envoyez-moi le livre de *Lemasson* sur la campagne de Charles-Albert de 1848, intitulé : *Custozza et Novare.* »

Pour qui a connu la merveilleuse intelligence et la finesse d'esprit du général Fleury, cette dépêche était toute une révélation.

Le capitaine se rendit sur-le-champ, après avoir pris les ordres de l'Impératrice, auprès du ministre de la guerre à qui il exposa la situation en grands détails, mais absolument sans succès; le maréchal Randon ne voulut rien changer à la détermination qu'il avait prise de diriger la plus grande partie des approvisionnements en munitions, matériel et vivres, sur Alexandrie, *par la voie* de Gênes. Il se borna à diriger sur Saint-Jean-de-Maurienne le détachement indispensable de soldats d'administration et le nombre de prélarts (toiles goudronnées) nécessaires pour couvrir les magasins en plein air.

Mais ce n'était pas sans raison que le général Fleury avait prescrit de s'entendre avec le ministre des travaux publics et du commerce. Ce ministre, en 1859, s'appelait Rouher, et sans vouloir contester les qualités particulières du maréchal Randon, le capitaine Brady était persuadé que sa seconde entrevue serait plus fructueuse que la première. En effet, elle ne fut pas longue, et le ministre l'arrêtant au milieu de l'explication qu'il lui donnait, dit :

« C'est compris : prévenez l'Empereur que je télégraphie à l'instant même aux trois préfets les plus voisins de Saint-Jean-de-Maurienne, en leur prescrivant de réquisitionner d'urgence, après quelques marchés passés, 2 000 voitures avec chevaux et conducteurs, de les expédier par les voies ferrées et de les mettre à la disposition du sous-intendant Rousseau. Ce sera l'affaire de quatre jours. »

Il faut dire en passant que M. Rouher, placé à la tête du ministère des travaux publics et du commerce, était bien dans l'élément auquel s'adaptaient le mieux ses rares aptitudes *aux affaires*. En politique, l'éminent homme d'affaires cédait souvent le pas à l'éloquent orateur et avocat, et les entraînements de la tribune obscurcissaient quelquefois les merveilleuses lucidités de ce grand esprit.

Vers le 10 ou le 12 juin, l'Empereur avait convoqué à Milan les généraux les plus rapprochés du quartier impérial, à un grand rapport. L'intendant général de l'armée, M. Pâris de la Bollardière, y assistait ; après quelques questions adressées aux généraux, l'Empereur demanda à M. Pâris des renseignements sur le service administratif et sur la situation générale des approvisionnements.

Voici *textuellement* la réponse de l'intendant : « Sire, je n'ai qu'une crainte, c'est que vos soldats ne meurent de pléthore. *J'ai* en ce moment 2 000 voitures qui franchissent le Mont-Cenis nuit et jour, des magasins considérables à Suse, et je n'ai qu'à étendre la main pour les faire arriver. »

L'Empereur fit un geste de satisfaction, sourit et se remit à causer avec les généraux.

Hâtons-nous de dire que l'intendant Pâris était un homme d'une réelle valeur, et d'ajouter : C'est ainsi que beaucoup de choses se passent à la guerre.

Le 21 arrivait la dépêche annonçant le combat de Montebello et le premier succès de l'armée d'Italie, puis le 31 celle du combat de Palestro.

Il restait encore au capitaine Brady dix jours de service à faire auprès de l'Impératrice ; mais le 31 au soir, Sa Majesté, prenant un air sévère sur la sincérité duquel il était permis de se tromper, et l'interpellant au milieu des personnes de son service, lui dit :

— Brady, je suis fatiguée d'avoir devant les yeux

votre figure de mauvaise humeur. Vous pouvez faire vos préparatifs pour aller rejoindre l'Empereur. Vous partirez demain.

Puis, avec un sourire, Sa Majesté fit signe au capitaine d'approcher, et lui remettant une lettre *décachetée* ajouta :

— Vous porterez cette lettre à l'Empereur ; vous pouvez la lire. Écrivez-moi quand vous le pourrez, et donnez-moi des nouvelles de nos braves soldats.

Le capitaine remercia l'Impératrice du fond du cœur, et le lendemain matin se mit en route. Mais ne voyageant plus que comme simple capitaine et non comme officier d'ordonnance de l'Empereur, il n'y avait plus ni berline de poste commandée à Saint-Jean-de-Maurienne, ni bateau à vapeur attendant dans le port de Marseille, et quelque diligence qu'il fît, il ne rejoignit l'Empereur que le soir de Magenta, à San-Martino.

Quant à la marche de l'armée d'Alexandrie à Verceil, on pourrait dire que les trois grandes conditions qui assuraient toujours le succès des fameuses marches de flanc de Frédéric II, le *silence*, l'*ordre* et la *rapidité*, n'y avaient pas présidé.

Je reviens à mon journal :

15 MAI. *Cassano-Spinola.* — Par décret du 5 mai, M. Stroltz est nommé chef de bataillon au 91ᵉ de ligne, 1ᵉʳ corps, division Forey. Le colonel me charge de porter sa lettre de service à cet officier de grand'-garde avec sa compagnie. Il est fils du général baron

Stroltz, dont le nom est inscrit sous les voûtes de l'arc de l'Étoile.

16 MAI. *Novi.* — Je visite le champ de bataille illustré par la journée du 15 août 1799. Un petit homme sec, alerte, ancien notaire, s'empare de ma personne et se constitue mon guide dans cette excursion historique. Il avait 12 ans en 1799. Il se rappelle parfaitement Joubert, Moreau, puis Souwaroff.

Dans un français suffisamment éclairé par ma connaissance superficielle de la langue italienne, il m'explique les péripéties de la bataille, et le désastre final, lorsque, au ravin du Riasco, notre droite fut attaquée et tournée par les 30 000 hommes de troupes fraîches amenées par Gortschakoff, «le Blücher de la journée», me dit-il. Il complète son amabilité de cicerone par une invitation à dîner, que je refuse à mon grand regret pour cause de service.

16 MAI. *Alexandrie.* — Je suis logé chez le colonel du génie piémontais chargé de protéger, de surveiller et d'augmenter les fortifications créées par le général français Chasseloup-Laubat. Le colonel s'est acquitté de son devoir avec zèle, et les abords de la ville menacée d'un coup de main, ainsi que les rives du Tanaro, sont couverts de traverses, de chevaux de frise, d'estacades, de toutes les ressources de la fortification passagère.

Le théâtre, fermé pendant l'été, s'ouvre pour offrir à Leurs Majestés une représentation de jolis airs nationaux, actes coupés je ne sais où, mes yeux étant plus occupés que mes oreilles.

Pendant un entr'acte, un monsieur habillé de noir, cravaté de blanc, vient réciter et surtout mimer une longue, longue pièce de vers, de laquelle je ne comprends pas un traître mot, tant il met de feu et de prosodie dans son intonation.

L'effet produit est énorme, et éclate à chaque strophe en acclamations enthousiastes.

Le roi Victor-Emmanuel ne me paraît point trop changé depuis les fêtes de Paris de 1855. C'est toujours la même belle prestance militaire, les grosses moustaches, *sui generis*, s'étendant jusqu'aux oreilles, les mêmes mouvements de tête droite, tête gauche, saccadés pour les salutations. Beaucoup de fleurs, de drapeaux unis, d'acclamations et de rayonnement sur les figures de LL. MM. Impériale et Royale.

Je visite à cheval, en touriste, le champ de bataille de Marengo et le vieux musée formé par un admirateur de la grande époque. Vrais magasins de bric-à-brac, ornements, débris d'armes, buste de Desaix, statues de généraux et surtout de Bonaparte, dans le jardin, dans la maison; et partout des inscriptions au crayon, au couteau, quelques-unes fort irrévérencieuses, selon le gré et les sentiments politiques des nombreux visiteurs. J'admire la bonne volonté, sinon le goût du créateur.

21 MAI. — En flânant par la ville, où nous retient le service assez compliqué dû à la présence des hôtes couronnés et des généraux, j'assiste à l'arrivée des premiers blessés évacués du champ de bataille de Montebello.

La victoire est connue depuis la veille. Quelques maisons étaient même illuminées. Une foule nombreuse accompagnait les prolonges et les cacolets sur lesquels reposaient côte à côte les blessés des deux nations. L'émotion des assistants était générale, sérieuse, de bon aloi. Les femmes pleuraient... les blessés doivent être satisfaits et consolés par l'accueil franco-italien. Mon cœur se serre néanmoins devant ces contrastes de joie et de souffrances, — les draps et les matelas ensanglantés qui arrivaient, et les drapeaux enguirlandés de fleurs et de verdure, attachés à toutes les fenêtres.

Puis un sentiment complexe m'absorbe : regrets de notre absence à ce premier baptême, espérance que le tour de la garde arrivera bientôt.

Je rencontre un ancien camarade de Saint-Cyr, d'Houdetot, capitaine adjudant-major au 3ᵉ grenadiers de la garde. Envisageant la guerre italienne au point de vue des intérêts peu poétiques, mais positifs, il m'apprend : 1° qu'Alexandrie était renommé pour ses noûgats et ses fruits confits ou glacés ; 2° qu'en quittant Paris, il avait emporté l'espérance, presque la certitude du grade supérieur. La balle qui, quelques jours plus tard, troua son bonnet à poil et son front à Magenta, ne lui laissa pas le temps de réaliser son espoir, et peut-être de finir les choses exquises dont il avait rempli sa cantine. Ses services antérieurs, son ancienneté de grade, son mérite personnel, auraient certainement justifié cet avancement, outre sa qualité de neveu du général de division comte d'Houdetot, ancien aide de camp du roi Louis-Philippe-Égalité. Égalité... surtout devant les balles.

CHAPITRE V

Une lettre du général d'Autemarre. — Le lieutenant-colonel Mangin. — Le devoir est de marcher au canon. — Attaque soudaine. — Appréciation de M. de Moltke. — Trop de responsabilité. — Pourquoi les subalternes manquent d'initiative. — Le général Bazaine veut marcher au canon. — La légende.

Je demande au lecteur la permission d'interrompre pendant quelques instants le *Journal* de notre vaillant et très érudit capitaine. Je crois devoir transcrire une lettre que M. le général d'Autemarre d'Ervillé m'a fait l'honneur de m'écrire. Elle me permet de reproduire deux documents qui ne sont pas sans intérêt, le lecteur en jugera.

« Paris, 18 mai 1888.

« Monsieur,

« Je regrette de ne pouvoir mieux réaliser votre attente, et vous donner des détails inédits sur le rôle du 5ᵉ corps et de la division que je commandais pendant la campagne d'Italie de 1859 à 1860.

« Ce rôle, Monsieur, a été bien effacé, et peut se résumer en de simples itinéraires, que je n'ai plus, mais que vous trouverez sans doute facilement. Le 5ᵉ corps a constitué un véritable corps de réserve, et nous allions certainement faire mieux que des marches quand ont été signés les préliminaires de la paix. Ma division avait surtout pour mission d'attirer les Autrichiens vers la Vénétie, en leur faisant croire à une invasion de notre part et à notre désir de recommencer la victoire de Macdonald à la Trebbia, tandis que la véritable direction de l'armée était tout autre. Nous avons opéré une diversion, et rien de plus.

« Ma division, composée de cinq régiments venant d'Afrique, à l'effectif de 1 200 hommes par bataillon, fut formée à Gênes, tandis que la seconde du corps d'armée, celle du général Uhrich, était formée plus tardivement à Florence avec l'état-major général du prince Napoléon.

« Il est résulté de cette situation que j'ai toujours agi isolément à l'extrême droite de l'armée, à un ou deux jours de marche, et recevant le plus souvent les ordres directs de l'Empereur.

« C'est dans ces conditions que deux de mes régiments ont pu se signaler : le premier bataillon du 93ᵉ de ligne, commandé par le lieutenant-colonel Mangin, a pris une part honorable au combat de Montebello ; et le 3ᵉ zouaves, colonel de Chabron, aujourd'hui sénateur, a eu presque à lui seul l'honneur de la journée de Palestro. Je n'étais malheureusement à aucune de ces deux affaires.

« Le combat de Palestro est bien connu : S. M. Victor-Emmanuel a du reste rendu pleine justice aux services du 3ᵉ zouaves, qui lui avait conféré par acclamation le grade de *caporal d'honneur*.

« Quant à la conduite si honorable du lieutenant-colonel Mangin le jour de Montebello, elle est précisément racontée dans un article du journal *le Temps* du 15 de ce mois.

« Le récit est exact, à une erreur et à une omission près. L'erreur, c'est que c'est au général Bazaine et non au commandant du 1ᵉʳ corps que Mangin a demandé si on ne marchait pas au canon, et a répondu qu'il n'avait pas à demander d'ordres au maréchal Baraguey d'Hilliers, ne faisant pas partie de son commandement. L'omission, c'est qu'après le combat, le vainqueur a embrassé Mangin avec effusion en le remerciant, mais l'a oublié presque complètement dans son rapport et tout à fait dans ses propositions.

« Ce que je dis ici, c'est pour rendre hommage à ce remarquable officier, qui est mort trop jeune et qui était fils du préfet de police sous la Restauration.

« Recevez, Monsieur, l'assurance de ma considération la plus distinguée.

« Général D'AUTEMARRE. »

Voici le récit du *Temps* dont le général d'Autemarre reconnaît l'exactitude sauf une erreur et une omission. Le fait en lui-même est généralement connu, mais les détails le sont moins, et ils ont cependant leur importance, comme on va le voir.

« Reportons-nous au début de la campagne d'Italie, en 1859. Le 93ᵉ régiment d'infanterie (ancien 18ᵉ léger), depuis longtemps en Algérie, avait été classé dans la division d'Autemarre, la première du 5ᵉ corps d'armée commandé par le prince Napoléon. Ce corps, qui avait dans le plan de la campagne une destination spéciale, n'était pas encore organisé lorsque le mouvement offensif des Autrichiens amena le commencement des hostilités; mais les bataillons qui en faisaient partie commençaient à débarquer à Gênes : l'état-major général résolut de les utiliser pour remplacer, à l'extrême droite de l'armée, les troupes du 1ᵉʳ corps qui allaient participer au grand mouvement tournant opéré vers la gauche, et masquer ainsi ce mouvement, en retenant l'armée autrichienne dans ses positions et en couvrant la ville de Gênes.

« En conséquence, le 1ᵉʳ bataillon du 93ᵉ, débarqué depuis le 10 mai, venant d'Alger, reçut l'ordre de partir le 20 mai, à 6 heures du matin, par la voie ferrée qui va de Gênes à Stradella. Il devait quitter cette voie à Voghera pour se diriger sur Varzi et Bobbio. Le lieutenant-colonel Mangin, officier des plus vigoureux, devenu plus tard général de brigade et mort prématurément après la guerre du Mexique, marchait avec ce bataillon, qui se trouvait ainsi placé sous ses ordres. La voie ferrée avait été coupée près de Tortone, au pont sur la Scrivia; la colonne dut alors parcourir à pied la distance de 17 kilomètres environ, qui sépare ce point de Voghera.

« Arrivé à 2 kilomètres à peu près au delà de

Pontecurone, c'est-à-dire à 4 kilomètres et demi en deçà de Voghera, on entendit tout à coup le canon en avant et sur la droite. Le lieutenant-colonel prescrivit alors à l'adjudant-major du bataillon de prendre le galop et de se rendre à Voghera le plus rapidement possible afin de le renseigner. L'adjudant-major trouva sur la place de Voghera un officier supérieur faisant partie de l'état-major de la division Forey, lequel paraissait inquiet. Son général, chargé de pousser une reconnaissance avec sa division, la première du corps du maréchal Baraguey d'Hilliers, s'était heurté à des forces supérieures; il était vivement engagé et sa ligne d'opérations se trouvait menacée. Il avait envoyé demander du secours au maréchal qui ne semblait pas disposé à lui en donner, soit qu'il ne voulût pas engager l'affaire plus qu'elle ne l'était déjà, soit qu'il reprochât à son lieutenant de s'être compromis au delà de ce qui était nécessaire. L'officier d'état-major envoyé à Voghera connaissait le lieutenant-colonel Mangin, sa valeur et son énergie; il parut heureux de sa prochaine arrivée et le dit à l'adjudant-major qui, tournant aussitôt bride, alla retrouver le bataillon à 1 ou 2 kilomètres de Voghera.

« Instruit de ce qui se passait, le lieutenant-colonel n'hésita pas un instant et fit presser le pas à sa troupe. « Le bataillon, dit-il, ne s'arrêtera pas à Voghera, nous avons le devoir de marcher au canon. nous pouvons être utiles. Si on n'a pas besoin de notre aide, nous reviendrons simplement sur nos pas; nous n'en sommes pas à quelques kilomètres près. » Il faut dire que la distance de Voghera à Montebello, où se battait la division Forey, est de 7 kilomètres et demi. C'était donc une marche supplémentaire de 15 kilomètres seulement qu'il s'agissait d'imposer au bataillon qui, venant de faire un séjour de cinq ans en Afrique, était parfaitement entraîné.

« Cependant le maréchal Baraguey d'Hilliers se trouvait en deçà de Voghera, avec la deuxième division de son corps d'armée, dont les soldats, l'arme au pied, frémissaient d'impatience au bruit du combat engagé si près d'eux. Apercevant un bataillon qui marchait dans la direction de Voghera lorsqu'il avait donné l'ordre de ne pas bouger, il s'étonna, voulut savoir ce que signifiait ce mouvement, et envoya chercher le lieutenant-colonel Mangin. Aux questions qu'il lui adressa, celui-ci répondit que le bataillon placé sous ses ordres faisait partie de la division d'Autemarre et appartenait au 5ᵉ corps, qu'il avait pour instructions de se diriger sur Voghera et qu'il s'y rendait. Le maréchal lui expliqua qu'avant de continuer son mouvement, il ferait bien d'attendre le résultat de la reconnaissance du général Forey; mais le lieutenant-colonel du 93ᵉ tint bon, et, s'inclinant respectueusement devant le maréchal, déclara qu'il accomplirait quand même sa mission. Pendant ce colloque, les officiers du bataillon causaient avec ceux du 1ᵉʳ zouaves, qui ne dissimulaient pas leur mécontentement du rôle auquel on les réduisait.

« On prit une allure plus vive et l'on traversa rapidement Voghera, où se trouvait un aide de camp du général Blanchard, commandant la 2ᵉ brigade de la division Forey, qui cherchait du secours, et qui présenta la situation de son général comme absolument compromise s'il ne lui arrivait pas de renfort dans le plus bref délai. Donnant alors une nouvelle preuve d'initiative, le lieutenant-colonel Mangin prit une détermination dont il ne se dissimulait pas la gravité. Il fallait non seulement arriver sur le champ de bataille, mais il fallait y arriver le plus vite possible : il fit mettre les sacs à terre pour prendre le pas gymnastique, et envoya l'adjudant-major en avant pour prévenir le général Forey de son intervention ; mais le général était trop loin, et le lieutenant-colonel dut se contenter de prendre les ordres du général Blanchard, d'après lesquels il prit immédiatement ses dispositions d'attaque. Cette attaque soudaine et audacieuse d'un bataillon pénétrant dans le flanc droit du corps ennemi fut couronnée d'un succès immédiat. Les Autrichiens se retirèrent précipitamment, pensant, comme le constata leur général dans son rapport sur cette affaire, que l'avant-garde d'un corps considérable venait prendre part à la lutte.

« Après avoir cité cet exemple et constaté l'influence exercée sur le résultat du combat par le mouvement du 93ᵉ, M. de Moltke, dans son historique de la campagne de 1859, ajoute : « Ce bataillon n'appartenait « pas au corps d'armée engagé ; il était accouru au « bruit du canon, suivant le bel usage depuis long- « temps en vigueur dans l'armée française. » Aurait-on été en droit de s'exprimer ainsi après la guerre de

1870 ? Nous sommes bien forcés de répondre non à cette question. D'où venait donc, au milieu de tant de qualités qui rendent glorieuse encore la défaite des armées françaises, le manque d'initiative dont plus d'un commandant de troupe encourait le reproche pendant la dernière guerre ? Je n'hésite pas, pour ma part, à lui assigner une double cause : l'exagération du principe de responsabilité, et l'intervention trop fréquente de l'autorité supérieure dans les détails du commandement inférieur à tous les degrés. La responsabilité ! on n'avait plus que ce mot sur les lèvres et au bout de la plume.

« S'il survenait un incident quelque peu regrettable, si quelque accroc se produisait dans l'exécution d'un ordre donné ou simplement dans le service journalier, on s'occupait beaucoup moins de remédier au mal et d'en prévenir le retour que de lui trouver un éditeur responsable, à blâmer ou à punir au besoin. Et ce mot de responsabilité, on l'appliquait aux plus élevés comme aux plus humbles, comme s'il ne tombait pas sous le sens qu'un chef est responsable de l'ordre qu'il donne, et comme s'il était besoin de le lui rappeler à tout propos...

« Voici un exemple bien remarquable à l'appui de l'observation que je me permets ici. Lorsque, au début de cette campagne d'Italie de 1859, dont je viens de citer un épisode, le 3ᵉ corps d'armée commença à franchir les Alpes, la tête de colonne de ce corps d'armée fut arrêtée à Suse, et son commandant, qui n'était autre que le maréchal Canrobert, reçut l'ordre d'en attendre la formation complète avant de se porter en avant. Toutefois, au cas où le roi de Sardaigne viendrait à réclamer son aide, il était autorisé à marcher au secours de l'armée piémontaise, mais sous sa propre responsabilité. En bon français, cela voulait dire : Le commandant du 3ᵉ corps d'armée n'est pas forcé de déférer au désir exprimé par le roi ; il reste juge de la conduite à tenir en présence de l'appel qui pourra lui être adressé.

« Une instruction donnée en ces termes eût été suffisamment intelligible et suffisamment précise ; pourquoi donc y ajouter le mot de responsabilité qui allait de soi ? Par le fait, ce mot ne pouvait troubler un soldat de la trempe du maréchal et ne le troubla pas : le cas prévu dans ses instructions se réalisa. Turin fut menacé par la marche en avant de l'armée autrichienne ; le héros de Zaatcha, l'ancien commandant en chef de l'armée d'Orient, invoqué par Victor-Emmanuel, sut prendre à propos les dispositions les plus habiles pour faire échec à l'ennemi. Mais ce mot de responsabilité, à force d'être répété avec insistance, en a troublé bien d'autres depuis lors. En se préoccupant sans cesse d'engager et de déterminer les responsabilités, on en a fait comme un épouvantail, dont chacun a eu l'idée de se préserver en dégageant sa responsabilité, en se bornant à l'exécution stricte des ordres reçus, pour avoir le droit de dire après l'événement : « Ce n'est « pas moi qui suis responsable. » Il est si simple et si facile de ne rien faire !

« D'un autre côté, des chefs parvenus trop rapidement

aux grades supérieurs en pleine paix, sans autre droit à cet avancement prématuré que la présomption d'un mérite qui n'avait pas eu l'occasion de se démontrer, appelés à commander un bataillon ou un régiment avant d'avoir appris à bien commander une compagnie, pleins d'activité d'ailleurs et animés d'une noble ardeur, ont tué l'initiative chez leurs subordonnés à force d'intervenir dans leurs actes et de les réduire à l'état de machines obéissantes. On paraît aujourd'hui, à cet égard, imbu d'idées infiniment plus saines. Tant mieux! Un bon capitaine doit laisser ses lieutenants commander leurs sections; un bon colonel ne doit pas gêner ses capitaines dans le commandement de leurs compagnies. Chacun prend ainsi conscience de sa propre valeur et de l'importance du rôle qui lui est confié. Il acquiert le vrai sentiment de la responsabilité, conséquence naturelle de l'initiative. « Là où les subal-
« ternes ne montrent pas d'initiative, » dit avec raison l'Allemand von der Goltz, dans la *Nation armée*, « la
« faute en est d'ordinaire aux supérieurs. »

« Il faut que le commandement suprême pratique
« une tolérance généreuse vis-à-vis des actes indépen-
« dants des subordonnés. » A la fin de la dernière guerre le général Manteuffel, chargé d'opérer contre notre armée de l'Est, prit sur lui, en raison des événements qui s'étaient produits, de modifier complètement le plan qui lui avait été tracé par le grand état-major. « Il a eu raison, » dit le maréchal de Moltke aussitôt qu'il en fut informé. Napoléon Ier lui-même, ce maître si absolu, se montra à l'heure des revers

plein de mansuétude pour les fautes de ses lieutenants. Les maréchaux Ney, Oudinot, Macdonald, qui n'avaient pas su seconder ses projets et s'étaient laissé battre à Dennewitz, à Gross-Beeren, à la Katzbach, ne reçurent de lui aucun reproche. « Il faisait la part « de la mauvaise fortune, » observe le duc de Fezensac dans ses curieux *Souvenirs militaires*, « il excusait les « erreurs, il pardonnait même les fautes ».

« Général THOUMAS. »

Ce ne fut donc pas, comme le dit fort judicieusement le général d'Autemarre, au maréchal Baraguey d'Hilliers, mais bien au général Bazaine que s'adressa le lieutenant-colonel commandant le 1er bataillon du 93e.

En rétablissant la vérité, j'ajoute que cet incident donna naissance à une de ces légendes qui, par malheur, s'incrustent trop facilement dans l'esprit des soldats.

Le maréchal Baraguey d'Hilliers n'était donc pas, comme le dit le général Thoumas, le 20 mai à Voghera, mais à Ponte-Curone. C'est Bazaine qui était à Voghera.

En effet, l'ordre était de maintenir l'ennemi en éveil pendant que le gros de l'armée exécuterait le mouvement tournant qui devait aboutir à la victoire de Magenta. Défense expresse avait été faite de s'engager.

Le général Forey, impatient d'effacer les impressions fâcheuses qu'avait fait naître, à tort ou à raison, sa conduite en Crimée, avait dit bien haut qu'il ne manquerait pas l'occasion de prouver qu'il était brave, qu'il la ferait naître au besoin.

Il attaqua les Autrichiens à Montebello malgré les ordres formels de son chef.

Le général Bazaine ayant appris par le capitaine Piquemal, aide de camp du général Forey, que ce dernier était aux prises avec l'ennemi, courut aussitôt auprès du maréchal, le suppliant de le laisser partir pour l'appuyer.

Le maréchal Baraguey d'Hilliers, furieux de la désobéissance de son second, ne voulut rien entendre.

— Il n'a pas tenu compte de mes ordres, dit-il, tant pis pour lui. Vous êtes ma réserve, et je vous défends de bouger.

Bazaine cependant insista tant et si bien que le maréchal finit par lui permettre de partir, mais avec un régiment seulement, le 1ᵉʳ zouaves, et encore avec l'ordre *impératif et formel de ne pas, quoi qu'il arrivât, dépasser Voghera*. — On se battait à Montebello, à 6 kilomètres plus loin.

Bazaine, en arrivant à Voghera, arrêta donc son régiment et fit former les faisceaux sur le champ de manœuvres de cette place. Les officiers et les hommes, impatients de prendre part à ce premier combat de la campagne, se mirent à murmurer, ne comprenant pas qu'on les immobilisât pendant que se battaient leurs camarades.

Un bataillon partait à ce moment pour rejoindre. Bazaine, avec son coup d'œil habituel, prit sur lui d'engager le commandant de cette troupe à suivre, au lieu de la route, la chaussée du chemin de fer qui devait l'amener sur les flancs de l'ennemi.

Cet officier suivit le conseil; mais lui et ses hommes trouvèrent étrange la conduite de ce général qui, au lieu de se rendre sur le lieu de l'action, se bornait à donner des avis, et restait à 6 kilomètres en arrière avec les troupes qu'il avait amenées.

De suite, avec le caractère si léger et si impressionnable du soldat français, prit naissance la légende que Bazaine n'avait pas voulu venir en aide à Forey avec le secret désir de le voir battre. Ce bruit absurde se répandait avec la vitesse d'une traînée de poudre et arrivait le soir même aux oreilles de l'Empereur.

La bataille était gagnée; mais Forey, n'étant pas soutenu, n'avait pu en tirer tout le parti que l'on était en droit d'en attendre.

Le lendemain 21 mai, l'Empereur voulut visiter le champ de bataille, sur lequel deux bataillons de la division Bazaine étaient occupés à rechercher les morts. Bazaine, qui n'avait pas été prévenu, s'y trouva néanmoins.

Napoléon III l'accueillit avec sa bonté ordinaire, mais ne put s'empêcher de lui dire devant le maréchal Baraguey d'Hilliers qui l'accompagnait :

— Il est regrettable, général, qu'il ne vous ait pas été possible d'arriver à temps pour soutenir Forey !

Pensant que le maréchal allait élever la voix pour le défendre, Bazaine ne répondit rien d'abord; mais voyant que son chef se taisait, il se trouva dans la nécessité de dire à l'Empereur que s'il n'avait pas dépassé Voghera, ce n'était qu'en vertu des ordres formels qu'il avait reçus.

L'Empereur eut alors une explication assez vive avec le maréchal Baraguey d'Hilliers, qui fut obligé de convenir du fait, mais qui ne pardonna jamais à Bazaine de l'avoir fait prendre, par le souverain, en flagrant délit de déloyauté envers un inférieur.

Il l'a prouvé dans la suite.

CHAPITRE VI

Un signor dottore. — Chevaleresque équipée. — L'intendance à Novare. — Conséquences du passage des Africains. — Le devoir *n'est plus* de marcher au canon. — Fausse alerte. — Passage du Tessin. — Un souvenir de jeunesse. — On se débrouille. — La *Cascina podregnana.* — Un malheureux capitaine de Tyroliens.

28 MAI. *Départ pour Occimiano.* — Depuis les coups de canon de Montebello, les journées me sont longues et lourdes dans cette forteresse d'Alexandrie, et les accents de nos clairons au départ me semblent une musique plus charmante que celle des concerts officiels, des augustes réceptions et des théâtres.

En arrivant à Occimiano, je tombe dans une chambre où, assise sur deux chaises, et entourée de plusieurs femmes, une autre femme était péniblement en train de mettre au jour un futur enfant de l'Italie. Mes aiguillettes d'or me font prendre pour *un signor dottore* de l'armée sarde; je me sauve ahuri, en expliquant leur erreur aux commères attachées à mon uniforme. Ainsi va le monde : là, la mort brutale, inattendue, et la destruction ; ici, la naissance et la vie. Système des compensations.

29 MAI. *Casale*. — Grande et belle ville, beaucoup de fortifications anciennes et nouvelles. Le Pô, très large, mais semé d'îles, ne me paraît pas aussi majestueux que le Rhône à Lyon, et plus tard le Tessin avant Magenta. Soleil éblouissant, ville gaie, bien bâtie. Un groupe épais d'officiers stationne devant l'un des beaux cafés de Casale. Ils entourent un jeune officier portant l'uniforme de cavalerie piémontaise. Je remarque ses longues et blondes moustaches bien effilées. Il s'exprime en français très pur, sans accent étranger. Bientôt, en dégustant un sorbet sur une table rapprochée de la sienne, j'apprends que ce jeune officier si entouré, si fêté, était le duc de Chartres, le deuxième fils du duc d'Orléans, le petit-fils de Louis-Philippe, que des camarades ont déjà vu à Gênes.

Il combattait ses parents autrichiens à l'ombre des deux drapeaux réunis, et je vins à penser que si, plus tard, une de ces révolutions imprévues et habituelles à la France ramerait sa famille au pouvoir, le gouvernement autrichien pourrait bien lui garder rancune de sa chevaleresque équipée, sous les ordres du beau-père du prince Napoléon, l'allié de S. M. l'Empereur des Français, Napoléon III.

1ᵉʳ JUIN. *Novare*. — Encore la voie ferrée jusqu'à Novare, ce qui, dans les autres corps d'armée, un peu jaloux des privilèges de la garde, accrédite la légende que celle-ci voyage toujours en chemin de fer. J'admire le soin avec lequel les Autrichiens ont cru démolir le chemin de fer. Les rails, religieusement déposés, soit isolément, soit par petits paquets sur les deux côtés de la voie, n'attendent que des ouvriers pour être replacés bout à bout et boulonnés pour un prompt et bon service.

Croyaient-ils donc repasser par là dans un prochain avenir?

Arrivée à Novare vers 5 heures du soir, changement de décors; point de fleurs, silence complet, magasins fermés, quelques rares fenêtres ouvertes. Nous prendrait-on pour des ennemis? Cependant, à l'un des balcons, nous apercevons le superbe sous-intendant des voltigeurs, M. Viguier, lequel, en grand uniforme, ganté de blanc et fumant son *londrès*, se donnait le plaisir de voir *sa division* défilant devant son palais.

Le lieutenant adjoint au trésorier, M. Adam, descend de cheval, et profite de cette rencontre heureuse pour aller lui demander l'heure et le lieu des distributions. Réponse fine et spirituelle de M. Viguier:

— Je serais bien heureux si vous vouliez me les faire connaître.

En écoutant cela, le colonel Douay lève les épaules, et nous continuons notre chemin vers les remparts de la ville. A 7 heures du soir, mourant de faim, je finis par trouver un *albergo*, celui des *Tre Re*, où, après une longue attente, on me sert une forte portion de *lasagna*, arrosée d'un jus qui sentait un peu trop le mouton mâle.

N. B. — J'avais dû payer à l'avance!

On raconte dans cet hôtel que la garde a été précédée à Novare par le 2ᵉ corps (Mac-Mahon), presque entièrement composé d'Africains.

Les zouaves, les premiers soldats du monde — selon les uns — ces premiers voyous de l'armée — selon les autres — suivis de ces corps d'élite qui s'appellent les turcos. Les deux régiments de la légion étrangère avaient répondu au fraternel accueil des habitants par un véritable pillage des magasins, des cafés, etc. Ainsi me fut expliquée la morne et silencieuse attitude des Novarais.

Officiers et soldats, nous subissons les conséquences du passage des Africains. A 8 heures, pendant que j'engloutissais rageusement le plat de lazagna au jus de bélier, retentissent tout à coup la *Marseillaise*, la *Milanaise*, qui des rues voisines avaient l'air de venir jusqu'à nous. C'était le Roi qui rejoignait l'Empereur dans son palais afin de discuter les combinaisons des jours suivants; car tout sentait la poudre, et le canon des deux journées de Palestro retentissait encore à mes oreilles. Encore une victoire de perdue pour les voltigeurs ! Notre tour ne viendra-t-il donc jamais ?

A Palestro la situation du roi Victor-Emmanuel fut un moment si critique, que le général Trochu crut indispensable d'avancer. Le maréchal Canrobert lui envoya un officier pour lui dire qu'il avait tort, que Palestro devait rester son objectif.

Le général fit observer que le roi était fortement engagé, qu'il était impossible au maréchal de se rendre aussi bien que lui un compte exact de la situation ;

que, sur ce qu'il en savait, il croyait de son devoir d'aller au secours du roi. Il avait même déjà fait un kilomètre à droite, à travers champs, lorsqu'il fut rejoint par un second officier qui lui dit que le maréchal était très mécontent et avait répété à plusieurs reprises :

— Vous direz à ce jeune général qu'il n'a pas à apprécier les événements, mais à exécuter les ordres qu'on lui donne.

Il n'y avait plus qu'à obéir.

Le général se voyait donc forcé de rétrograder, lorsque arriva à son tour un officier d'ordonnance du roi, à la disposition duquel avait été mis le 3ᵉ zouaves. Le roi demandait formellement du secours.

— Ah ! s'écria Trochu, grâce à Dieu, voilà qui met fin à toute hésitation !

De son côté Canrobert envoyait enfin l'ordre de se porter au secours du roi; mais on avait perdu beaucoup de temps, et en route contre-ordre est donné, le combat est fini.

Les troupes n'étaient pas contentes de ces allées et venues, elles réprimaient avec peine un profond dégoût. Elles avaient été si près de l'ennemi, sans le voir, qu'un boulet perdu avait tué le chef de bataillon Duhamel et emporté toute une file du 88ᵉ régiment.

Ayant les *Tre Re* suspendus au-dessus de ma tête, pensant qu'il n'y avait aucun péril en la demeure, je continuai mon modeste repas, et non sans peine, vers les 9 heures du soir, je retrouvai la tente où j'espérais trouver aussi le repos et le sommeil.

Vain espoir! A minuit, un tumulte effroyable, entrecoupé de cris stridents : « Aux armes, aux armes! » Un réveil en sursaut, de vives lueurs intermittentes traversent le coutil de ma tente. En hâte, couchant botté, j'enfile ma tunique et je sors... Toutes les tentes-abris des voltigeurs étaient abattues, les hommes déjà prêts à se battre, et la paille de leur couchage brûlait çà et là, en petits tas, au risque de faire sauter les cartouchières.

Le colonel Douay, en caleçon, mais botté, nu-tête, tenant une bougie de chaque main, criait à ses soldats :

— Voulez-vous bien rester tranquilles? Couchez-vous donc, tas de... Et, m'approchant de lui pour prendre ses ordres :

— Que pensez-vous de tout ça?

— Je pense, mon colonel, que des deux côtés, ville et campagne, tout est calme, et que *cela* est ce qu'on appelle une panique bien caractérisée.

— Allez donc voir ce qui se passe chez les grenadiers, me dit-il, et il continua son œuvre d'apaisement. Or, nous étions campés par inversions, par division : les grenadiers étaient à notre gauche.

Je traverse les 3º et 4º voltigeurs, et comme le tumulte et l'effarement allaient *rinforzando* de la droite à la gauche, j'entends des officiers supérieurs (s. v. p.) de nos régiments qui crient : « Prenez seulement vos cartouches et des biscuits. »

Puis j'arrive à notre batterie d'artillerie, dont quelques chevaux sellés, bridés, s'apprêtaient à aller avertir les officiers qui, plus heureux ou plus adroits que nous, avaient su trouver dans Novare « bon souper, bon gîte et le reste ».

Je m'approche du chef d'escadrons et je prends sur moi de lui dire : « Ce n'est rien... le colonel Douay m'envoie prévenir les régiments... Si à minuit, vos chevaux galopent dans les rues, toute la ville et toute l'armée seront en révolution. »

Ce commandant, calme et de bon sens, donne aussitôt contre-ordre pour le départ, en prescrivant toutefois de laisser quelques chevaux sellés en cas d'éventualités.

A 150 ou 200 mètres de la batterie, campaient les zouaves de la garde. La rumeur et le trouble n'étaient pas encore arrivés jusqu'à eux. Des cuisiniers faisaient tranquillement leur popote, aidés par leurs camarades voisins, les bonnets à poil. Je cause avec eux, je les mets rapidement au courant de la situation, en les mettant aussi soigneusement en garde contre tout ce qui pourrait survenir de trouble du côté des voltigeurs, m'en rapportant du reste à leur vieille expérience militaire. Puis je vins rendre compte au colonel de tout ce que j'avais vu, dit, fait, prescrit, etc. Le calme revenait dans les rangs ; les tentes se reconstruisaient ; le colonel me dit qu'un sous-officier du bataillon de chasseurs, sous l'influence bien excusable d'un rêve militaire, avait crié, tout endormi : « Aux armes! » et que ce malheureux cri, venant d'un seul, mais cent fois répété, avait produit l'alerte.

Le curieux de la chose, c'est que d'autres criaient : « Aux arbres! » de sorte que, jusque dans les fossés, sans comprendre comment ils avaient pu descendre, on avait pu voir pas mal d'hommes juchés sur les arbres qui, comme d'habitude, font de ces remparts autant de promenades.

2 JUIN. *Passage du Tessin.* — Départ de Novare à 10 heures du matin. J'emporte avec moi le regret de n'avoir pu visiter le théâtre de la sanglante bataille du 23 mars 1849.

Nous suivons la route qui conduit droit au Tessin. Beaucoup de soleil, *idem* de poussière. Marche lente. On attend quelque chose qui finit par arriver. C'était un équipage de ponts piémontais. On s'arrête, on ouvre les rangs curieusement pour le laisser passer. Vers deux heures on est au Tessin. Large, rapide, profond, transparent, majestueux. Les bateaux sont à l'eau, attendant leur ordre de bataille; des chasseurs à pied les précèdent dans de petites barques.

L'endroit choisi pour jeter le pont est selon les règles militaires. Notre rive droite domine la gauche. — la rive ennemie. Cependant celle-ci a le défaut d'être boisée et d'offrir ainsi un abri aux tirailleurs qui voudraient nous disputer le passage. Trois de nos pièces peuvent battre la rive opposée; de son côté, le colonel Douay dispose ses compagnies en conséquence. Mais nul ennemi en face de nous : rien qu'un poteau noir et jaune avec l'aigle à deux têtes; et près du poteau un seul et unique personnage en uniforme, coiffé d'un chapeau comme celui de nos gendarmes; probablement un douanier.

Tout à coup retentit un de nos canons; puis un

deuxième. C'était notre demi-batterie qui, sur l'ordre du général Camou, faisait à ce malheureux douanier l'honneur de la première salve d'artillerie tirée par les canons de la garde.

Je vois, tout ébahi, l'Autrichien qui disparaît; et pendant que le troisième coup s'apprête, j'entends une grosse voix, venant de l'aval, qui crie :

— Mais, général, vous n'y pensez pas... sur quoi tirez-vous donc? Vous avez la chance de n'avoir personne devant vous... vous voulez donc attirer l'ennemi!... et vous, lieutenant, vous *paierez* vos deux coups de canon.

C'était le général Lebœuf, commandant en chef de l'artillerie de la garde, qui adressait, en courant à pied, pâle, superbe d'indignation, ces foudroyants reproches à notre général de division. J'ignore si le lieutenant a payé sa dette; mais le général Camou, ahuri, courbait sa grosse tête sur son grand corps, et ne trouvait rien à répondre.

Alors, comme dans un éclair, je vins à me rappeler qu'en 1847, au café Napoléon, à Oran, le général Lamoricière disait à ses amis le colonel Bosquet, le commandant Charras, à haute voix, sans se gêner : « Ah! ce vieux tambour-major! ah! ce produit de la popularité maniaque de *Poulot!* tout le monde lui attache un haillon à ce grand *poteau!* »

Poulot, c'était, à ce qu'il paraît, le duc d'Orléans, la victime du 13 juillet 1842. Le grand *poteau* était l'immense général ou colonel Camou, le fin et rusé Béarnais, compatriote des Henri IV et des Bernadotte, et les haillons, c'étaient les grades et les décorations que les gouverneurs successifs de l'Algérie attachaient au poteau, entraîné dans la filière des récompenses.

J'étais jeune en 1847; je n'attachai pas grande importance à ces railleries; je savais que ces messieurs de l'artillerie, du génie, de l'état-major, passés par vingtaines dans l'infanterie et la cavalerie, en vertu d'un article trop élastique de la loi sur l'avancement, en cas de formation des zouaves, des turcos, ou des spahis, tenaient en médiocre estime leurs camarades sortis des rangs ou de Saint-Cyr. Comme si Louis-Philippe n'avait pas pu trouver, parmi ces derniers, des colonels ou des généraux aussi braves, aussi intelligents, aussi dévoués que ces légitimistes et ces républicains *in petto;* mais aujourd'hui, avec l'âge, la réflexion m'était venue avec un peu d'expérience. Je savais que notre général avait 67 ans; je savais par ses nombreuses inspections générales qu'il parlait français comme un *Basque espagnol;* et cependant jusqu'alors, jusqu'à ces malheureux coups de canon, j'avais confiance dans cette vieille expérience du premier Empire. Avec leur fumée s'envolaient toutes mes illusions; et je me demandai, non sans un certain frémissement le long de mon épine dorsale, ce que nous pourrions devenir entre les mains d'un homme qui faisait tirer le canon sur un simple douanier surveillant son poteau jaune et noir, au moment d'une opération aussi délicate, aussi dangereuse que celle du passage d'un fleuve large, profond, impétueux.

Cependant, peu à peu, bateau par bateau, le pont s'achevait sans obstacles ; nos tirailleurs étaient sur la rive gauche. Au 2ᵉ voltigeurs revint l'honneur de passer le premier *en corps* sur le sol ennemi.

Il était environ 6 heures et demie du soir. Le colonel m'envoie alors en reconnaissance avec une douzaine d'hommes. Nous avons devant nous un taillis touffu coupé de quelques sentiers. Je m'avance en fouillant les bois à 1 500 mètres du rivage. Le terrain est inondé, marécageux ; ce sera un campement difficile. Nulle trace d'ennemis ; seulement un tas de paille foulée, le coucher probable du pauvre douanier que nous avions si brutalement accueilli.

De retour, pas de distribution : rien à manger, toujours rien ; les soldats se débrouillent et moi avec eux. Impossible de dormir dans mon caban, à cause des moustiques. Je cours m'étendre près d'un feu de branches vertes dont la fumée réussit à les éloigner, mais aux dépens de la blancheur de notre peau.

3 JUIN. — En route à 3 heures du matin, le 2ᵉ voltigeurs arrive à Naviglio Grande, avec mission de trouver et de défendre un pont sur le canal.

Cet endroit s'appelle *Cascina podregnana*; c'est une ferme, composée de deux maisons sur la rive droite, et qui fait, dit-on, partie du village de Robecchetto. Le pont est intact, les Autrichiens n'y ont pas touché. Seulement le colonel Douay reçoit l'avis qu'ils vont revenir pour réparer cet oubli. Deux compagnies, Barthet (1ʳᵉ) et Poilleux (2ᵉ), du 1ᵉʳ bataillon, s'installent dans les maisons de la rive droite, et les mettent rapidement en état de défense. Matelas aux fenêtres, meurtrières, etc. Le reste du bataillon est sur la rive gauche, derrière les murs crénelés des jardins ; d'autres soldats se couvrent en démolissant une grosse meule de fourrage dont ils se font des abris; nos chevaux affamés sont heureux derrière la meule... plus heureux que nous.

Il était temps ! Bientôt arrive une colonne de 4 à 5 000 hommes, précédée d'un bataillon de Tyroliens qui ouvrent le feu. On leur riposte des deux rives. Bref, nous comptons dans cette affaire 6 hommes tués, et une douzaine de blessés.

Ces Tyroliens tiraient bien ; toutes les blessures étaient à la tête et au bras, c'est-à-dire aux seules parties du corps visibles par moments et ajustables.

Voulant voir ce qui se passait, j'allonge le cou pour regarder par-dessous la travée du pont. Aussitôt une balle vient s'aplatir près de mon oreille gauche, contre le mur de clôture auquel nous étions adossés, le colonel, notre major, un lieutenant et moi. Je soubresaute quelque peu, le colonel se met à rire en me disant :

— Elle est bien à votre adresse ; gardez-la comme souvenir.

Incrustée dans le mortier, il était impossible de distinguer sa forme primitive. Elle ressemblait à une belle et large plaque étoilée d'un ordre quelconque.

Pendant que nous échangions cette fusillade, le général Mac-Mahon remportait la victoire de Turbigo.

Son canon, éloigné d'abord, se rapprochait de nous ; aussi la colonne ennemie comprenant l'inutilité de son attaque, et craignant d'être coupée, se décide à la retraite. Il est 7 heures du soir. Nos tirailleurs suivent les Tyroliens. On compte une trentaine de morts et quelques blessés, les autres ayant pu être emmenés.

Parmi eux se trouve un grand, un magnifique officier tout jeune, superbe dans sa veste blanche et sa culotte bleu clair. C'était l'adjudant-major, — ou l'équivalent — du bataillon de Tyroliens.

Pendant que, descendant de cheval, son pied décrivait en l'air la courbe voulue, une de nos balles était venue le frapper par-dessous, sortant par-dessus, et faisant une horrible bouillie de chairs, d'os, de tendons. Le pied n'avait déjà plus forme humaine. Pour obtenir un pareil hasard, il faudrait peut-être des millions de coups de fusil, et encore !

On l'étend sur des couvertures amoncelées sur le foin. Il murmure tout bas quelques mots parmi lesquels je distingue avec peine celui-ci : *Säbel*. Je comprends qu'il réclame son sabre, que le colonel Douay lui fait rendre aussitôt. Il le prend avec un vif sentiment de joie et l'étend sur son corps. « Pauvre jeune homme ! Il est perdu, me dit le docteur Gaullet, il est déjà trop tard pour faire l'amputation... le tétanos va l'emporter. »

Qu'est-il devenu ? Je l'ignore. On le conduisit dans une ambulance... et moi, éreinté, n'ayant dans le ventre que l'acide *polenta* du pays, je vais me plonger dans le fenil d'une des deux maisons de la ferme.

Je ne me souviens pas d'avoir jamais goûté aussi vite un aussi profond sommeil.

CHAPITRE VII

Le 2ᵉ voltigeurs prend les armes. — Rectifiez la position des guides. — Mac-Mahon. — Les tambours battent la charge. — Effet moral. — Deux chiens de faïence. — Héros inconnus. — Une ambulance. — Comment on se défait d'un officier trop sévère.

4 juin. *Magenta*. — Un ordre du jour apprend que depuis la veille la division des voltigeurs est à la disposition complète du général Mac-Mahon. En attendant ses ordres, le 2ᵉ voltigeurs goûte, sur l'emplacement de la veille, les charmes d'une villégiature complète. Pêche à la ligne improvisée, grand lessivage, bains dans le canal... rien ne manque à la fête, si ce n'est les Autrichiens. Où sont-ils?

Les voilà! Entre 10 heures et demie et 11 heures, on entend quelques coups de canon en avant, à droite et à gauche de notre campement, bientôt accompagnés d'une fusillade. C'est la bataille; la poudre parle. Celle des voltigeurs est bonne, et a eu jadis en Crimée ses heures d'éloquence.

Tout le régiment prend les armes et passe sur la rive gauche du Naviglio. Là les trois bataillons reçoivent l'ordre de se diriger sur le clocher de Magenta, chaque bataillon formé en colonne par divisions serrées en masse, et à distance de déploiement les unes des autres. Il paraît que les trois autres régiments ont reçu le même ordre de formation, et le même objectif.

A notre extrême droite, le bataillon des chasseurs de la garde déploie des tirailleurs. Le terrain que le régiment doit parcourir est sec, débarrassé des rizières, avec une légère montée vers Magenta. La propriété paraît très divisée ; des champs de maïs, généralement sillonnés de lignes de mûriers reliés entre eux par des fils de fer; le long desquels grimpent des ceps de vigne.

Chaque champ particulier est séparé de son voisin par des haies d'acacia drues et piquantes. A travers ces hautes tiges de maïs, ces fils de fer et ces acacias, notre marche est lente, quoique la hache des sapeurs et le sabre-baïonnette des soldats fassent promptement justice de ces obstacles.

On s'avance avec résolution, quand tout à coup, au sortir de l'un de ces rideaux verts, retentit une voix bien connue :

— Halte ! rectifiez la position des guides... rectifiez les alignements !

Cette opération prend un bon quart d'heure, et elle se renouvelle cinq ou six fois, c'est-à-dire aussi souvent qu'un espace découvert permettait au général

Camou de mieux voir les treize superbes bataillons qu'il commandait.

A la troisième ou quatrième répétition de cette prudente mesure, le colonel Douay tire son épée, et je ne sais si l'éclair qui jaillit de ses yeux ne fut pas aussi étincelant que celui de la lame frappée par le soleil.

— Allons, dit-il, rectifions les alignements et les guides.

Le canon, qui s'était tu un moment, reprenait de plus belle, et parallèlement à notre front de bataille passaient dans l'air d'énormes projectiles, ces fameuses fusées, espoir des Autrichiens.

3 heures. C'est le moment le plus chaud de la bataille. Nouveau et long temps d'arrêt.

— Envoyez une compagnie en tirailleurs par bataillon ! crie le général.

Alors le colonel Douay, superbe de calme intérieur et de fureur rentrée, réunit aussitôt les trois capitaines commandant ces trois compagnies.

— Ah çà ! leur dit-il, ne faites pas de bêtises, dites bien à vos hommes qu'ils ont devant eux le 2e corps, le corps Mac-Mahon qui nous sépare de l'ennemi. Ne tirez pas sur les culottes rouges.

Vers 4 heures et demie, émergeant brusquement des acacias et des mûriers, au galop, l'uniforme en désordre, apparait le général Mac-Mahon avec trois ou quatre officiers d'état-major. Le bruit se répand rapidement que, pour nous rejoindre, il venait de courir des dangers, et que son escorte avait dû charger pour le dégager d'un escadron de uhlans.

— Enfin, vous voilà, général !

Puis après quelques mots échangés *mezza voce*, il disparaît aussi rapidement qu'il était venu, en montrant de la main à notre général le clocher de Magenta.

Nous avions mis près de six heures pour faire 7 à 8 kilomètres.

Alors les tambours battent la charge, les clairons sonnent, les épées brillent... Mais, vers 5 heures, le canon ne tonnait plus qu'à de rares intervalles ; la fusillade même paraissait se ralentir en s'éloignant, et lorsque, après avoir parcouru 7 à 800 mètres, mon bataillon, le 1er du 2e voltigeurs, arriva à hauteur de la gare de Magenta, les coups de fusil étaient encore plus rares, encore plus éloignés, et quelques balles mortes tombaient autour de nous, sans force pour nous blesser.

Dès que sonne la charge, je m'approche du colonel, et, le saluant de l'épée, avec le plus profond respect, je lui demande s'il ne serait pas convenable de laisser flotter au vent le drapeau emmailloté dans sa chemise de cuir ?

— C'est mon idée, me répondit-il, courez le dire au porte-drapeau.

L'aller et le retour me prirent cinq minutes, et les trois couleurs flottèrent au vent, attendant les balles qui ne vinrent pas encore ce jour-là.

On nous dit, comme consolation, que l'état-major autrichien, posté dans le clocher de Magenta, s'était décidé à battre en retraite à la vue de ces 13 bataillons, marchant lentement il est vrai, mais en bon ordre, comme il convient à de vieux soldats, et précédés de ce nom glorieux : « La Garde. »

Sauf cet apaisement du canon et des fusils, sauf le déchirement de l'air par des balles défigurées par des ricochets, rien n'indiquait, sur le passage du 1ᵉʳ bataillon le voisinage d'une lutte longue et terrible. Le terrain parcouru avait l'aspect honnête et calme des marches militaires : ni cadavres, ni blessés, ni combattants amis ou ennemis. Il montait tout doucement comme un glacis de fortification vers le gros bourg de Magenta.

A 5 heures environ, nous arrivons à 150 mètres de la gare que nous apercevons de profil, toute criblée de balles. Bâtiment très ordinaire, surmonté d'une espèce de beffroi rectangulaire, assez élevé. Belvédère du haut duquel le chef de gare pouvait regarder, en chien de faïence, par-dessus les champs de maïs, son collègue piémontais de l'autre côté du Tessin, qui pouvait lui rendre la pareille. A Magenta, en effet, comme au Tessin, se terminaient brusquement, en attendant le trait d'union, les chemins de fer piémontais et autrichiens. Et ces vers de Lamartine me viennent à la mémoire :

> ... L'égoïsme et la haine ont seuls une patrie ;
> La fraternité n'en a pas !

Devant nous, la voie ferrée était profondément encaissée par un talus élevé en prévision de mouvements militaires. La rampe était piétinée par le passage des assaillants et des défenseurs. En y descendant, je remarque dans des enfoncements de terrain des amas de corps, à peu près tous revêtus de l'uniforme français. Les boutons portaient les numéros du 65ᵉ et du 70ᵉ; il y avait aussi beaucoup de turcos.

Tous ces braves gens avaient été tués ou mis hors de combat par les balles des Autrichiens retranchés dans la gare et dans les maisons environnantes.

Point de ces larges blessures, de ces flaques de sang, qui indiquent le contact brutal des obus, ou les duels à l'arme blanche.

Nous saluons respectueusement, au passage, ces centaines de héros inconnus, et nous arrivons à penser que si l'on avait économisé les temps d'arrêt, les rectifications, les alignements, les déploiements en tirailleurs, on serait arrivé deux heures plus tôt sur le champ de bataille, avec une grande économie de sang français.

Nous pénétrons dans le bourg et nous entrons dans son église. Tous les objets du culte avaient disparu, sauf de grands tableaux éraflés par les balles.

Sur des amas de paille reposaient les blessés vainqueurs ou vaincus; une odeur de sang remplissait l'édifice. Les médecins étaient à leur besogne. Or, si, dans la chaleur de la lutte, la vue de ces misères excite encore l'ardeur et le courage, ce fut le cœur serré que nous quittâmes cette ambulance où, avec la souffrance et la douleur visibles, palpables, tout nous rappelait le regret d'assister encore une fois, sans y prendre part, à ce drame sublime qu'on appelle une grande bataille. Car le régiment n'avait pas brûlé une seule de ses cartouches, et il en était de même, je pense, pour les trois autres de la division, y compris les tirailleurs.

Lentement, accompagné de ses trois adjudants, qui, suivant son ordre, ne le quittaient jamais, le colonel Douay, précédant les compagnies de son régiment, traverse toute la petite ville semée de cadavres aux vestons blancs; puis, après un *à droite,* les trois bataillons s'arrêtent à 1 000 mètres environ, dans des champs, des jardins, où on reçoit l'ordre de bivouaquer.

7 heures du soir. On bat à l'ordre : tous les officiers sont présents, sauf un sous-lieutenant du 2ᵉ bataillon, un Corse, nommé Coltelloni. C'était le seul homme manquant à l'appel, et il avait été tué où ? comment ? par une balle ? un coup de baïonnette ? C'est ce que personne ne put ou ne *voulut* dire.

— Eh bien ! qu'on l'*encrotte !* dit le colonel.

Et ce fut toute l'oraison funèbre de ce pauvre diable qui, arrivé au régiment depuis trois mois, y était devenu prodigieusement suspect par la possession de nombreuses pièces d'or sentant la rue de Jérusalem, et encore plus prodigieusement détesté de ses inférieurs par sa morgue hautaine et sa dureté de mauvais aloi[1].

Après une longue attente de nos bagages qui n'ar-

[1]. Il est à remarquer que son nom ne figure même pas dans l'*état général,* donné par le baron de Bazancourt, des pertes subies à Magenta par la garde impériale. Du reste, il en est de même pour l'escarmouche du 2ᵉ voltigeurs, le 3 juin, à la *Cascina podregnana.* Comme tous les hommes d'action, le colonel Douay voyant tout, surveillant tout, n'avait pas le temps d'écrire. Et puis, il trouvait tout simple que chacun fît son devoir. Peut-être

rivent pas, je vais demander la table et le logis à une escouade de mon bataillon. Un repas sommaire est bientôt digéré ; une nuit par terre est bientôt passée. Celle du 4 au 5 juin fut des plus tranquilles.

cette règle de conduite, poussée un peu loin, est-elle nuisible aux régiments commandés par des hommes de cette trempe et de ce caractère, surtout s'ils ont pour voisins et pour concurrents d'autres hommes plus amis de la plume que de l'épée, et toujours prêts à tirer gloire et profit des plus petits événements, en les regardant par le bout grossissant de la lorgnette.

CHAPITRE VIII

Napoléon III à Novare. — Inaction de l'ennemi. — Une mission auprès de Victor-Emmanuel et de Mac-Mahon. — Rapport à l'Empereur. — Une surprise désagréable. — Vive inquiétude. — Nouvelle mission auprès de Mac-Mahon. — La Bicoque. — Le champ de bataille. — Premier rapport de Mac-Mahon. — « Grande bataille, grande victoire. »

Après le combat de Palestro, l'Empereur se transporta à Novare et attendit des nouvelles de l'ennemi, qui s'était retiré après son insuccès.

Arrivé à Novare, l'Empereur s'occupa à concentrer les troupes aux environs, de manière à pouvoir se défendre là contre une attaque de toute l'armée autrichienne, qu'on lui présentait comme probable.

Trois officiers de l'état-major, le colonel Waubert de Genlis, le commandant Schmitz, le capitaine de Clermont-Tonnerre, passèrent la nuit à établir les positions des troupes, sur des feuilles destinées à être envoyées aux commandants des corps d'armée. C'était, à proprement dire, le plan d'une bataille défensive sous Novare.

L'Empereur croyait que Giulay s'inspirerait des souvenirs de 1849, et qu'il chercherait à nous infliger, à Novare, une défaite décisive.

Rien ne survenant dans le sens d'un mouvement sur nous, l'Empereur fit établir des ponts sur le Tessin, en avant de ce grand pont de pierre de Buffalora, à un endroit nommé *la Dogana* (la douane). Le général Lebœuf en fit établir trois. Ils servirent immédiatement de passage au corps Mac-Mahon — divisions Espinasse, Lamotterouge, — puis à notre division, la division Camou.

Le jour même du passage, Mac-Mahon rencontra l'ennemi à Turbigo. Il y eut là une forte poussée. Les turcos délogèrent l'ennemi, qui céda assez promptement le terrain. Mac-Mahon, dans le clocher de Turbigo, avec son aide de camp Borel, n'eut que le temps de descendre et de s'enfuir, avec son bon cheval, pour ne pas être pris par un parti de cavaliers qui envahissait Turbigo.

On était ainsi maître de la rive gauche du Tessin, à hauteur de la Dogana.

Les troupes de Mac-Mahon continuèrent à passer les ponts, ainsi que la division Camou, et s'établirent au fur et à mesure sur la rive gauche. La garde, moins la division des voltigeurs, reçut ordre de passer le Tessin sur le pont de Buffalora, qui avait été miné, mais dont l'explosion n'était pas complète. Il suffit de quelques madriers pour raccorder la solution de continuité entre deux arches.

Le roi était en arrière de la Dogana et devait passer les ponts rapidement après Camou, la division Fanti en tête, — le roi en personne.

En arrière de la garde, les autres corps de l'armée, à la hauteur de Novare, devaient se raccorder et la suivre, prenant la grande route de Milan qui passe par Trecate, avant d'aboutir au pont de Buffalora sur le Tessin.

Voilà donc tout le mouvement offensif déterminé ; mouvement résolu en présence de l'inaction de l'ennemi, qu'on n'espérait plus voir nous attaquer à Novare.

Le 4 juin à 6 heures du matin, l'Empereur fit demander le commandant Schmitz et lui donna des ordres précis :

— « Rendez-vous chez le roi. Faites-lui part de ma marche en avant; dites-lui qu'il se mette en mouvement et suive Camou sur la rive gauche.

« Revenez passer le Tessin, sur les ponts de la Dogana. — J'en fais replier deux pour les amener à Buffalora et accélérer ainsi le passage de nos troupes, — Canrobert, Niel, Baraguey d'Hilliers, — lequel sera long.

« Rejoignez Mac-Mahon, qui doit être déjà au delà de Turbigo ; demandez-lui ce qu'il compte faire, s'il a l'ennemi devant lui ?

« Instruisez-le de la marche et de la position de la garde, qu'il a à sa droite. — J'arriverai à Trecate à midi précis de ma personne. Faites toute cette tournée et venez me rendre compte à l'heure précise. »

Le commandant Schmitz se rendit en effet auprès du roi et lui répéta les propres paroles de l'Empereur.

— C'est bien ! répondit Sa Majesté. Je vais me mettre en route.

— Sire, il importe de ne pas perdre de temps ; il y aura un long défilé sur les ponts, peut-être n'en aurez-vous plus qu'un seul.

Le commandant partit au galop, traversa le Tessin à la Dogana. Toute la division Camou était passée et encombrait la route de Turbigo. — Beaucoup de peine pour rejoindre Mac-Mahon qui était, disait-on, en tête de la colonne.

Enfin, à 10 heures et demie du matin il se trouva en contact du général, qui marchait en tête de la division Lamotterouge.

— L'Empereur demande ce que vous comptez faire, si vous rencontrez l'ennemi?

Réponse : « A l'heure qu'il est je n'ai pas encore de nouvelles ; aucune attaque sur mon front ; que l'Empereur soit tranquille, mes dispositions sont bien prises.

« A cause du peu de largeur de la route, je n'ai derrière moi que la division Lamotterouge. J'ai engagé Espinasse sur une route concentrique à ma gauche, à une demi-heure de marche de moi. Il est à ma hauteur. Camou est derrière moi. Dites à l'Empereur que je compte être vers 2 heures à Magenta, à cheval sur la route de Milan.

— Pas d'autres observations à faire, mon général?

— Non, aucune.

— Je prends congé de vous pour rejoindre l'Empereur à Trecate à midi, où il sera en personne, et je lui donnerai de vive voix les renseignements que je rapporte de vous et du roi.

— Ah! et le roi?

— Il n'a pas encore commencé le passage; mais il marche derrière vous.

A 11 heures et quart, le commandant Schmitz repassait le Tessin et suivait son cours en aval de la Dogana pour aller à Trecate, point situé à mi-distance de Novare au pont de Buffalora. Sur tout son parcours il entendait le canon qui battait son plein en avant de Buffalora, et arrivait à midi précis à Trecate, au moment où l'Empereur descendait de voiture :

— Sire, lui dit-il, rien encore chez Mac-Mahon; mais grosse affaire entre la garde et l'ennemi en avant du pont.

— Oui, le canon indique que cela est sérieux. Que vous a dit Mac-Mahon?

— Il sera vers 2 heures à Magenta, répondit le commandant.

— Qu'on amène les chevaux; faites suivre l'escorte.

Le général Fleury donna les ordres en conséquence, et à midi un quart l'Empereur était à cheval à la sortie de Trecate.

Rapidement il arriva au pont de Buffalora, reçut les rapports de la garde violemment engagée, envoya demander les troupes en arrière, une partie du corps Niel, le maréchal Canrobert.

Tout l'état-major était au delà du pont, sur la route. Le combat de la garde toujours violent. Les troupes n'arrivaient pas; la route était encombrée.

Enfin la brigade Picard apparaît sur le pont, Picard en tête.

— Quelle est ma direction?

Le commandant Schmitz lui montre le remblai du chemin de fer, se raccordant avec le pont et à gauche de la grande route.

— Marchez là-dessus entre les rails; vous n'en avez pas pour longtemps avant de vous déployer.

Il était 3 heures. La canonnade de la garde — Berckheim — était engagée. L'Empereur fort inquiet voyait passer sur la route des files de blessés qui se retiraient, entre autres le général de la garde Wimpfen, général de brigade, qui avait la tête couverte d'un mouchoir ensanglanté.

L'Empereur l'arrêta, l'interrogea. Wimpfen était à pied; il donna toutes les indications, en disant que Mellinet tenait toujours; mais qu'il fallait absolument du renfort et beaucoup.

L'Empereur, de plus en plus inquiet à la suite de ces renseignements, se tourne vers le commandant Schmitz et lui dit, pour la troisième fois :

— Mais, vous vous êtes trompé! Mac-Mahon ne vous a pas dit qu'il serait vers 2 heures à Magenta; il est 4 heures et demie; je n'entends pas son canon; je n'ai aucun avis de lui.

Le commandant Schmitz, interpellé aussi vivement en présence du général Fleury, du colonel de Toulongeon, de l'officier d'ordonnance Champagny de Cadore, répondit :

— J'ai l'honneur, pour la troisième fois, d'assurer l'Empereur que je ne me suis pas trompé. Je lui ai rapporté les paroles textuelles du général Mac-Mahon. Quant à savoir où il est en ce moment, je n'en sais rien ; mais je connais seul le chemin pour aller à sa recherche.

— Ce n'est pas possible. On se bat en avant de nous sur les canaux ; vous ne pourrez pas passer.

— Sire, mon cheval marche depuis 6 heures du matin. Si vous voulez prier le général Fleury de m'en donner un, avec un cavalier pour escorte, je vais repasser le Tessin à la Dogana et je trouverai le général Mac-Mahon.

— Combien de temps vous faudra-t-il?

— Je n'en sais rien. C'est très loin. Il faut que je fasse un tour énorme.

Fleury indiqua un grand cheval au commandant qui l'enfourcha et s'éloigna au galop, repassa le pont, marcha sur la Dogana, où il rencontra le roi à 6 heures du soir.

— Comment, Sire, vous n'êtes pas encore de l'autre côté !

— Non. Fanti passe en ce moment ; le mouvement a été retardé. C'est Canrobert qui est engagé, n'est-ce pas?

— Non, Sire, c'est toute l'armée. Est-ce que vous n'avez rien reçu du général Mac-Mahon?

— Oui, un avis au crayon, signé de l'aide de camp Borel ; mais pas si pressant.

— Sire, je vous en conjure ; ne perdez pas un instant.

Pour moi, je marcherai jusqu'à ce que je rencontre le général. Je vous demande de me donner un officier pour que nous fassions route plus sûre ensemble.

Un officier de l'état-major du roi s'offrit de suite. On partit immédiatement.

Les ponts de la Dogana étaient encombrés par l'infanterie piémontaise. Il y avait dans les îles des corps qui faisaient la soupe, la marche et la station, tout cela aux cris répétés de : *Viva l'Italia!* qui accompagnaient la clameur du canon lointain.

La route sur Magenta suivie par le général Mac-Mahon, fort étroite et resserrée, était encombrée de voitures, d'isolés.

Enfin, vers 8 heures du soir, au moment où le jour commençait à tomber, le commandant Schmitz arriva sur la voie ferrée de Milan, en avant de Magenta.

Il y avait là, sur le milieu de la voie, un corps recouvert d'un manteau bleu, gardé par un officier d'état-major en larmes.

Le corps était celui du général de division Espinasse, qui venait d'être tué, ainsi que Froidefond des guides, aux premières maisons de Magenta.

L'aide de camp en larmes, c'était le commandant d'Ornans.

La veille, le général Trochu avait occupé la Bicoque, un hameau illustré par les guerres du premier Empire. Le général Espinasse vint à passer devant son campement. Le général Trochu l'interpella gaiement et lui dit :

— Tu es venu ici chercher ton bâton de maréchal, tout le monde le sait, mais je viens t'annoncer que c'est moi qui occupe en ce moment l'endroit dont tu porteras le titre. — tu seras duc de la Bicoque.

Quelle fut, le lendemain, la douleur du général lorsqu'il se trouva en présence du corps de son vieil ami couché à côté de son officier d'ordonnance! Le général avait été tué par des chasseurs tyroliens, son officier d'ordonnance avait trouvé également la mort en essayant de le venger. Il laissa ce soin aux zouaves du 2e, qui défoncèrent la maison d'où était parti le feu et passèrent à la baïonnette les 300 Tyroliens qui la défendaient.

Autour de Magenta, sur le flanc de la voie ferrée, il y avait un immense désordre : blessés, mourants, morts entremêlés. Uniformes français, étrangers, etc. On constatait combien la lutte avait été violente.

Interrogeant, à chaque pas, les officiers et les soldats pour savoir où il pourrait rencontrer le général Mac-Mahon, le commandant Schmitz n'obtenait que des réponses vagues. Il entra alors dans Magenta et se dirigea, au milieu d'une foule de fantassins, sur l'endroit d'où partait une fusillade encore nourrie, très vive par instants.

Il arriva bientôt près de l'église, autour de laquelle on se battait encore.

Revenant sur ses pas, désespérant de rencontrer le général au milieu de cette mêlée, il appuya à gauche et tomba dans la division piémontaise Fanti, qui arrivait enfin sur le champ de bataille, se déployant à notre extrême gauche.

Rétrogradant vers la droite, il finit par rencontrer le général Mac-Mahon qui lui dit :

— L'action est près d'être terminée; une résistance obstinée dans le bout de Magenta va être brisée dans quelques instants.

— Mais que s'est-il passé, interrompit le commandant, depuis que je vous ai quitté? L'Empereur est très inquiet. On n'a pas entendu votre canon vers les 2 ou 3 heures, au moment où la garde était si vivement engagée à Buffalora et sur le *Naviglio Grande?*

— Vous donnerez à l'Empereur l'explication de mes opérations. Je marchais en tête de la division Lamotterouge, lorsque ma tête de colonne se buta à l'ennemi en avant du village de Buffalora. — Les tirailleurs algériens et le 49ᵉ de ligne attaquèrent avec violence. A ce moment j'étais débordé sur mon flanc droit par une énorme colonne autrichienne. Sentant bien que tout le péril venait de ce côté, j'ai fait de grands efforts pour arracher turcos et fantassins à l'attaque de Buffalora. J'ai eu grand'peine à les rallier à moi; ils ne voulaient pas lâcher l'attaque, apercevant les grenadiers du colonel d'Alton, qui étaient aux prises dans le village. Puis, j'ai fait arrêter toute ma colonne, prévenir Espinasse, à ma gauche, de faire un à droite pour venir me rejoindre.

« Me sentant enfin en communication avec la division des voltigeurs de Camou, je marchai à l'ennemi, qui fut pris dans un couloir de feu, entre Espinasse et moi.

« La résistance fut vive, presque désespérée ; mais j'en triomphai, et redressant mes colonnes j'arrivai sur Magenta, dans lequel on se précipita tête baissée.

« Nous sommes maîtres du champ de bataille. Je ne sais pas ce qu'il nous coûte. Je suis au milieu d'une confusion inextricable de tous les corps en ce moment ; il ne m'est pas possible de raccorder tout cela pendant la nuit ; mais demain, dès le point du jour, je m'y reconnaîtrai.

— Je retourne auprès de l'Empereur. Je vais lui rendre compte de vos efforts, de votre immense succès. Vous devez être en ce moment en contact avec la garde, qui n'a pas dû abandonner ses positions sur la grande route. Encore un mot. Qui voulez-vous pour remplacer le général de division Espinasse?...

— Ah! oui ; il m'en faut un, dès demain matin.

— Il y a aux voltigeurs de la garde Manèque et Decaen.

— Manèque est plus ancien, admirable soldat ; mais avec la besogne que j'ai à faire, j'ai besoin d'un homme à moi. Demandez Decaen à l'Empereur.

— Bonsoir, mon général.

— Comment rejoindrez-vous l'Empereur?

— Je n'en sais rien ; nuit noire, mais j'arriverai. Je vais prendre à droite, sur votre front.

— Bonne chance.

A 10 heures et demie du soir, après une course au milieu des ténèbres, le commandant Schmitz se trouva sur la rive gauche du Tessin, au milieu d'une prairie, près du pont de Buffalora, et tomba comme par fortune au bivouac de l'état-major de la garde, où il trouva le général Regnauld de Saint-Jean-d'Angély, commandant en chef, et le colonel Raoult, son chef d'état-major. Il leur raconta d'où il venait, ce qu'avait fait Mac-Mahon, que la bataille était gagnée, par cet accord des deux partis.

L'un et l'autre ne *pouvaient pas admettre* l'intervention de Mac-Mahon, et croyaient presque avoir gagné la bataille à eux tout seuls.

A 11 heures et demie du soir, le commandant était sur la rive droite, à la porte d'un petit cabaret, en avant du pont, où était logé l'Empereur.

Il descend de cheval, entre dans la salle basse, est reçu par le maréchal Vaillant, qui lui dit que l'Empereur repose au premier et qu'il ne faut pas le réveiller.

Le commandant ne tient aucun compte de cette défense, grimpe l'escalier, ouvre une petite porte basse et se trouve en présence de l'Empereur, couché tout habillé, sur une mauvaise couchette de cabaret, avec une chandelle sur une table.

— Sire, vous avez gagné la plus grande bataille qui ait été livrée en Italie. Voici le récit du général Mac-Mahon.

L'Empereur se leva, appela ses télégraphistes et envoya à l'Impératrice la dépêche reçue à Paris le lendemain, 5 juin :

« Grande bataille, — grande victoire. »

CHAPITRE IX

Position de l'armée. — Entrevue de Napoléon III et de Victor-Emmanuel. — Comment Mac-Mahon fut fait duc et maréchal de France. — Le général Regnauld de Saint-Jean-d'Angély est nommé maréchal. — Un bain hygiénique. — Les profits d'une défaite. — Essais tardifs. — Le marquis de Cadore. — L'Empereur est *tout seul!* — Effet moral. — Un combat *inédit*. — Le siège d'Alexandrie. — Conférences militaires.

Le 4 juin au soir, après la bataille, il y avait, sur la rive gauche du Tessin, le corps Canrobert, la division Vinoy à droite, les grenadiers de la garde sur la route de Milan; au centre de l'armée de bataille, le corps Mac-Mahon : les voltigeurs Camou autour de Magenta.

La division piémontaise Fanti, tout à fait à gauche.

L'armée piémontaise continuant à passer les ponts à la Dogana.

L'Empereur, de sa personne, dans un cabaret, au pont de Buffalora, sur la rive gauche du Tessin.

Dès le matin du 5, l'Empereur envoya à la recherche

du roi. On le trouva dans un petit moulin, sur le bord du Tessin, entre la Dogana et Buffalora. Il était encore sur le lit du meunier, au-dessus de la roue. Sa Majesté se leva promptement et se dirigea sur le quartier général.

L'Empereur le reçut avec une froideur caractérisée, se plaignit du retard apporté à l'exécution de ses ordres, déplora l'inaction de l'armée piémontaise dans la bataille de la veille.

Le roi reçut ses reproches avec soumission, s'inclina respectueusement devant son chef, et promit qu'il ferait tout pour réparer cette mauvaise journée pour lui et son armée.

Pendant que Mac-Mahon raccordait ses troupes, les réapprovisionnait, et que la garde en faisait autant, le corps Baraguey d'Hilliers et tout l'attirail de l'armée passa le pont de Buffalora; le passage dura près de vingt-quatre heures. Tout cela avait pour direction la grande route de Milan.

Toute la journée, à son quartier général, devant sa maison, l'Empereur regarda défiler les troupes, recevant les uns et les autres.

On apprend qu'une des fractions de l'ennemi s'était séparée du gros et avait appuyé à gauche, vers la montagne. Elle était commandée par Urban.

La cavalerie Desvaux — chasseurs d'Afrique — poursuivit cette retraite, et le 6 au matin, l'Empereur debout devant la porte d'une auberge, de l'autre côté du pont de Buffalora, voyait défiler le corps Mac-Mahon, qui se dirigeait à la poursuite d'Urban.

Le général Mac-Mahon était en tête, ayant à ses côtés le général Lebrun, son chef d'état-major.

Il descendit de cheval, se précipita vers l'Empereur, qui l'emmena dans la salle du rez-de-chaussée et lui dit :

— Je vous remercie de ce que vous avez fait. Je vous nomme maréchal de France et duc de Magenta.

C'est ainsi, et non autrement, que Mac-Mahon fut mis en possession de ses nouvelles dignités.

Mac-Mahon remonta à cheval, et reprit sa marche au milieu de sa troupe, qui acclamait l'Empereur au passage.

A peine était-il parti que le général Fleury parlant en particulier à l'Empereur lui dit :

— Nous attendons de Votre Majesté qu'elle se récompense dans la personne de sa garde, qui a vaillamment combattu. Il ne serait pas juste que le général Mac-Mahon fût seul récompensé.

— Mais que voulez-vous que je fasse de plus ?

— Sire, vous avez le devoir de nommer également le commandant en chef de la garde, maréchal de France.

Après un instant d'hésitation, l'Empereur dit : « Oui, vous avez raison. »

Fleury, sans perdre une minute, monta à cheval, et, accompagné du capitaine Brady, alla trouver Regnauld de Saint-Jean-d'Angély à son bivouac, près du pont, et l'informa de son élévation à la dignité de maréchal.

Tout cela fut accompli en moins de temps qu'il n'en faut pour le raconter.

Ainsi que je l'ai dit plus haut, l'extrême concentration de tous les corps d'armée français et de l'armée sarde, autour de Novare, devait nécessairement rendre difficile leur déploiement en bataille, produire des encombrements et amener des retards.

La marche du 3ᵉ corps fut longtemps entravée et il n'entra en ligne que vers 6 heures du soir.

Pour qui connaît le tempérament et la bouillante ardeur du maréchal Canrobert, il était certain qu'il allait réparer autant qu'il le pourrait, par la violence de ses attaques, le retard déplorable causé par la confusion des ordres de détail du grand état-major général.

L'objectif principal du 3ᵉ corps était Ponte Vecchio di Magenta.

Le maréchal l'aborda à la tête de quelques bataillons, se tenant, selon son habitude, de sa personne, au milieu des tirailleurs. Le village fut pris et évacué plusieurs fois, et, dans un des retours offensifs de l'ennemi, le maréchal fut enveloppé un instant et faillit être pris dans une charge d'un régiment de cavalerie hongroise.

Le colonel de Senneville, son chef d'état-major, fut tué; le cheval de son vieil aide de camp, le colonel de Cornély, renversé, et le maréchal échappa presque miraculeusement à la bagarre.

Dans les drames les plus émouvants, viennent quelquefois s'intercaler quelques scènes comiques, et c'est à ce titre que la singulière aventure de l'intendant du 3ᵉ corps peut trouver une petite place ici.

Le maréchal Canrobert a toujours eu une grande affection pour ses anciens compagnons d'Afrique et il avait choisi, pour intendant de son corps d'armée, l'intendant Mallarmé, qu'il avait eu sous ses ordres comme capitaine, quinze ans auparavant.

L'intendant Mallarmé, qui avait été et était encore un brave soldat, se résignait difficilement à rester à la garde de ses approvisionnements de vivres et suivait partout le maréchal, en se mêlant à son état-major.

Blessé légèrement dans la charge hongroise et n'ayant pas le temps de remonter à cheval et de repasser le pont, il prit une résolution désespérée et se jeta dans le canal. Mais comme il n'avait aucune chance de le traverser sans être fusillé, il saisit des deux mains une branche de saule, qui n'avait rien du laurier dans cette circonstance, et, plongé jusqu'au cou dans l'eau fraîche, cachant sa tête sous l'escarpement de la rive, il resta dans cette position pendant toute la bataille, résolu à ne l'abandonner que par la force des baïonnettes autrichiennes.

Ce n'est que le soir, et après la retraite définitive de l'ennemi, que le pauvre intendant commença à pousser des cris désespérés, jusqu'à ce que quelques soldats émus, et riant en même temps de sa plaisante situation, vinssent le repêcher.

Quel rôle avait joué la division Trochu dans la journée ? Quelle part avait-elle prise au combat ? on va le voir ; mais je dois constater auparavant, une fois de plus, — et c'est malheureux à dire, — que jamais armée ne fut plus mal éclairée que celle de la France pendant cette guerre d'Italie. On ne savait jamais où était l'ennemi, le succès ne fut dû qu'à des circonstances fortuites, qu'à d'heureux hasards où le talent militaire des chefs n'entrait pour rien : ce fut peut-être un malheur qu'il n'en ait pas été autrement. Si nous avions subi une défaite qui n'aurait peut-être pas été trop désastreuse, car les Autrichiens n'étaient pas organisés eux-mêmes pour en tirer parti, nous aurions été débarrassés de l'unité italienne, et l'unité allemande ne se serait pas faite. Il arrive très souvent qu'une défaite profite plus qu'une victoire : on n'a qu'à lire l'histoire d'Italie.

Il s'en fallut de bien peu à Magenta que les Autrichiens ne nous rendissent ce singulier service.

La veille au soir, on ne savait pas si Giulay s'était retiré ; l'Empereur avait passé la nuit à Novare, je l'ai déjà dit, préparant un plan de bataille pour Novare même. L'ennemi était, disait-on, à 15 lieues de là, et cependant le lendemain le général Trochu en marche entendait le canon. Qu'est-ce que cela pouvait signifier ?

Le canon redouble, on rencontre un officier qui faisait boire son cheval.

— Nous aussi, dit-il, nous avons cru qu'on se battait ; mais c'est le général Lebœuf qui essaye ses nouveaux canons.

— Non, répondit le général, quand on fait l'essai, le canon ne tonne point ainsi : ces pièces ne sont point chargées à poudre, on se bat.

C'était encore une des funestes manies de l'Empereur de ne donner aux troupes une arme perfectionnée que sur le champ de bataille, et comme on n'avait pas appris à s'en servir, on en perdait tout l'avantage.

C'est ce qui arriva pour les mitrailleuses en 1870.

En Italie l'artillerie française venait d'être pourvue des premiers canons rayés. Certes ils firent merveille à Solférino, où leurs obus, succédant aux boulets pleins des anciens canons, firent une véritable marmelade de la superbe cavalerie autrichienne et décimèrent les réserves par-dessus les combattants. Mais ces résultats se dessinèrent tardivement, parce que, si bonne que soit une arme, il faut encore en connaître le maniement, et ce ne sont pas des expériences à faire sur un champ de bataille.

Pendant que le général se livrait, j'aime à le croire, à ces réflexions, le canon tonnait toujours et aucune méprise n'était plus possible; c'était une bataille de plus en plus acharnée. On avait été surpris par les Autrichiens.

Enfin on rencontra, allant à Novare, un officier bleu de ciel, qui était la couleur de la maison de l'Empereur. Il avait cela de particulier qu'il était sans moustaches, ce qui lui donnait quelque chose d'anormal. En effet, c'était un lieutenant de vaisseau, le marquis de Cadore, passé récemment dans l'état-major de l'Empereur.

— Ah! s'écria-t-il, mon général! Quelle surprise effroyable! Au moment où il s'y attendait le moins, l'Empereur s'est trouvé aux prises avec les Autrichiens. Nous sommes presque vaincus.

— Où est Mac-Mahon? demanda précipitamment le général.

— Mac-Mahon a reçu l'ordre de marcher, quoi qu'il arrive, sur le clocher de Magenta.

— Alors, rien n'est encore perdu. Mac-Mahon n'est pas un César, mais c'est un entêté. Si on lui a dit de marcher sur le clocher de Magenta, il y marchera quand même, et s'il réussit à effectuer son mouvement, c'est nous qui aurons tourné l'armée autrichienne.

— Mais il n'y a pas de temps à perdre, il faut se porter en avant.

Immédiatement le général fait prendre le pas gymnastique à sa division, l'artillerie derrière. Il savait qu'à cette allure forcée, il éparpillerait sur la route six bataillons sur neuf qu'il possédait ; ceux qui arriveraient seraient nécessairement des troupes exceptionnelles qui seraient capables, malgré leur petit nombre, de décider du succès.

En effet, arrivé au Tessin, il n'avait plus avec lui que trois bataillons.

Quelle dut être sa stupéfaction de se trouver face à face avec l'Empereur, tout seul, à pied, devant la petite maison à volets verts du garde du pont.

L'Empereur *tout seul!*

Il fallait que le péril eût été bien grand pour que le souverain d'un puissant État eût envoyé dans toutes les directions les nombreux officiers attachés à sa personne, et se trouvât réduit à la solitude la plus complète. Cette apparence d'abandon avait quelque chose de navrant.

Le général mit pied à terre et, s'approchant, lui dit :

— Sire, j'ai appris ce qui se passe. J'arrive au trot avec trois bataillons, les autres vont me rejoindre d'ici une demi-heure. Veuillez donc m'indiquer ma direction. J'arrive inopinément sur le champ de bataille avec des troupes fraîches et admirablement entraînées; je puis assurer le succès de la journée.

Le général attendait une réponse qui ne venait pas. Étonné de ne pas la recevoir, il jeta les yeux sur l'Empereur et vit qu'il était blanc comme une feuille de papier. Cet homme, qui jusque-là avait passé pour être impassible au moment critique, avait en ce moment la langue tellement sèche, qu'il lui était impossible d'articuler une seule parole.

Enfin, après d'incroyables efforts, il lui montra le pont et murmura d'une voix presque inintelligible :

— Passez!

Ce fut tout.

Le général avait rallié tous ses bataillons. Il passa.

Le général Regnauld de Saint-Jean-d'Angély à un kilomètre au delà du Tessin, l'engage à se réserver pour la bataille du lendemain. Plus loin, le général de Martimprey lui montre le village de Ponte Vecchio di Magenta pris et repris plusieurs fois, et qu'il faut absolument tenir.

Le général Trochu savait par expérience qu'après une lutte aussi opiniâtre, des troupes, si vigoureuses qu'elles soient, ont perdu toute valeur militaire, et ne tiennent pas contre des troupes fraîches. Aussi, au lieu de recourir à la force, il voulut achever de démoraliser l'ennemi par une démonstration plutôt morale que matérielle.

Il confia le commandement de sa colonne d'attaque à l'un de ces officiers bornés, aussi incapables d'imaginer un ordre que de ne pas l'exécuter à la lettre. C'est une espèce trop dédaignée aujourd'hui dans nos armées, où l'on se préoccupe trop de la théorie de la guerre et pas assez de la pratique.

Le colonel en question reçut l'ordre de marcher sur le village, fusil sur l'épaule, clairons sonnants, au pas accéléré. Il était interdit de répondre au feu de l'ennemi. Un capitaine et quelques hommes furent bien atteints par les Autrichiens, mais cette attitude martiale et sûre de son fait les intimida au point qu'ils se retirèrent définitivement pour ne plus revenir, ce fut le couronnement de cette sanglante journée.

A minuit, le maréchal Canrobert fait demander au général Trochu, par son aide de camp Clémeur, s'il sera le lendemain matin en état de tenir?

Le général répond que c'est l'ennemi qui ne tient pas, que toute sa division — sauf son artillerie non arrivée — prend en ce moment en avant du village son ordre de bataille convenu, et qu'il attaquera à la pointe du jour.

En effet, à 4 heures du matin il attaque l'ennemi qui se défend vivement, surtout par le feu de son infanterie; mais les échelons arrivent successivement sur lui, l'ennemi se replie, il est poussé jusqu'à 4 kilomètres de Ponte Vecchio di Magenta. Il abandonne des milliers de fusils et de havresacs.

La lutte avait été pour Trochu relativement facile, car les pauvres diables n'en pouvaient plus, ayant durement combattu la veille. Le général n'eut là que 229 tués ou blessés.

Partout ailleurs que devant lui ne se voyait un Autrichien.

Alors la victoire prenait les proportions *épiques* et militairement *raisonnées* qu'on sait.

Il fut entendu qu'on ne *dirait rien* de ce petit engagement, et de ce silence, que le général Trochu approuva d'ailleurs pleinement. ses troupes furent dédommagées par une pluie de croix !

Mais l'ennemi avait été surpris par le déploiement régulier, en échelons, de 9 000 hommes qui marchaient sur lui. il crut que le gros de l'armée était là. Il évacua précipitamment Abbiate Grasso et Castelletto où il s'était solidement établi. Et quand, le 5 juin, avec le 3ᵉ et le 4ᵉ corps — 50 000 hommes — on se présenta là pour le déloger, il n'y avait plus personne.

En équité et au fond, l'honneur de la bataille revient à la garde impériale, surtout aux grenadiers dont la résistance, dans la surprise, fut *absolument héroïque* et permit aux autres troupes à portée, notamment à celles du général Mac-Mahon, de marcher, d'arriver et d'agir.

La Providence fit le reste.

On a rendu un juste hommage à l'attaque de Ponte Vecchio di Magenta, où le général Trochu a montré autant de talent que de courage, ce qui n'est pas peu dire. Peut-être est-il intéressant de narrer, en remontant pour quelques instants au début de la campagne, quelle fut jusqu'à un certain point la raison de l'admirable précision de ses troupes : ce qui fit dire à plusieurs historiens qu'elles manœuvraient sur le champ de bataille comme sur un terrain de manœuvre.

Parti de Paris le 18 avril, le général Trochu arrivait à Lyon, où le maréchal de Castellane lui déclarait que ses troupes cheminant par étapes ne seraient pas réunies à Briançon avant le 1ᵉʳ mai. Les autres divisions, en chemin de fer jusqu'aux Alpes de Modane, arriveraient bien auparavant. Le maréchal est très mécontent du désordre où est son commandement.

— Ce n'est pas ainsi, répète-t-il sans cesse, que l'on fait la guerre.

Du reste il y croit à peine, et lit à plusieurs officiers *un article du* Moniteur *qui est absolument pacifique*.

De Briançon, le général Trochu passe à Oulx et à Suse, et prend le commandement de la division Bouat qu'il rejoint à Alexandrie le 4 mai.

Victor-Emmanuel se trouve à Alexandrie, et le général assiste à un premier Conseil de guerre présidé par le fondateur du royaume d'Italie.

C'était un grand et gros homme, aux manières vulgaires, aux moustaches phénoménales et paraissant très excité, car il venait d'être avisé que les Autrichiens se trouvaient à une très petite distance de la ville. L'avis était faux, le Roi n'en soutenait pas moins qu'il se trouvait à la merci d'un coup de main, qu'il fallait mettre les remparts en état de défense et procéder à ces travaux, toute affaire cessante.

Le général Trochu fit observer respectueusement que, quand même les Autrichiens se trouveraient à proximité, ce dont il doutait grandement, ils n'avaient aucune préparation pour faire un siège : il considérait comme tout à fait illusoire tout mouvement de troupes contre une enceinte bastionnée. Il était donc inutile de faire des préparatifs de défense, car la position rendait la défaite certaine pour un assaillant attaquant à découvert.

Ces observations d'un officier expérimenté s'il en fut, ne calmèrent pas le Roi, qui s'excitait de plus en plus et exigea que l'on procédât immédiatement à des préparatifs spéciaux de défense.

Le général français dut s'incliner devant cette volonté souveraine, mais cette scène ne dut pas lui laisser une haute idée des talents militaires du futur roi d'Italie.

Les Autrichiens n'étaient pas là, et le général, se trouvant avoir des loisirs, pria le syndic de la ville de mettre à sa disposition son théâtre, pour se mettre en communication avec son corps d'officiers et lui formuler son jugement sur la manière d'envisager la guerre, exemple qui devrait être suivi par tout chef de corps au début d'une campagne.

Il y eut donc une réunion générale avec démonstration au tableau.

D'après le général Trochu, à la guerre, moins il y a de manœuvres, mieux ça vaut, toute opération faite sur le terrain de manœuvres est excellente pour l'éducation des troupes, mais plus qu'inutile sur le champ de bataille. « Simplifiez donc vos manœuvres autant que possible, ajoutait l'illustre stratégiste. Nous ferons, dans toute cette campagne, trois mouvements toujours les mêmes : *avancer, arrêter, reculer*, par ordre échelonné, tantôt la droite en avant, tantôt la gauche. Vous savez d'avance la place que doit occuper chaque bataillon, et je n'ai qu'à vous dire, une fois pour toutes, celle où chacun de vous doit se rendre. »

Cette conférence, qui, nous le répétons, devrait devenir réglementaire, eut pour résultat de simplifier de la façon la plus heureuse cet amalgame diffus de théories hétéroclites, dont on a l'habitude de farcir la cervelle des pauvres officiers. Sur le champ de bataille elle fut une des principales causes qui permirent au général de faire manœuvrer sa division avec une précision telle, que, je le répète, plusieurs écrivains militaires ont dit que la division Trochu était arrivée sur le terrain et y avait manœuvré avec la précision qu'on ne rencontre généralement que sur le champ de manœuvres.

Malheureusement le général Trochu n'était qu'une exception parmi les officiers généraux de cette époque. On le considérait comme un révolutionnaire qui gâtait le métier, et troublait cette douce insouciance dans laquelle on se complaisait en attendant tout de l'initiative du soldat, ni plus ni moins que, non pas dans les guerres, mais les *chasses à l'homme* d'Afrique.

Ce fut du reste pendant la campagne d'Italie qu'on put constater cette indifférence et ce manque de solidarité des généraux qui faillit tout perdre, et nous mit si souvent à deux doigts d'un Sedan anticipé.

CHAPITRE X

Insuffisance et inaptitude du grand état-major. — Le service d'espionnage. — Une plaisanterie de l'Empereur. — Le défaut d'impartialité. — Attaque de Buffalora. — Les généraux de Lamotterouge, Espinasse. — Mac-Mahon raconte la bataille de Magenta. — Une grande perte pour Napoléon III. — Un rapport interminable. — Le commandant Schmitz a tous les courages. — Récompense méritée. — Ils sont superbes ! — Mort de *Philips*.

Qu'on me permette maintenant quelques réflexions générales sur la bataille de Magenta.

Le 2 juin, l'Empereur prenait donc ses premières dispositions tactiques en vue d'une bataille qui paraissait imminente.

Se réservant le commandement de tous les corps qui devaient forcer le passage du Naviglio Grande et enlever les positions fortement occupées par l'ennemi, — positions qui avaient pour solides appuis Buffalora et Magenta — il avait confié au général Mac-Mahon une opération qui devait puissamment seconder les attaques directes des armées alliées, et il avait mis à sa disposition la division des voltigeurs de la garde, qui devait lui servir de réserve.

La tâche du 2⁰ corps était longue, difficile et périlleuse. Elle se compliquait de deux passages de cours d'eau à la suite desquels il devait se rabattre sur sa droite, pour concourir aux attaques des positions retranchées que l'Empereur devait aborder.

La division Espinasse, qui devait former l'aile gauche de la ligne de bataille, avait donc à exécuter un long mouvement circulaire, pour venir se déployer en face de Magenta.

Enfin le général Mac-Mahon n'avait *aucun renseignement* sur les dispositions de l'ennemi et sur les forces qu'il allait avoir devant lui.

L'insuffisance et les inaptitudes du grand état-major se signalaient déjà et ne devaient pas se démentir pendant toute la durée de la campagne.

Il y avait bien un bureau politique et topographique, mais on peut dire que sa qualité dominante fut la discrétion, et que rien de ses opérations n'a jamais transpiré.

Un semblable bureau avait été constitué dans l'état-major particulier de l'Empereur. Il avait pour président un officier d'artillerie, écrivain militaire *technique*, qui faisait, comme ses deux adjoints, sa première campagne.

De ces deux officiers, l'un était un capitaine d'état-major, débutant comme son président, et l'autre un officier de marine, distingué, mais qui se trouvait, moins encore que ses deux collègues, dans son élément.

Quant au personnel d'espionnage, il se composait d'un pauvre diable d'Italien, à qui on avait donné un cheval, une carriole, avec laquelle il se promenait dans nos cantonnements, se gardant bien de dépasser les lignes de nos avant-postes. Il lui serait probablement arrivé comme aux espions de Charles-Albert, qui lui apportaient des rapports et des renseignements écrits, au bas desquels se trouvait le *visa de Radetzki*.

Ce pauvre bureau politique, dont les membres étaient de bons et aimables camarades, eut à subir souvent nos plaisanteries, pendant toute la campagne, et il les acceptait gaiement. L'Empereur lui-même s'en mêla, pendant le retour en France.

Le train impérial s'était arrêté à Montereau, où l'Empereur déjeuna avec toute la maison militaire. A peine était-on assis, que l'Empereur faisant signe à un valet de pied de s'approcher, lui dit quelques mots à l'oreille.

Le valet de pied sortit et, rentrant presque aussitôt, dit à haute voix : « X... — j'ai oublié le nom de l'espion — demande à parler sur-le-champ au colonel Favé. » Ce dernier, en bon courtisan, voulant assurer le succès de la plaisanterie de l'Empereur, se leva de table, et fit semblant de se diriger vers la porte, au milieu d'un rire général.

On était gai, au retour d'Italie, parce qu'il nous était permis à tous d'être heureux et fiers du succès éclatant de nos armes ; pourtant je n'affirmerais pas que quelques-uns d'entre nous ne se disaient au fond de leur cœur : Tout est bien qui finit bien, mais...

Après cette digression, dans laquelle je me suis laissé entraîner pour raconter l'anecdote de Montereau, je reviens à mon sujet.

Le 5, à San Martino, tous les visages rayonnaient de joie, et pendant quelques jours la glorieuse et heureuse journée du 4 fut le sujet de toutes les conversations.

Dans une relation de la guerre d'Italie dont j'ai déjà parlé, qui est empreinte d'une sévérité exagérée et d'une partialité presque systématique[1], le maréchal Mac-Mahon est l'objet de critiques qui ne peuvent s'expliquer, de la part d'un écrivain qui cherche à être véridique et consciencieux, que par une confiance aveugle dans des renseignements qu'il a dû puiser à des sources qui ne présentaient pas toutes les garanties nécessaires d'impartialité. Nombre de ses documents sont pris dans des relations ostensiblement favorables à l'armée autrichienne, celles du maréchal de Moltke et d'un capitaine suisse. D'autres, pris incontestablement auprès de généraux français, sont empreints de ce sentiment regrettable de rivalité et de cet esprit de dénigrement dont ne se défendent pas toujours les hommes de guerre.

Le même défaut d'impartialité, les mêmes appréciations erronées se retrouvent dans l'*Histoire du Consulat et de l'Empire* et ont la même cause et la même origine. Enfin il est peut-être hardi et trop présomptueux, quand on ne s'appelle pas Turenne ou Napo-

---

1. Alfred Duquet, *la Guerre d'Italie*, 1859.

léon Ier, de croire que des arrêts prononcés, du fond d'un cabinet de travail, sur des événements de guerre auxquels on n'a pas assisté, peuvent ou doivent toujours avoir force de loi.

Cette science de la guerre est une terrible science, et si elle a, comme toutes les autres, ses axiomes, ses principes et ses règles, elle a aussi cette particularité, qu'elle laisse à un général habile le droit de les modifier selon les convenances, quelquefois même de les enfreindre.

L'archiduc Charles, qui était un savant général et qui avait donné à la stratégie des règles presque géométriques, a été souvent battu, pour s'y être trop rigoureusement conformé. Il serait plus exact de comparer cette science redoutable aux immenses nuages qui recèlent la foudre et dont le vent peut changer à chaque instant la forme. Ce vent, c'est tantôt l'imprévu, tantôt le souffle de l'inspiration subite, celui du génie des grands capitaines.

Je crois pouvoir affirmer tout d'abord que le général Mac-Mahon, en attaquant brusquement les positions de Buffalora et ses alentours, avec la division de Lamotterouge, se conformait strictement aux instructions très correctes et très précises qu'il avait reçues de l'Empereur, puisque Buffalora était le premier et sérieux obstacle contre lequel Napoléon III allait se heurter à la tête de son armée. Protégée par le grand canal, cette solide position ne pouvait tomber *rapidement* que sous les feux convergents des deux attaques simultanées. Or, pour qui connaît le caractère du maréchal, cette fougueuse ardeur dans l'attaque, que le bastion de Malakoff a si glorieusement consacrée, il était certain qu'il ouvrirait le feu à l'heure qu'il avait fixée.

Le général de Lamotterouge était d'ailleurs capable en tous points de conduire et d'accomplir l'audacieuse entreprise qui lui était confiée, et une fois maître de Buffalora, il aurait été bien difficile à l'ennemi de l'en déloger. Divisionnaire de la vieille école, correct et méthodique, brave comme son épée, adoré de ses soldats, il avait montré une certaine ressemblance avec Henri IV, et il pouvait leur dire, comme le vaillant roi, avec une petite variante de *nuance* : « Suivez mon panache *rouge*, vous le trouverez toujours, etc... » Le général de Lamotterouge avait les cheveux et la barbe de la couleur signalée par son nom.

Quel brave homme c'était, dans toute l'acception que Vauban donnait à cette qualification !

J'ai rapporté dans un chapitre précédent les propres paroles du général Mac-Mahon, relatives à cet épisode de la bataille.

Les turcos et le 49ᵉ en tête de colonne, ayant Buffalora devant eux occupé par l'ennemi, l'attaquèrent résolument et, pendant qu'ils étaient aux prises avec ses défenseurs, le général Mac-Mahon s'aperçut qu'une colonne autrichienne s'introduisait entre la division Espinasse à sa suite et la division Lamotterouge à sa gauche.

Comprenant tout le danger de cette situation, Mac-Mahon arracha les turcos et le 49ᵉ à l'attaque de Buffalora ; il eut beaucoup de peine à leur faire lâcher prise. Mais il était de toute nécessité qu'ils vinssent se rallier sous son commandement immédiat, pour concourir à l'action qu'il allait entreprendre contre cette colonne autrichienne, qui avançait toujours.

Mac-Mahon ne l'attaqua à fond que lorsqu'il eut les voltigeurs de Camou sous sa main pour servir de réserve.

D'ailleurs, Buffalora fut pris par les grenadiers de la garde du colonel d'Alton.

La 2e division, en effet, n'était pas encore entrée en ligne, son mouvement n'était pas achevé, et l'attaque de Magenta n'avait pas été prononcée.

Le brave et intelligent général qui était à la tête ne peut pas être non plus rendu responsable de ce retard, en raison de la longueur des mouvements qu'il avait à effectuer et des difficultés qu'il pouvait rencontrer.

Son caractère et son expérience militaire le mettent en outre à l'abri de tout soupçon d'hésitation ou d'inhabileté. Ce jour-là, comme toutes les fois qu'il mettait l'épée à la main, le général Espinasse devait avoir *mis ses lunettes*, et ces lunettes, quand il les braquait sur les obstacles qu'il avait devant lui, devenaient des microscopes.

Il y eut donc, à un moment donné, un temps d'arrêt forcé dans les opérations du général Mac-Mahon, et je ne peux mieux faire pour l'expliquer, que de donner encore la parole au maréchal lui-même, qui, quelques jours plus tard, fit, à un de mes camarades et amis, officier d'ordonnance de l'Empereur que j'ai déjà eu plusieurs fois la bonne fortune de pouvoir mettre en scène, l'honneur de raconter une partie du plus grave et du plus émouvant épisode de la journée du 4 juin.

Le maréchal Mac-Mahon est heureusement toujours vivant ; l'officier d'ordonnance, aujourd'hui colonel, l'est également, rien n'est donc plus facile que de leur demander si mon récit est conforme à la plus scrupuleuse vérité.

Ce jour-là, — c'était vers le 15 juin, — l'Empereur, après avoir indiqué à son officier d'ordonnance la marche que devaient effectuer les 2ᵉ et 1ᵉʳ corps, lui avait donné l'ordre de se rendre au quartier général du maréchal Mac-Mahon, et de prendre auprès de lui des renseignements sur les positions qu'il avait choisies pour y établir ses troupes, et aussi sur celles que pourraient occuper les corps autrichiens qu'il avait devant lui.

La course était longue, et la route suivie par le 2ᵉ corps, entre l'Oglio et le Naviglio della Citta, était encore occupée par les troupes en marche. Au moment où le capitaine Brady arrivait au quartier général, à Robecco, petite ville située non loin de l'Oglio, le maréchal descendait de cheval dans une auberge où il devait passer la nuit.

Le maréchal s'assit sur un banc, fit signe à l'envoyé de l'Empereur de se mettre près de lui, et lui dicta les détails qu'il devait reporter à Sa Majesté.

Le capitaine saisit cette occasion pour féliciter Mac-

Mahon sur son élévation à la dignité de maréchal de France et sur la part glorieuse qu'il avait prise à la victoire du 4, et voici à peu près textuellement ce que lui répondit le nouveau maréchal :

— « Je me suis trouvé dans une situation assez critique à un certain moment de la journée. Nous recevions des coups partant de plusieurs directions à la fois. Une fumée épaisse couvrait toute la plaine, et l'*incertitude* était telle, dans la division de Lamotte-rouge, que j'ai pu voir ce fait singulier : *un régiment qui croyait marcher à l'ennemi et qui f... le camp*, un autre qui croyait se replier, et qui marchait à l'ennemi.

« Résolu à suspendre l'attaque pour attendre l'entrée en ligne de la division Espinasse, c'est le dernier que j'arrêtai.

« Je me portai alors rapidement à ma gauche pour donner l'ordre à Espinasse d'attaquer Manallo et Magenta qui nous prenaient d'écharpe, le plus promptement possible, et j'attendis les premiers coups de canon pour reprendre l'attaque de Buffalora.

« A cet instant seulement, je fus complètement rassuré, car la fumée s'étant dissipée, je pus voir mon vieil ami Camou dont la division de voltigeurs était déployée derrière moi, *par bataillon en masse à intervalles de déploiement.* »

Le capitaine Brady prit alors congé du maréchal et, remonta à cheval un peu choqué de ce que pas un de ses aides de camp ne lui eût offert le moindre rafraîchissement, après une course de 6 ou 7 lieues.

On était plus hospitalier que cela, non seulement à l'état-major de l'Empereur, mais chez bien des généraux.

Pendant son retour il put constater que la colonne en marche n'avait guère avancé. Il retrouvait le colonel Cambriels, du 1er corps, exactement à l'endroit où celui-ci était *arrêté* avec son régiment lorsqu'il l'avait rencontré une première fois. Cette colonne était partie de grand matin, avait fait 3 ou 4 lieues, et il était à peu près 4 ou 5 heures de l'après-midi !

En rentrant au quartier impérial et après avoir lu les notes qu'il rapportait, l'officier d'ordonnance crut devoir faire connaître à l'Empereur les difficultés regrettables du mouvement des 1er et 2e corps d'armée s'avançant sur une seule route, et la fatigue excessive qui en résultait ; l'Empereur sembla réfléchir un instant et répondit :

— C'est vrai, c'est très fâcheux, mais... *cela ne peut pas être autrement.*

Dans ces quelques mots se manifestait clairement une pensée de l'Empereur, qui a évidemment préoccupé son esprit pendant toute la durée de la campagne, celle d'avoir constamment son armée *massée*, et presque *dans la main*, en prévision d'une attaque brusque et inopinée de l'ennemi.

En adoptant ce système de concentration à coup sûr excessive, Napoléon III ne se rendait pas assez exactement compte qu'il n'évitait des difficultés *stratégiques* sérieuses, que pour rencontrer des difficultés *tactiques* non moins graves.

En effet, s'il est difficile de concentrer *en temps opportun* une armée dont les éléments manœuvrent isolément à *grands intervalles*, il est non moins difficile de déployer, à proximité de l'ennemi, des colonnes trop profondes, dont la situation trop rapprochée gêne toujours et arrête souvent complètement les mouvements de manœuvre.

Secondé par son état-major général dont la précision des ordres de détail pouvait éviter la plupart des difficultés des marches, l'Empereur n'aurait pas été forcé, comme cela lui est arrivé à Magenta, d'engager une partie de ses plus précieuses réserves dès le début de la bataille, et d'opposer au premier choc de l'ennemi l'inébranlable fermeté de ses admirables grenadiers.

Mais les traditions du prince de Neuchâtel étaient à l'état de lettre morte pour le grand état-major général de l'armée d'Italie.

Le 5, l'Empereur quitta San-Martino, et vint s'établir à Magenta.

L'Empereur passa devant une maison qui faisait face au chemin de fer. Ses murs étaient percés de meurtrières et déchiquetés par les trous de projectiles. C'est presque au pied de cette maison que furent tués le général Espinasse et son officier d'ordonnance, le lieutenant de guides, de Froidefond, qui était son parent.

Toutes les traces du passage de la première brigade de la 2ᵉ division attestaient la violence de l'attaque et l'impétuosité avec laquelle elle avait été conduite par le vaillant général, dont la mort fut une grande perte pour l'armée, et un deuil pour tous ceux qui l'avaient connu.

Les barrières du chemin de fer, renversées par le choc de ses terribles fantassins, gisaient à terre, et toutes les maisons avoisinantes, encore fortement occupées, avaient été enlevées par eux, les unes après les autres, à la baïonnette.

La mort du général Espinasse fut une perte non moins grande pour l'Empereur, qui avait en lui un aide de camp intelligent, instruit, loyal, sincère et dévoué, dans lequel Napoléon III pouvait avoir la plus grande confiance. Il défendait toujours, dans les discussions militaires, ses idées personnelles avec une entière indépendance, et ne comptait pas parmi ceux qui plaçaient leurs intérêts de courtisans avant les devoirs de leur conscience, soit en cachant la vérité à leur souverain, soit en approuvant sans réserve toutes ses idées militaires, qui n'étaient pas toujours incontestables; courtisans d'ailleurs maladroits, qui n'avaient pas su reconnaître que l'Empereur aimait passionnément la vérité et la cherchait toujours dans la discussion, admettant, avec sa douceur et sa bonté légendaires, autant qu'avec son jugement et son intelligence, toutes les contradictions.

Le 6, dans la soirée, l'Empereur convoqua tout le grand état-major et sa maison militaire pour entendre le rapport du major général sur les événements qui venaient de s'accomplir si rapidement, depuis le départ d'Alexandrie.

La lecture fut faite par le colonel de Castelnau, aide de camp du maréchal Vaillant.

Consciencieusement établi, il était trop long, ce rapport : il y avait là des nécessités d'explications techniques qui ne pouvaient pas naturellement intéresser le pays attendant avec impatience le récit des débuts de la campagne.

L'Empereur sembla s'en apercevoir et prit enfin la parole, pour demander si quelqu'un n'avait pas des observations à présenter sur ledit rapport.

Le sourire un peu malicieux qui accompagna cette question donna à penser à quelques-uns que l'Empereur l'avait écouté avec sa bonté habituelle, et que, moins indulgent, il eût interrompu la lecture, plus souvent encore que le général Bonaparte n'avait interrompu M. de Cobentzel, pendant la lecture du traité de Campo-Formio, par ces mots, restés légendaires et historiques :

« Effacez cela. »

Il y avait beaucoup de généraux dans cette réunion, et aucun d'eux, même le général Fleury, ne voulut, par déférence pour le maréchal Vaillant, formuler la moindre critique. Mais il y avait, dans les rangs inférieurs de la maison militaire de l'Empereur, un officier que la prudence et la circonspection n'ont pas toujours arrêté dans sa vie, quand il jugeait utile ou nécessaire d'inverser la formule : « La parole est d'argent et le silence est d'or. »

Ce fut lui, le commandant Schmitz, qui prit la parole, et *osa* dire à l'Empereur : « Sire, je trouve le rapport *très bien fait*, mais, à un rapport *aussi détaillé*, il faut un résumé et une conclusion, et il n'en a pas. Il me semble qu'il faudrait y *ajouter, en terminant :*

« Ainsi donc, en huit jours, après trois combats et une grande bataille, l'Empereur et l'armée étaient arrivés aux portes de Milan et l'armée autrichienne, en pleine retraite, était forcée d'évacuer la Lombardie. »

L'Empereur approuva sans hésitation et tout l'auditoire fit naturellement comme l'Empereur.

Le lendemain matin, le général Fleury se rendait jusqu'au quartier général du général Regnauld de Saint-Jean-d'Angély, à qui il allait annoncer, de la part de l'Empereur, son élévation à la dignité de maréchal de France. Le général était sous sa tente, écrivant à la comtesse sa femme. Inutile, je pense, de dépeindre sa physionomie, lorsque le général Fleury, avec sa courtoisie et son bon cœur, lui annonça en termes émus qu'il venait, de la part de l'Empereur, lui notifier sa nomination de maréchal.

La plume tomba de sa main, il se leva, pâlit, et prenant les deux mains du général, il lui dit :

— Ah! mon cher général, je n'avais jamais pensé un seul instant de ma vie que je serais digne d'une pareille récompense!

Il y avait, dans cette exclamation, autant d'étonnement et de modestie que de joie et de bonheur.

— Tenez, ajouta-t-il, j'écrivais à ma femme, je vais vous lire ma lettre, et vous verrez combien je m'attendais peu à la distinction dont l'Empereur daigne m'honorer.

Dans cette lettre en effet, que la maréchale doit avoir encore, il racontait en grands détails la journée de Magenta, la part glorieuse que ses officiers et ses soldats y avaient prise, le puissant concours que le général Lebœuf lui avait prêté avec son artillerie. Beaucoup de noms étaient cités; un seul n'y figurait pas, *c'était le sien.*

Lorsque le général et l'officier qui l'avait accompagné prirent congé de lui, il leur tendit les mains de nouveau et dit au général Fleury, avec un bon sourire :

— *Je vais mettre un post-scriptum à ma lettre.* Dites à l'Empereur que, maréchal de France comme général, je continuerai à servir mon pays et mon souverain avec tout mon cœur.

Dans le courant de la journée du lendemain 8, la division de grenadiers traversa Magenta se dirigeant sur Milan. L'Empereur vint se placer à pied devant la maison qu'il occupait, et la division défila devant lui.

Rien ne peut dépeindre l'attitude fière et imposante de cette troupe incomparable, qui avait si bien attesté, deux jours auparavant, que si le caractère national et les qualités de cœur font la valeur exceptionnelle de nos soldats, ce sont aussi les institutions militaires qui font les soldats d'élite.

Lorsque la tête de colonne du 3ᵉ régiment arriva à

hauteur de l'Empereur, faisant quelques pas en avant et levant son képi, il dit au colonel Metman qui marchait à sa tête, d'une voix forte mais étranglée par l'émotion :

— Ils sont superbes !

— Il en reste encore, répondit le colonel, en montrant de la pointe de son épée la forêt de bonnets à poils qui marchait derrière lui. Reproduisant, dans un sentiment de tristesse et de regret, et non dans celui de cruelle indifférence qui l'avait dictée à son prédécesseur, la réponse du général Cohorn à Napoléon Ier, qui lui reprochait d'avoir inutilement prodigué le sang de ses soldats à la prise d'assaut d'Ebersberg : « *Sire, il y en a encore pour une fois.* »

L'Empereur quitta Magenta dans la soirée pour aller passer la nuit à San Pietro dell' Olmo, dernière étape avant Milan !

Dans la soirée, une mauvaise nouvelle vint contrister le général Fleury. *Philips* venait de mourir subitement d'une indigestion de fourrage vert, et c'était le lendemain que devait avoir lieu l'entrée à Milan ! *Philips* était cet admirable cheval alezan brûlé que l'Empereur montait à toutes les revues. Trop nerveux et trop impressionnable pour être un cheval de guerre, c'était un superbe cheval de cérémonie, et naturellement il avait sa place marquée le jour de l'entrée triomphale de Napoléon III, à la tête de son armée, dans la capitale de la Lombardie. L'Empereur dut se résigner à monter *Buckingham*, autre cheval alezan d'un beau modèle, mais froid et impassible, comme le souverain qui le montait, et marchant avec le calme et la dignité d'un archevêque [1].

1. En temps de paix le service des écuries de la maison de l'Empereur Napoléon III était divisé en cinq services particuliers :
1º Les cochers du corps.
2º Les cochers de Daumont.
3º La poste.
4º Le service particulier de la Maison : aides de camp, officiers d'ordonnance, etc.
5º Les poneys de l'Impératrice, les chevaux de selle de l'Empereur.
Pendant la guerre d'Italie, deux de ces services suivaient l'armée. Trente chevaux de selle étaient affectés tant aux besoins de l'Empereur lui-même qu'à ceux des officiers de sa Maison.
Enfin le service de la poste était composé également de trente chevaux, servant indistinctement l'Empereur et sa Maison.
L'Empereur avait quatre chevaux de selle, que, naturellement, personne autre que lui ne montait. Son premier cheval anglais *Philips*, mourut, je viens de le dire, des suites d'une imprudence de son palefrenier, qui, après une longue marche, était entré affamé dans un cabaret et avait laissé la pauvre bête se repaitre à son tour d'herbe fraîche ; elle en mangea tant, qu'elle gonfla et creva.
Les autres chevaux personnels à l'Empereur se nommaient *Buckingham*, cheval anglais, *Ajax*, idem, et *Volontaire*, cheval irlandais.
A Magenta, l'Empereur montait *Ajax*; *Buckingham* à Solférino; il fit son entrée à Milan, faute du pauvre *Philips*, sur *Buckingham*.
En 1870, *Buckingham* n'était pas mort, et fit encore partie des chevaux personnels de l'Empereur. Qu'est-il devenu dans les désastres?

CHAPITRE XI

Chez l'apothicaire. — Le champ de bataille. — L'arc du Simplon. — Milan. — Entrée triomphale. — *Te Deum*. — Une heure de détente. — Singulière guerre. — Les drapeaux de Magenta. — Le nonce du Pape. — Une dépêche de l'Empereur. — Ignorance politique des ministres de Napoléon III.

5 JUIN. — Réveil à 3 heures. Sous le fallacieux prétexte d'aller aux provisions, je demande au colonel la permission de courir à Magenta.

Je pénètre de force dans la noire boutique d'un apothicaire qui, levant au ciel des bras désespérés, s'écrie en me voyant : *Niente! niente!* Je lui demande tout doucement du papier, une plume et de l'encre, et j'écris sur un papier épais, qui devait singulièrement augmenter le poids de ses médicaments, une lettre pour la France, pour la famille. Je cours la porter dans la boîte spéciale du quartier impérial, en lui disant tout bas :

> *I, pedes quo te rapiunt et auræ*
> *... i secundo omine, etc*[1].

1.   Va où te portent tes pieds et les vents
          Va sous des auspices favorables...

La journée se passe dans un *farniente* complet, sauf le train ordinaire des distributions, des nettoyages, des appels, etc. On creuse de longues tranchées pour enterrer les morts. Nos soldats, en fouillant les maisons désertes et peut-être les caves de Magenta, découvrent à chaque instant des blessés de a veille et des combats précédents. Quelques-uns sont lhorribles à voir, avec leurs plaies béantes, tuméfiées. déjà remplies de vers.

Ces malheureux croyaient évidemment qu'il n'y avait pour eux aucune différence entre être tués ou prisonniers. Ils paraissent surpris et touchés des soins qu'on leur prodigue.

Les bagages nous rejoignent, et je goûte, sur ma peau de mouton, les douceurs d'une sieste réparatrice. Ni grand'gardes, ni avant-postes pour le 2ᵉ régiment de voltigeurs.

6 juin. — Vers 7 heures je retourne par ordre à Magenta en suivant cette voie ferrée, théâtre des plus sanglants épisodes de la bataille.

En rentrant à 9 heures, je trouve les tentes abattues et le régiment parti; je me lance à la poursuite de ma compagnie. De temps à autre sur mon chemin des terres fraîchement remuées, d'où émergent çà et là des lambeaux d'uniformes français et autrichiens, et peut-être des débris humains recouverts en hâte d'un peu de terre. Sur un amas informe de choses sans nom, armes brisées, gibernes trouées, sacs éventrés, guenilles sanglantes, je remarque une main noire, desséchée par les ardeurs du soleil, — la main d'un turco, superbe pièce anatomique, — et j'ai la tentation, non suivie d'exécution, de ramasser cette triste épave du champ de bataille.

Je rejoins mon bataillon sur la route de Milan. Nous côtoyons un instant le 2ᵉ grenadiers : son colonel raconte au nôtre les péripéties de la bataille à laquelle son régiment a pris une grande et belle part; puis en le quittant, à haute voix :

— Oui, nous avons été superbes, magnifiques, et si j'avais eu 100 hommes tués de plus, j'étais général !

Ce qui fit sourire le colonel Douay.

Fils d'un général de division du premier Empire, ce brave colonel avait tort de désespérer.

Il fut nommé brigadier le 10 juin, malgré les 100 hommes tués en moins.

Le régiment campe à 2 ou 3 kilomètres de Milan, dans un terrain coupé de ruisseaux, de petits canaux, à demi inondé. Le 2ᵉ corps a déjà, nous dit-on, rapidement traversé la ville.

7 JUIN. — Les adjudants-majors de la division de voltigeurs vont reconnaître, dans l'intérieur de Milan, les emplacements de leurs régiments respectifs.

Ils se donnent l'immense, la colossale satisfaction de passer sous cet arc du Simplon, commencé par Napoléon Iᵉʳ en l'honneur des gloires françaises, terminé par son beau-père en souvenir de nos défaites, et par lui modestement dédié à la Paix. Le marbre dont il est bâti est redevenu italien ; les inscriptions et les bas-reliefs relatant les victoires autrichiennes de Leipsick, de Paris, etc., sont effacées par le sang de Montebello, de Palestro et de Magenta.

Leur entrée n'a rien eu de théâtral ; quelques acclamations, quelques fleurs ; on réserve les unes et les autres pour la journée du lendemain.

Le 2ᵉ voltigeurs doit bivouaquer sur les remparts au nord de la ville.

Au camp, on nous a lu l'ordre de service venu de l'état-major général de la garde, je remarque la mention suivante : « Un officier et 32 hommes de garde au palais Bonaparte. » L'Empereur y avait installé son quartier général comme, cinquante-neuf ans auparavant, le Premier Consul après Marengo ; et depuis quatre jours le palais avait repris ce nom qui avait été le sien pendant les quinze ans de la domination française.

Voici toute l'armée en marche sur Milan. Baraguey d'Hilliers en tête, Mac-Mahon et le roi à gauche, à la poursuite d'Urban.

L'ennemi avait tout évacué et dépassé Milan.

Au bivouac du 7 juin, l'Empereur reçut à son arrivée une députation des notables de Milan accompagnée de musique et de fanfares, jouant sans trêve la *Milanaise*. C'est la première fois que nous l'entendîmes.

On convint de l'entrée à Milan, qui eut lieu le lendemain 8.

L'Empereur et le roi se réunirent à l'arc de triomphe, porte ouest de Milan.

8 juin. *Entrée à Milan.* — La garde, cavalerie, infanterie, artillerie, précède et suit l'Empereur sous l'arc triomphal. Notre musique attaque poliment la *Milanaise.*

Affluence énorme, enthousiasme *idem.* Grêle de balles et d'obus la veille, pluie de fleurs aujourd'hui ; et, dans le lointain, à peine entendues de quelques oreilles attentives et réfléchies, les plaintes des blessés et les larmes des mères qui ne reverront pas leurs enfants.

L'Empereur traversa toute la ville et revint au *Palais Borghèse* qu'on avait mis à sa disposition.

Baraguey d'Hilliers et Mac-Mahon avaient dépassé Milan et suivaient l'armée autrichienne, qui s'était retirée en partie par la route de Marignan.

Le soir même de l'entrée de l'Empereur à Milan, Baraguey d'Hilliers livra la bataille de Marignan, la division Bazaine en tête, avec le 1er de zouaves. C'est là sur la chaussée, en avant de la ville, que fut tué leur colonel, Paulze d'Yvoy.

Baraguey d'Hilliers n'avait pas attendu le mouvement de Mac-Mahon, et sa 2e division, celle de Forey, attaqua de front et perdit beaucoup de monde, ce qui lui fut vivement reproché.

9 juin. — Dans ses plus beaux atours le régiment forme la haie dans une rue étroite d'abord, plus large ensuite, qui va de la cathédrale au palais Bonaparte.

Le milieu de la voie est libre : derrière les rangs circule une foule agitée, fiévreuse, dont les *evviva* continuels couvrent le son des fanfares et des musiques des régiments alliés. C'est bien le peuple italien, plus *comediante*, plus *tragediante* encore que le peuple français.

Toute la ville est dans les rues parcourues par le cortège, toutes les fenêtres sont occupées par des dames en tenue de gala, bras nus, décolletées, couvrant chaque état-major d'un orage de fleurs.

En face de moi, au 1er étage, l'une d'elles, superbe avec ce teint mat et ces grands yeux noirs, peu rares en Italie, mais toujours admirables, se fait remarquer entre toutes par un enthousiasme échevelé.

A l'arrivée d'un régiment de cavalerie — guides ou chasseurs — la bretelle étroite qui reliait, par-dessus sa magnifique épaule, l'avant à l'arrière de son corsage, se brise ou se détache, sous l'élan impétueux d'un bras qui lance des fleurs, et alors... ah! alors, apparaît à la lumière tamisée par les stores suspendus au-dessus des têtes, ce que le soleil n'avait sans doute jamais vu.

D'un mouvement brusque, irréfléchi, admiratif, je tends les deux mains comme pour recevoir ce que j'avais le plaisir inappréciable d'apercevoir... Mais les attaches étaient robustes, solides... La dame, un peu confuse, mais souriante, se retire afin de réparer le désastre, tandis que près d'elle, une jeune fille se méprenant sur les intentions de ces deux mains levées en l'air, me jette une fleur superbe de magnolia. Son parfum citroné arrive à propos pour combattre les odeurs mélangées des fleurs d'orangers, des jonquilles, des tubéreuses, qui, montant du pavé échauffé par le soleil, remplissant l'air, commençaient à me porter violemment à la tête. Notre attente, peut-être longue, ne me parut point telle.

Enfin apparaissent les escadrons d'avant-garde, puis les cent-gardes, puis les calèches impériales, royales, etc., avec toutes les splendeurs des riches uniformes militaires et civils, puis les escadrons d'arrière-garde piémontais, français.

La cérémonie finie, les compagnies reforment leurs rangs et regagnent avec grand plaisir les verts ombrages de leur campement.

Avec les pétales blancs et satinés du magnolia qui n'avait pas été lancé au hasard, mais bien à mon adresse, j'emporte la vision radieuse de la dame aux yeux noirs, aux bras et aux seins nus, aux cheveux épars, comme celle de l'Italie elle-même vivante d'une vie nouvelle, ressuscitée par nos victoires. Mais... je m'aperçois que je meurs de soif, et, sauf mon magnolia, je donnerais une corbeille de fleurs pour un verre d'eau fraîche que nul indigène de rez-de-chaussée ne songe à nous offrir.

Avec l'autorisation de mon chef de bataillon, je me dirige vers la cathédrale à travers une foule immense, une mer vivante par la houle et les mugissements. Des drapeaux tricolores, bleus, blancs, rouges; d'autres verts, blancs, rouges; des guirlandes, des écussons, des pavoisements sur la façade, à croire que Godillot et Cie étaient passés par là.

J'ai certainement déjà vu ces décors à Paris à l'arrivée de S. M. Victor-Emmanuel, roi de Sardaigne, de Chypre et de Jérusalem.

Dans l'intérieur on éteignait les cierges, dont les fumées âcres se mêlaient au parfum de l'encens. J'arrive avec peine, latéralement, jusqu'à la hauteur d'un Saint-Barthélemy devant lequel je m'arrête. Adossé à un des piliers de l'église, plus grand que nature, écorché vif, il tenait suspendue sur l'un de ses bras sa dépouille humaine pliée en deux, les mains sanglantes rejoignant en bas les pieds saignants.

J'ai su plus tard que j'avais eu devant moi un chef-d'œuvre, mieux placé dans une salle de dissection, dans un musée secret, que dans la sainteté d'une cathédrale.

Fatigué, je cesse ma visite et je rejoins ma tente. Un groupe de colonels, de généraux, s'entretenaient vivement d'une nouvelle victoire remportée par le 1er corps à Melegnano. On commentait — non sans d'âpres critiques, à tort ou à raison — l'élan intempestif de son chef qui, n'attendant pas l'effet certain de l'artillerie, aurait obtenu à coups d'hommes un résultat plus facile et moins coûteux à coups de canon.

Comme d'habitude les fantassins ont payé la victoire, et chèrement !

Singulière guerre ! On se bat près de nous, et nous, la Garde, depuis trois jours nous sommes à Milan comme dans une ville de fête, de théâtres, avec quelques gardes aux postes et sans plus penser aux Autrichiens que s'ils n'existaient pas. De fait, depuis le commencement de la campagne, sauf la courte apparition un soir d'un bataillon de Tyroliens et les cadavres du bourg de Magenta, pouvons-nous dire sérieusement : Je les ai vus ?

Et ces réflexions embarrassant notre homme, je m'endors en me demandant si je fais bien la grande guerre, et en rêvant que notre tour viendra sans doute un jour.

L'Empereur, avant de quitter Milan, désigna son officier d'ordonnance, le commandant Schmitz, qu'il nomma lieutenant-colonel, pour aller à Paris porter les drapeaux pris à Magenta.

Le commandant fut reçu à Saint-Cloud par l'Impératrice et lui en fit la remise dans l'un des salons.

Sa Majesté daigna donner l'accolade au lieutenant-colonel, et demanda à l'Empereur de garder cet officier supérieur pendant quelques jours auprès d'elle.

La vie de l'Impératrice à Saint-Cloud était tout entière livrée à la réception et à l'envoi de dépêches à l'armée. Elle ne recevait guère que Walewski, ministre des affaires étrangères, en particulier.

Son attitude était fière, digne du haut rang qu'elle occupait, remplie d'ardeur pour le succès de nos troupes, accueillant avec avidité le moindre renseignement qui pouvait mettre l'Empereur en grande lumière.

Les jours passaient ; pas de nouvelles rencontres avec l'ennemi.

Attente fébrile de grands événements. — Vers le 15 juin, le nonce du pape, ayant reçu audience de l'Impératrice, lui dit :

— Madame, vous m'assurez que le prince Napoléon, en Toscane, ne touchera en rien aux États Romains ; cependant le Saint-Père a la certitude que, pendant que votre ministre ici, à Paris, lui donne ces assurances, on distribue des armes à Bologne et on excite les populations. Si l'Empereur ne change pas immédiatement cet état de choses, j'ai l'ordre du Saint-Père de quitter Paris.

L'Impératrice fut très émue de ce discours. Elle ne savait rien] de ce qui se fomentait au delà de la Toscane, mais prit pour vrai tout ce que le nonce lui disait.

Elle télégraphia à l'Empereur, qui lui répondit d'une manière évasive.

Alors, prise d'un violent accès de résolution, elle télégraphia de nouveau à l'Empereur « qu'elle allait partir pour son quartier général clandestinement, qu'elle ne resterait auprès de lui que quelques heures ; mais qu'elle avait absolument besoin de le voir, pour lui faire partager son indignation de la conduite à double effet qu'on tenait vis-à-vis du Pape, et obtenir de lui des résolutions. »

Cette dépêche arriva sur l'Empereur comme un coup de foudre.

Savoir l'Impératrice à sa poursuite, abandonnant la Régence, Paris et son enfant !

Saisi d'une grande émotion, il répondit par un télégramme chiffré à l'Impératrice, « qu'il lui défendait absolument de quitter Paris ».

Les termes qu'il employait étaient tellement blessants pour la *souveraine*, la *mère* et l'*épouse*, qu'elle éclata en sanglots lorsqu'elle eut déchiffré la dépêche.

Elle se soumit aux ordres de son mari.

Qu'est devenue cette dépêche chiffrée ? C'est M. Ro

bert, du Conseil d'État, que l'Empereur avait attaché à son cabinet en Italie, qui l'a chiffrée.

Qu'est devenu M. Robert, fidèle serviteur de l'Empereur ?

S'il existe encore, il a parfait souvenir des termes de cette dépêche, que nous ne reproduisons pas ici.

Pendant que l'Empereur accélérait sa marche en Lombardie, qu'il passait successivement l'Adda, l'Oglio, — Walevski, ministre des affaires étrangères, resté à Paris, était tout à fait en dehors des visées de l'Empereur et du prince Napoléon ; témoin cette conversation qu'il avait avec l'Impératrice à Saint-Cloud, au moment de la communication du nonce du Pape :

— Nous voici maîtres de la Toscane et on veut révolutionner les États du Pape. Où s'arrêtera la convoitise de la maison de Savoie ? dit l'Impératrice.

Walevski répond :

— Oui, c'est nous qui occupons en ce moment la Toscane ; mais que la maison de Savoie l'ait en sa possession après la guerre !... *Jamais!* l'Apennin est une barrière que nous ne laisserons *jamais* franchir.

Que peut-on dire de la perspicacité du chef de la diplomatie française?

CHAPITRE XII

Succès et échec. — Le maréchal Baraguey d'Hilliers. — Une relation de la campagne de 1859. — Voici *peut-être* la vérité. — Le maréchal Lefebvre. — A la *Scala*. — La cathédrale. — Place du Dôme. — Une visite de nuit à la cathédrale. — Divers sentiments de la population milanaise. — Le syndic de Gorgonzola. — Treviglio.

Nous avons légèrement anticipé sur les événements à la fin du chapitre précédent, revenons un peu en arrière pour dire ce que nous pensons aujourd'hui, avec l'âge et l'expérience, du combat de Melegnano.

L'opinion à peu près générale dans l'armée d'Italie, opinion qui se rapproche de la vérité, fut que l'affaire de Melegnano avait été à la fois un succès et un échec. Un succès, parce que quelques vaillants régiments français s'étaient emparés de vive force d'un village mis en état de défense, crénelé, barricadé et bravement défendu ; un échec, parce qu'une brigade autrichienne, imprudemment laissée aux prises avec trois corps d'armée, avait pu leur échapper, après une résistance qui lui faisait le plus grand honneur.

Avec les instructions précises que le maréchal Baraguey d'Hilliers avait reçues, avec les moyens d'exécution formidables que l'Empereur, dans sa préoccupation constante de la supériorité numérique, avait mis dans sa main, le village de Melegnano devait être cerné, et la brigade qui l'occupait, fatalement amenée à mettre bas les armes.

C'est ainsi qu'à la guerre, une opération bien conçue peut quelquefois aboutir à une déception. La plupart du temps, c'est dans le défaut de précision des ordres de détail, dans les mouvements mal coordonnés ; en un mot, dans les fautes de manœuvres qu'il faut chercher les causes d'insuccès. Mais quelquefois aussi, c'est dans le caractère, dans le tempérament du général qui dirige, qu'on les trouve.

Il est bien rare, en effet, que les actes ne portent pas fatalement l'empreinte d'une particularité dominante du caractère.

Chez le maréchal Baraguey d'Hilliers, c'était la brusquerie. Tout était brusque en lui, allure, geste, ton et parole.

Général imposant, soldat magnifique, de haute stature, portant noblement un glorieux nom militaire, il était en tous points capable d'électriser par son aspect, et plus encore par son exemple, des soldats aussi impressionnables que les nôtres. Mais... c'était un cavalier.

Le général Foy, dans son *Histoire de la guerre de la Péninsule*, donne, sous forme d'allocution, une définition superbe du général de cavalerie, et dit :

« Si vous ne montez pas à cheval comme un centaure ; si vous n'avez pas le coup d'œil d'un aigle et le courage d'un lion, retirez-vous, vous êtes incapable de conduire un ouragan de cavalerie. »

Le maréchal Baraguey d'Hilliers pouvait, dans une certaine mesure, satisfaire à ces conditions, mais il n'avait assurément pas toutes les qualités, plus nombreuses et plus délicates, qui font les bons généraux d'infanterie, les savants, méthodiques et ponctuels tacticiens. Emporté par sa fougueuse nature, il supportait difficilement les retards, qu'il faut toujours prévoir, et avec lesquels il faut compter, quand on fait mouvoir et manœuvrer des troupes à pied.

Encore moins pouvait-il coordonner avec la précision nécessaire les mouvements et les rôles de trois corps d'armée réunis.

Je crois que cette petite affaire de Melegnano suffit à elle seule à mettre en relief les insuffisances que je signale ici, — avec tout le respect dû à un brave et brillant soldat qui portait sur son bras mutilé à Leipsick le certificat glorieux de sa vaillance personnelle.

Le maréchal avait à sa disposition *quatre brigades* de cavalerie qu'il pouvait confier sans hésitation au général Desvaux. Appuyées par leur artillerie à cheval, ces deux divisions pouvaient déborder rapidement la position de l'ennemi, et lui fermer toute retraite. Quant à son artillerie divisionnaire et de réserve, son rôle n'était pas moins indiqué, non seulement pour réduire au silence le peu de canons qu'elle avait devant elle, mais encore pour détruire ou incendier les obstacles et les maisons qui abritaient l'ennemi. Ni l'une ni l'autre des deux armes n'ont concouru efficacement à une opération dans laquelle toutes deux avaient un rôle assigné à l'avance, et le maréchal a *brusqué* une attaque de vive force, sans l'avoir *préparée*, et a sacrifié ainsi sans nécessité une partie de sa brave et précieuse infanterie.

Quant à croire, comme on l'a écrit depuis, que le général Decaen a marqué le pas volontairement, avec la 2ᵉ division du 2ᵉ corps, dans des prairies humides ; que le général Niel est resté, volontairement aussi, immobile à Carpiano ; que le général de Ladmirault enfin a marché au feu *en se hâtant lentement*, je m'y refuse absolument, et j'aime mieux croire que, dans la rédaction des ordres donnés aux 2ᵉ et 4ᵉ corps, la carte géographique et la montre du maréchal Baraguey d'Hilliers n'ont pas tenu la place importante qu'elles devaient occuper.

J'aime mieux croire aussi que l'activité et la vigilance de l'état-major général du 1ᵉʳ corps n'ont pas suppléé au défaut de précision des détails d'exécution, insuffisamment accentués. Si M. Duquet, par exemple, l'auteur d'une relation de la campagne de 1859, avait, comme moi, *de ses yeux vu* comment le général de Ladmirault, déjà sorti de Metz avec le 4ᵉ corps, et en retraite sur Gravelotte, exécutait une contremarche *sans ordres* — puisqu'on n'en recevait jamais à l'armée de Metz — pour courir au canon de Borny ; comment, après avoir fait déposer les sacs, il repassait la Moselle au pas de course, et venait se jeter sur l'aile droite du général Steinmetz, qu'il mettait en désordre et forçait à une retraite précipitée, il se serait abstenu de toute critique, et sa réputation d'historien militaire ne s'en serait pas plus mal trouvée.

Toucher à celle d'un pareil général, formuler un doute sur le dévouement d'un pareil homme, c'est blesser le sentiment unanime de l'armée et ne pas contribuer à éclairer le jugement de l'histoire.

La vérité, la voici *peut-être* sur cette affaire de Melegnano.

Si, au lieu de donner au maréchal Baraguey d'Hilliers le commandement de trois corps d'armée pour si mince besogne, l'Empereur, plus exactement renseigné sur les forces que le maréchal allait rencontrer, soit à Melegnano, soit à Lodi, lui avait simplement adjoint le général Lebœuf *tout seul*, les choses se seraient probablement passées tout autrement.

Ils se connaissaient, et le maréchal aurait écouté avec bienveillance — car il y en avait sous la brusquerie de son caractère, — les avis du général d'artillerie que le général Niel, devant Sébastopol, appelait le *grand organiste* de l'armée, parce qu'il jouait assez agréablement d'un terrible instrument où les tuyaux d'orgue étaient représentés par 4 ou 500 bouches à feu.

De son côté, le général Lebœuf aurait respectueusement réclamé pour l'artillerie le plan de bataille qui lui est assigné aussi bien dans l'attaque d'un village, que dans le siège d'une place forte.

L'attaque par l'artillerie divisionnaire entraînait

forcément le mouvement tournant et convergent des deux brigades de la division Desvaux, et la brigade autrichienne, canonnée et enfermée dans Melegnano, était perdue.

Mais ce que pouvait faire le général Lebœuf, le général Forgeot, commandant l'artillerie du 1er corps, n'avait ni l'autorité, ni la personnalité, ni même la compétence nécessaire, pour le faire, et le maréchal Baraguey d'Hilliers lança sur Melegnano, presque baïonnette baissée, ses héroïques bataillons, comme il aurait lancé une colonne d'assaut sur une muraille, avant que le canon en eût rendu la brèche praticable.

L'affaire de Melegnano donne donc à l'impatient maréchal une place méritée dans la classification des généraux en chef établie par Marmont, dans son livre *De l'esprit des institutions militaires :* celle des généraux qui achètent trop chèrement des résultats trop bornés.

Nos pertes à Melegnano furent douloureusement disproportionnées avec l'importance de l'opération, — 900 hommes environ.

Après avoir dit ce que je pensais de la conduite du maréchal Baraguey d'Hilliers dans cette circonstance, je suis amené par mes souvenirs à faire un rapprochement entre ce maréchal et un maréchal du premier Empire, resté légendaire, autant par les naïvetés de son esprit que par les vivacités de ses reparties, et plus encore par sa bravoure et son dévouement militaire : le maréchal Lefebvre.

Pendant le long siège de Dantzick, où son impatiente ardeur de soldat fut mise à une cruelle épreuve, à toutes les objections, à toutes les lenteurs que lui opposait et lui imposait le général de Chasseloup-Laubat, le brave maréchal répliquait invariablement :

— Vous voilà encore avec vos *boyaux* et vos *cavaliers de tranchée*. Je n'y comprends rien, il faut en finir, et demain *je monterai à l'assaut* à la tête de mes grenadiers.

Le général de Chasseloup écrivait alors des lettres éplorées à l'Empereur, lequel adressait de très douces remontrances au général Lefebvre, qui le calmaient instantanément.

— « Écoutez Chasseloup, écrivait-il, c'est un savant homme qui ne peut vous donner que de bons avis. »

La prise de Dantzick valut à Lefebvre son brevet de duc de Dantzick, et on peut dire que le général de Chasseloup en avait fourni le parchemin.

Encore une fois, je le répète, il est regrettable qu'à Melegnano le général Lebœuf n'ait pas été le Chasseloup du brave maréchal Baraguey d'Hilliers.

10 juin. — Rien à faire ; mais je ne veux pas perdre ma journée. A midi je suis à Milan. Étant de service, je n'ai pu assister à la représentation de gala offerte aux souverains. Mais ayant vu celles de Gênes et d'Alexandrie, il m'est facile de reconstituer avec un peu d'imagination tout le grandiose de la cérémonie. Un cicerone, concierge ou employé, me conduit poliment dans ce théâtre qui est un monde. On démolissait les apprêts de la fête.

Par les fenêtres ouvertes s'échappent des flots de

poussière et entrent des flots de soleil. Mon guide me conduit partout, ou à peu près — coulisses, scène, loges d'acteurs, salons particuliers, etc.

En faisant le tour de la première galerie, réservée aux grands, aux riches spectateurs, on déclouait une espèce de baldaquin, sous lequel avaient dû être installés, en guise de trônes, les fauteuils de Leurs Majestés.

On secouait les admirables tapisseries qui décoraient l'ensemble ; j'eus la curiosité de peser un instant sur un dôme fort élégant par ses palmes et ses armoiries dorées, et je pus me convaincre qu'il n'y avait rien de nouveau sous le soleil ; que, depuis l'Ecclésiaste, tout était vanité des vanités, et rien que vanité. Cette dorure recouvrait un sapin absolument pareil au sapin doré du trône de Louis-Philippe, brûlé aux Tuileries le 24 ou le 25 février 1848, et dont je possède, dans mes archives, une assez curieuse relique.

Les ciceroni italiens se contentent de peu. Ma visite à la Scala ne me coûta qu'un franc ; je regrettai d'autant moins cet argent que je visitais à fond, pour la première fois, les mystères d'un théâtre, et pour ce début j'avais eu la main heureuse.

Je m'abandonne aux chances plus ou moins favorables d'un itinéraire imprévu, négligeant volontairement les palais, les musées, ne visitant que les églises, autres musées.

Dans l'une d'elles, un sacristain m'offre de tirer un rideau qui cachait les charmes d'une femme adultère, ou d'une chaste Suzanne.

La vue du chef-d'œuvre était estimée un écu français, cinq francs. Je fais la sourde oreille, ne jugeant pas à propos de faire découvrir, dans une église, un tableau que l'on trouve convenable de cacher.

Enfin, après beaucoup de tours et de détours, je finis par retrouver la place du Dôme, la cathédrale, et son voisin le palais royal ou impérial, récent séjour de l'archiduc Maximilien.

Le maréchal Vaillant, le major général de l'armée, y avait installé ses bureaux et son état-major. L'occasion était bonne d'avoir des nouvelles ; mais un capitaine d'état-major, mon collègue, auquel je m'adresse, reste boutonné jusqu'aux moustaches inclusivement.

Peut-être ne savait-il rien lui-même ?

Le sergent de planton de mon régiment, brave sous-officier décoré de la croix de Saint-Grégoire, à Rome en 1849, du Medjidié en 1855 et de la médaille militaire aussi en 1855, est plus expansif. Je m'assure que depuis midi, heure de son service, il n'a porté aucun ordre au 2ᵉ voltigeurs, et que, réciproquement, il n'est venu aucun planton du régiment.

Ce témoignage non suspect suffit à ma tranquillité, et je continue mes pérégrinations scientifiques, artistiques et autres. J'achève dans la cathédrale une visite interrompue la veille au Saint-Barthélemy.

Peu de monde, sacré ou profane. Un petit homme en culotte courte, avec un petit manteau noir tout plissé dans le dos, veut me montrer, moyennant un *écu français*, — il paraît qu'on y tient, — la chapelle souterraine où repose, dans sa châsse d'or, le corps de saint Charles Borromée. Je le remercie de sa complaisance; les mausolées, les tableaux, les statues de bronze, de marbre, ou d'argent du rez-de-chaussée suffisent grandement et gratis à mon admiration.

Je sors enfin, ébloui, écrasé, éreinté de tant de chefs-d'œuvre, tout en remarquant que certaines voûtes, imitant l'architecture d'arceaux plus ou moins gothiques, ne sont que du trompe-l'œil, des grisailles peintes, et que le splendide monument a besoin encore de quelques millions pour goûter le repos d'un achèvement définitif. Les trouvera-t-il chez ses nouveaux possesseurs ou locataires? C'est la grâce que je lui souhaite.

J'achète sur la place du Dôme la lithographie de Victor-Emmanuel, *il nuovo caporale di zuavi*, en turban, en culotte, sac et jambières, appuyé sur un fusil, et je regagne le campement.

Rien de nouveau, si ce n'est un ordre général que informe la garde que, « lorsque, par suite des éventualités de la guerre, l'administration ne pourra faire distribuer ni pain ni biscuit, les hommes recevront en échange une ration de riz élevée à 350 grammes, et que dans ce cas la ration de viande sera portée à 350 grammes ». C'est toujours autant de gagné; mais les Italiens doivent être satisfaits : nous nous faisons tuer ou estropier pour eux; et de plus, nous allons consommer leur riz qui est excellent, et leurs petites vaches qui sont un peu trop maigres! *Evviva la Francia!*

Il n'est que 8 heures et demie, les officiers supérieurs sont absents, sauf mon commandant qui, sous sa tente, correspond avec sa jeune épouse. Je l'informe à la fois de ma rentrée au bercail, et de mon désir de continuer des excursions qui n'ont que peu de rapports avec le service en campagne. Et je pars.

Des deux centres principaux de la vie active à Milan, les places de la Scala et du Dôme, cette dernière est la plus rapprochée. C'est vers elle que je me dirige. Temps superbe. La vie italienne, un peu suspendue pendant les chaleurs du jour, a repris toute son activité, surexcitée encore par les événements, les bruits, les nouvelles qui se croisent nombreuses, discutées, contradictoires. On crie en français, en italien, les ordres du jour impériaux, royaux, à l'armée, les proclamations des souverains à leur bonne ville de Milan, les réponses de la municipalité délirante de reconnaissance, d'amour, d'adoration.

Et tout cela est officiel. Je relirai plus tard, sous ma tente, toutes ces feuilles qui ne coûtent qu'un sou.

Je regarde l'intérieur des boutiques, des cafés dont les tables s'étalent jusqu'au milieu des rues. L'absence de voitures particulières ou publiques me frappe. A pareille heure, les boulevards et les grandes rues de Paris seraient d'un parcours dangereux. J'arrive sur la place du Dôme et je reste ébloui. La lune frappe de face la façade de l'édifice et l'inonde d'une lueur bleuâtre. Toutes les délicatesses des sculptures se détachent vivement sur un ciel à peine étoilé, et paraissent plus élevées encore en se prolongeant dans la pénombre qui les suit.

Par une porte latérale sort un homme, un sacristain vêtu de noir comme celui qui m'avait guidé le jour. Une idée singulière me passe par la tête et s'y incruste. *Ex abrupto*, je lui propose une ascension au haut du monument, demande qui naturellement doit le surprendre, et le surprend. Des pourparlers s'engagent; je comprends que l'armée française est loin de faire à ses yeux une œuvre méritoire; il n'a point trop d'horreur pour les tyrans autrichiens dont il me semble regretter l'absence; puis s'enhardissant peu à peu : « Sans doute, nous n'étions pas tout à fait libres sous la domination *tudesque;* mais ils n'étaient pas trop *brutes:* ils avaient de l'argent, tandis que nous allons être dévorés par les *pouilleux piémontais.* »

Bref, il accepte un écu français, c'était un argument *ad hominem* sans réplique, et nous entrons dans l'église.

Elle était presque sombre ; des cierges achevaient de brûler devant des saints privilégiés, et les rayons de la lune, malgré leur éclat, ne diminuaient que peu l'obscurité, en traversant les vitraux des fenêtres et des rosaces. Mon guide allume dans une sacristie une de ces lanternes dorées qui, en Italie comme en France, accompagnent certaines cérémonies de l'Église; puis il ouvre une petite porte, et l'escalade commence. Le cœur me bat très fort en suivant mon guide, plus fort que suivant mon drapeau, vers 5 heures du soir à Magenta, et nous montons encore, nous montons toujours.

Malgré toutes mes précautions, mon sabre heurtait

parfois une marche ou une paroi des murs, et ce bruit de ferraille, le seul qu'on entendit pour le moment dans l'église, semblait grandir encore en montant dans la cage sonore de l'escalier. Ma seule préoccupation est d'empêcher ces heurts qui me semblent autant de sacrilèges.

Enfin le jour se fait un peu, jour lunaire, mais qui semble radieux au sortir des ombres, et nous arrivons sur une plate-forme d'où partent des centaines de clochetons portant autant de statues.

Arrivé là, mon guide me dit : « C'est assez. » Je suis de son avis, quoique près de moi, à ma droite, la grande aiguille, qui porte la statue de la Vierge, semble m'inviter à une ascension nouvelle, plus haute encore, vue de près, que tout le monument vu du pavé de la place. Effet d'optique. Il me guide vers le côté nord de la cathédrale à travers un dédale de petites marches, de couloirs, de décombres, où un étranger courrait risque de s'égarer, jusqu'à une balustrade à jour où il m'arrête en me disant : « C'est là, regardez. » Et je regarde.

En bas, une partie de la ville laissant remonter jusqu'à nous les pâles effluves de son gaz, et les échos amoindris des bruissements d'une grande cité ; au-dessus, le monde des statues perchées sur les clochetons, et comme cadavérisées par les bleuâtres rayons de la lune ; et dans le lointain, vers le nord, le nord-est... oh ! c'était beau ! une portion des Alpes — lesquelles ? je l'ignore, et je n'ai jamais voulu savoir les noms doux ou rudes que l'homme leur avait donnés,

— déroulait comme un arc de cercle, se diminuant aux extrémités, un rideau blanc frangé çà et là, tantôt de pics pointus, tantôt de masses arrondies, découpées comme à l'emporte-pièce, sur un ciel presque noir par le contraste et la profondeur.

Au premier aspect, cet horizon semblait fixe, immuable dans sa blancheur immaculée, et cependant des teintes différentes se glissaient, tantôt mollement, tantôt brusquement, sur le fond toujours blanc de l'immense rideau. Tout cela vivait. Je n'avais qu'à admirer et j'admirais, sans penser à mesurer le temps. Je sens une main qui cogne mon épaule, et j'entends une voix qui me dit : « *Il fait froid ; descendons.* »

Une brise assez froide, en effet, ayant peut-être traversé ces blancheurs lointaines, passait en ondes sonores à travers les dentelles des clochetons... Mais je ne m'en apercevais pas. Rappelé par le contact, par la voix, aux choses de la vie réelle je vois, ô miracle ! que les statues cadavéreuses, elles aussi, se remuaient, vivaient, sous les différentes incidences des rayons lunaires... Et me voici en bas... sur la place, loin du ciel, reprenant le chemin du campement, sans voir, sans sentir la foule qui me coudoie, sans entendre ses cris, ses *evviva*, dont quelques-uns s'adressent peut-être à mes épaulettes, à mes aiguillettes françaises, isolées au milieu des indigènes. Et tout en marchant, lent, absorbé, donnant un dernier regard au colosse de marbre, je viens à penser que si les cieux, les astres, même les Alpes neigeuses racontent la gloire du Dieu créateur ; d'autre part, ces blocs détachés brutalement de leur carrière, il y a sept ou huit cents ans, avant la poudre, avant la vapeur, pour être changés en cathédrale, donnent une fière idée de la puissance et de la volonté de l'homme, la créature.

J'arrive à ma tente et je m'endors, content de ma journée. Il est minuit.

11 juin. — Toujours rien. La journée se passe à recevoir des coups de soleil, présage assuré d'ondées torrentielles. Ces alternatives se sont déjà présentées deux ou trois fois. Malgré de petits travaux de fortifications passagères, les piquets des tentes cèdent à l'effort du ruisseau qui délaye ce terrain sablonneux, et, de jour ou de nuit, ma peau de mouton est inondée.

Mon commandant et moi, nous renouvelons une première tentative infructueuse, afin de trouver, au moins pendant la nuit, un gîte plus sain dans les maisons voisines.

Comme la première fois, nous sommes reçus ainsi que *des chiens dans un jeu de quilles*. Le rez-de-chaussée de ces maisons, assez bien bâties, est occupé par des cabarets, de petites boutiques qui, suivant l'usage des boulevards éloignés, trouvaient chez les soldats autrichiens une clientèle assurée. Les étages supérieurs, auxquels nous adressons notre requête polie, semblent habités par des propriétaires, par des commis, des employés de l'administration, qui paraissent redouter l'inconnu amené par nos victoires; elles ont peu de prestige à leurs yeux. Ils sont loin d'être enthousiastes; et là encore retentit à mon oreille la phrase concernant les *mendiants* piémontais. Nous échouons misérablement, et n'usons pas du droit de la force.

Il y a donc, nous le constatons à notre surprise, un double courant bien caractérisé dans les actes, dans les idées de la population milanaise ; tous deux voulus par les intérêts particuliers.

En haut, les nobles, les avocats, qui crient, qui se démènent, qui veulent des places et des honneurs ; en bas, les humbles, qui ont peur de souffrir, et, dans le fond inconnu de ce double courant, un clergé ennemi, qui pressent l'avenir, et préfère l'Autrichien catholique et conservateur au Piémontais envahisseur, fortement suspect de libre pensée. Quant aux paysans des campagnes traversées depuis Gênes, ils sont en Italie, comme en France, silencieux, sournois, inquiets, surveillant leurs biens et leurs récoltes, vendant cher leurs poules, leurs œufs, leurs fromages et leurs cabris, sans grand enthousiasme pour ce qui se passe.

Le délire officiel n'a pas de prise sur ces gens-là, ou n'en a que bien peu.

Assis sur ma cantine, je mets au courant les notes de mon séjour à Milan, puis je visite les camarades des régiments voisins.

Je les trouve en train de fortifier leurs tentes contre l'ennemi, le seul ennemi du jour, l'inondation ; et comme ils n'ont pas tué le temps, cet autre ennemi, par des visites diurnes ou nocturnes, à la *Cène*, à la *Scala*, au *Duomo*, le séjour de Milan leur semble prodigieusement long, humide, ennuyeux, et tous désirent un prompt départ. C'est aussi mon avis et mon espérance.

12 juin. — Rien à faire. La journée est à moi. Le départ est annoncé pour demain matin. Un ordre ultérieur indiquera l'ordre et les dispositions à prendre.

Puisque la journée est à moi, je la consacre à l'étude de tous les chefs-d'œuvre de peinture et de sculpture que possède Milan.

13 juin. *Gorgonzola-Inzago*. — Enfin, nous voilà partis... et lorsque, suivant les contours de l'enceinte bastionnée, nous arrivons près de la porte orientale, la musique attaque vigoureusement la marche dédiée par Sellenick, son auteur, au colonel du 2ᵉ voltigeurs. En avant... et *Sursum corda!*

Route de Bergame. Bientôt nous franchissons le Lambro.

Singulier pays, découpé en carrés de damier par de nombreux canaux venant du Naviglio-Grande, du Lambro, du ruisseau qui passe à Milan, et retournant à leur origine. Ainsi le veut la culture du riz.

Les gens du pays sont en habits de fête, les femmes surtout. Nous arrivons à Gorgonzola.

Les accents fortement nasals ou nasaux d'une cornemuse nous annoncent un bal champêtre qui réjouira nos yeux et nos oreilles. Vain espoir! à notre approche les danses cessent. Nous sommes entourés par de nombreuses, et jeunes, et jolies femmes ou filles, avec des corsages de soie rouge ou verte, et les bijoux filigranés dont j'ai quelque peu étudié la fabrication à Milan. Des épingles, surtout, d'un pied de long, terminées par de grosses boules d'argent du plus curieux travail, consolident sur les têtes un énorme édifice de cheveux noirs et de rubans multicolores.

Nous prenons auprès du syndic les renseignements voulus pour le campement du régiment; je crois devoir le féliciter sur les toilettes pimpantes de ses administrés dont je fais honneur aux défaites autrichiennes et aux victoires franco-sardes... Il n'a pas l'air de me comprendre et me regarde d'un air étonné. J'insiste de plus belle en lui parlant de Magenta, de Palestro. etc., et de la joie civique si bien exprimée par la musique, les danses de son village en fête... Je songe à lui lancer à la face la célèbre apostrophe du général Foy : « Il y a de l'écho dans ce pays, quand on parle d'honneur et de patriotisme... » Lorsque, soulevant un grand diable de chapeau, et faisant un non moins grand signe de croix :

— C'est aujourd'hui la fête de Saint-Antoine le Padouan, le saint vénéré qui fait retrouver ce qu'on a perdu.

M. le syndic avait fini par comprendre... Moi aussi.. je rengaine pour une autre occasion l'apostrophe du général Foy, et nous continuons vers Inzago, village à 3 ou 4 kilomètres plus loin, affecté au campement du 2ᵉ voltigeurs.

14 JUIN. *Treviglio.* — Passage de l'Adda à Cassano. Ces noms historiques de nos victoires ou de nos défaites dansent dans ma mémoire une lugubre farandole.

Sans remonter plus loin que sous Louis XIV, Villars,

le prince Eugène, Moreau, Souvaroff, m'apparaissent entourés de leur auréole sanglante. Si le sang de toutes les armées qui, depuis quelques siècles, ont arrosé ces plaines, français, espagnol, allemand, italien, russe, pouvait être condensé dans le lit des torrents qui descendent des Alpes, n'en ferait-il pas déborder les rives? Et comment alors reconnaître, dans l'uniformité de la couleur et de la souffrance, tous ces peuples venus du Nord, du Midi, de l'Est, de l'Ouest, et jetés les uns sur les autres dans le meurtre et le pillage, sous prétexte de religion, de politique, d'hérédité, par les Rois, les Papes, les Empereurs et les Républiques?

Treviglio est une ville importante. A notre passage, sur une grande place, les cuirassiers de la garde nous offrent rapidement les agréments, improvisés sur de longues tables, de verres d'absinthe ou de sirop, gracieusement offerts, gracieusement acceptés.

Le régiment traverse Treviglio pour camper au delà, dans une campagne magnifique couverte de vignes et de champs de blé. J'entends autour de moi les soldats qui disent :

— C'est un bon pays, le vin n'y est pas cher...

CHAPITRE XIII

Plus heureux que sage. — La popote de Gamache. — Travagliato. Un nouveau colonel. — Premier rapport. — Un bavard. — Grave erreur du bureau militaire. — Brescia. — Chez le comte Martinengo. — A la bonne franquette. — Le musée.

15 juin. *Romano*. — Il fait chaud, très chaud, poussière étouffante. Les voltigeurs chantent... Tout à coup, sur notre gauche, à travers champs, on entend le galop précipité d'un cheval; aussitôt les soldats d'accompagner cette allure emballée de ces *a, à, oh! — a, à, oh!* bien connus de ceux qui ont parcouru l'Algérie.

Cheval et cavalier s'avancent à travers la poussière, et bientôt on aperçoit le spencer rouge et les brandebourgs noirs d'un lieutenant de spahis. « Tiens, mais c'est Galliffet! » dit une voix répétée par cent autres; et aussitôt le nom de Galliffet en musique remplace sur toute la ligne les *a, à, oh!* arabes.

Arrivé à hauteur de l'état-major du 2ᵉ voltigeurs, le lieutenant saute un fossé, met son cheval au repos, et s'avance en saluant vers le colonel Douay. Voici une partie du dialogue échangé entre ces deux personnages.

— Que faites-vous donc là, Galliffet?

— Ma foi, mon colonel, je n'en sais trop rien.

— Mais encore... voyons... vous avez un poste, un emploi? Il y a donc des spahis avec nous?

— Non, mon colonel, et vous me voyez dans un fier embarras... J'ai demandé à Alger une permission de 15 jours pour aller à Paris... A Paris, je me suis présenté à l'Impératrice afin d'obtenir l'autorisation de rejoindre l'armée d'Italie... Elle m'a renvoyé au maréchal Randon, au ministre de la guerre, qui a envoyé promener ma demande comme impossible à accorder... Ma foi, j'ai pris le chemin de fer, toujours avec ma permission de 15 jours qui va finir... et me voilà sans position aucune... Je vais trouver l'Empereur pour en avoir une.

— Eh! mais, ça se trouve bien, dit alors le colonel Douay; je viens d'apprendre que je suis nommé général du 10 juin... je n'ai pas d'officier d'ordonnance; si vous voulez, je vais vous demander?

— Ah! mon général, vous me sauvez la vie!

C'est ainsi que le 2ᵉ voltigeurs apprit la nomination de son colonel, qui ne fut officielle que le 18, et c'est ainsi que le lieutenant de spahis, marquis de Galliffet, fit la campagne d'Italie, sans peur, comme c'était son habitude, et sans reproche.

16 juin. *Calcio.* — J'entends dire que le grand quartier impérial est installé dans ce village, mais rien dans le service habituel ne vient confirmer cet on-dit. Depuis

le *Te Deum* de Milan, nous n'avons pas vu l'Empereur, ni appris, officiellement du moins, les faits et gestes de Sa Majesté.

Rôdant comme le lion affamé, cherchant le poulet ou le cabri, de quoi dévorer enfin, je tombe dans une belle ferme où, sous un grand hangar, est installée la popote dite de Gamache de l'état-major d'une division de la garde.

On écrit, on étudie des cartes, on cuisine fort.

Soupçonnant mes intentions hostiles, les officiers préposés à ce dernier service — la cuisine — me pourchassent avec vigueur. Je résiste avec la rage désespérée d'un ventre creux qui n'a point d'oreilles, et je finis par conquérir à prix d'or cinq œufs et deux oiseaux plumés — peut-être des pigeons — que j'emporte, triomphant, dans mon mouchoir.

Désespoir et regards furieux des parties adverses, contentement intime de mon individu, cris de joie de notre Vatel réduit aux dernières et rares extrémités du riz et du biscuit officiels.

17 juin. *Travagliato*. — Après avoir traversé l'Oglio sur un pont de chevalets un peu court, nous arrivons à Travagliato, bourg important si j'en crois ses monuments vus de loin.

Deux ordres généraux nous apprennent les nominations suivantes :

1° Le général Picard remplace à la 2ᵉ brigade de la garde le général Decaen nommé général de division[1] ;

---

1. Tué à Metz.

2° Le général Niol remplace à la 1ʳᵉ brigade des grenadiers le général Cler tué à l'ennemi, à Magenta ;

3° Le colonel de Courson de Villeneuve (sic) est nommé au 2ᵉ voltigeurs en remplacement du colonel Douay promu général de brigade — sans dire où ?

Le colonel Douay fait de courts et rapides adieux en serrant la main aux officiers qui le félicitent, et nous apprend qu'il prend le commandement, en toute hâte, de la 1ʳᵉ brigade du 1ᵉʳ corps, division Ladmirault.

18 juin. — Deux ordres particuliers du régiment :

1° Le colonel Douay nous rappelle que depuis cinq ans, lieutenant-colonel et colonel, il a été associé aux travaux de paix et de guerre du régiment. En termes émus, il évoque le souvenir de son organisateur, le brave et regrettable général de Marolles, tué à l'assaut de Sébastopol ; il nous invite à reporter sur son successeur, le colonel de Courson, l'affection, l'estime et le dévouement dont ses prédécesseurs ont été honorés, etc., etc. Cette lecture renouvelle nos sentiments de joie pour la récompense acquise et méritée par notre digne colonel, et nos regrets pour son départ. Nous ne demandons pas mieux que de suivre ses derniers conseils.

Le deuxième ordre est ainsi conçu :

« L'Empereur vient de m'appeler à commander votre beau et bon régiment. Heureux et fier d'un pareil choix, je m'efforcerai de m'en *montrer digne*. Vous me trouverez en toute circonstance disposé à m'en *montrer digne*, et à faire valoir vos droits. Décidé à marcher sur les traces de *mes dignes* prédécesseurs, je fais appel au dévouement et au bon concours de chacun. Il me sera alors facile de maintenir au 2ᵉ voltigeurs la belle réputation qu'il a justement acquise.

« Justice et loyauté : telle est ma devise.

« *Signé :* COURSON. »

Malgré quelques répétitions, dues sans doute à une improvisation trop rapide, les promesses que l'ordre contient partent d'un bon naturel et sont bien accueillies. La devise qui le termine est courte, noble et fière. Nous avons bon espoir dans le nouveau chef dont nous saluons l'avancement.

Son premier rapport. — L'heure est solennelle : si les subordonnés sont avides de connaître l'homme, le chef, qui, pendant quelques années, tiendra au bout de ses qualités ou de ses défauts, de ses passions bonnes ou mauvaises, des caprices de sa santé, des préjugés de son éducation première, — l'avenir, l'honneur, la vie de plusieurs milliers d'hommes de tout âge et de tout grade; si, plus fort qu'un maréchal de France, il a le pouvoir absolu, réglementaire, de nommer, de choisir, de casser, en justifiant ce choix ou cette cassation par des notes, résultant souvent, s'il est faible ou novice, des cancans mesquins, inavouables de coteries féminines, mais toujours soigneusement cachés — surtout les mauvais — aux heureux et aux malheureux qu'elles intéressent, il me semble d'autre part que, malgré une habitude déjà longue du commandement dans la ligne, malgré les apprêts étudiés de l'attitude, des premières paroles, un chef doit trembler de comparaître pour la première fois devant le tribunal de ses subordonnés, quand ces subordonnés s'appellent les voltigeurs de la garde, ayant tous, officiers, sous-officiers et soldats, une ou plusieurs croix et médailles sur la poitrine, et ayant eu l'honneur incomparable d'avoir obéi à ces chefs illustres qui s'appelaient de Marolles et Douay.

On sait par son ordre du jour qu'il est arrivé, on entend battre au sergent-major, et tout d'un coup, sorti de je ne sais où, paraît le nouveau colonel, gros, court, rouge de figure, blanc de cheveux et de moustache, une grosse nuque dénudée couvrant le col de la tunique malpropre, non par la poussière et la boue des grand'gardes et du bivouac, mais par la crasse d'un long usage.

Il s'avance d'un air délibéré, comme chez lui, prenant possession du 2ᵉ voltigeurs comme de sa ferme un gros propriétaire, et résolu d'en exploiter vigoureusement tous les avantages.

Il me rappelle vaguement S. M. Louis XVIII rentrant aux Tuileries en 1814, et datant les ordonnances de la 19ᵉ année d'un règne imaginaire, et je vois mon chef de bataillon faire un geste de surprise et de désappointement dont je me propose de lui demander la cause.

Le cercle est formé de tous les officiers présents, des sergents-majors, etc., etc., et soixante paires d'yeux sont braquées sur le nouvel arrivé. Celui-ci ajuste son pince-nez, tire son mouchoir de couleur, se mouche, essuie son front, et prend le rapport régimentaire des mains émues du fourrier de semaine, écrit rapidement pendant la nuit, sur une caisse à biscuits en guise de table.

Ce rapport n'était pas, il faut l'avouer, un modèle de calligraphie, malgré ses longs jambages et ses capitales ornées. Le colonel le parcourt lentement de ses petits yeux gris, puis lançant un regard vif et un sourire gracieux sur le cercle qui l'entoure, il commence ainsi sa première oraison :

— Il y a sur les pyramides (?) d'Égypte de fort belles figures (long détail des belles figures)... Mais, malgré leur beauté, personne n'a encore pu les déchiffrer, etc. Il en est ainsi de l'écriture de ce rapport (longue comparaison entre les figures des pyramides et les lettres du rapport). — Puis par des transitions hardies, mais longuement, verbeusement formulées, il arrive à une longue, longue profession de foi militaire qui se termine à peu près ainsi : « On a beaucoup vanté Cambronne et sa phrase légendaire à Waterloo... Moi, je n'aurais pas fait comme lui... Il était inutile de faire massacrer tant de braves gens... il aurait bien mieux valu les conserver à la France. »

Puis, sans remarquer la surprise causée par ce cynisme toujours souriant, la lecture continue, compagnie par compagnie suivant l'usage, lecture souvent interrompue par d'interminables et oiseuses digressions.

Enfin les ordres se donnent, le service se commande,

la cérémonie s'achève; elle avait duré une heure et demie en plein soleil, tandis que le colonel Douay l'expédiait en un quart d'heure : les rangs sont rompus, et j'entends mon adjudant dire au sergent-major son voisin cette appréciation sommaire, mais juste, de ce qu'il vient d'entendre : « Nous sommes f......, le colonel est un bavard. »

Il devait être bien autre chose, malgré la justice et la loyauté de sa devise.

Le colonel se retire, suivi de tous les officiers comptables, des caporaux cordonniers, des tailleurs, de ceux qui ne se battent pas ou peu, et dont il devait faire désormais sa société habituelle.

Alors je prends le bras de mon commandant, et lui demande l'explication de son geste remarqué deux heures auparavant.

— Il y a, paraît-il, un autre Courson que j'ai connu aux chasseurs à pied; il a fait de longues et rudes campagnes en Algérie, celles dramatique de la Crimée et romantique de Rome; j'ai cru que c'était notre colonel... Je me suis trompé.

Cette erreur avait été celle du bureau militaire attaché à l'armée d'Italie. C'était bien l'autre Courson, le bon serviteur, que l'on croyait nommer dans la garde; mais l'erreur, due à la rapidité forcée du travail, était faite, irréparable, et son bénéficiaire se gardera bien de réclamer contre elle. Pauvre 2ᵉ voltigeurs !

Dans ces réflexions tristes nous allons déjeuner... Mais nous n'avons plus d'appétit.

18 JUIN (*même jour*). *Brescia*. — Charmante prome-

nade militaire, sans même une pointe d'avant-garde. La plaine monotone cesse, et sur la gauche s'étagent des masses de verdure, beaucoup de mûriers.

Brescia! la ville du preux chevalier Bayard et du farouche maréchal Haynau. Entrée simple, honnêtement sympathique: les fleurs et le délire ont été épuisés sur les régiments qui nous ont précédés, et sur les personnes de Leurs Majestés impériale et royale. Rues longues, étroites, peu peuplées, bordées de murs et d'hôtels qu'on aperçoit à travers de grands arbres. Ce quartier est, à ce qu'il paraît, le faubourg Saint-Germain de Brescia.

Généraux, colonels, intendants, se logent à l'envi dans les palais publics ou particuliers. Pour mon compte, je choisis celui du comte Martinengo, dans l'espoir d'y trouver ce que je n'ai pas eu depuis Alexandrie : un bon lit en échange de ma peau de mouton.

Je suis reçu avec plus de curiosité que de plaisir, silencieusement, par une grande femme, noire, aux traits secs et durs, de 35 à 50 ans, puis par un jeune homme qui, avec le même accueil, me dit être l'intendant de la maison.

La langue italienne n'est plus ici celle d'Alexandrie, de Novare, de Milan; la conversation est difficile. Je comprends que le maître de céans, le comte Martinengo, s'est *scappato*. Je traduis *émigré*, en me rappelant l'un des personnages de la Chartreuse de Parme, ce marquis del Dongo, ami des Autrichiens, ennemi des Français et des libéraux italiens.

Peu soucieux des causes de cette absence, je m'applique à conquérir les bonnes grâces de l'intendant en lui disant que je suis seul, avec de temps à autre un domestique ; il paraît satisfait, et surtout flatté lorsque j'admire de confiance les nombreux tableaux qui décorent les appartements. Il m'apprend qu'ils sont du Moretto, l'une des gloires de Brescia, et que je verrai les œuvres de ce maître dans toutes les églises, dans tous les musées ; bref, il m'octroie une chambre petite, un peu sombre, mais suffisamment meublée, avec un lit que je sonde d'un œil scrutateur et ravi, et d'autres tableaux qui, ceux-là, sont du célèbre Canaletto. Ils représentent tous des vues des principales villes italiennes, et se relient entre eux par des fresques fort ingénieusement ménagées, qui ont l'air de continuer les paysages terrestres ou lacustres du Canaletto.

J'exagère un peu mon admiration réelle, mes connaissances approximatives en peinture, et nous vidons ensemble — sans toasts — une franche bouteille d'un excellent vin blanc, récolté dans les propriétés de M. le comte, sur les bords du lac d'Iseo.

Puis il met à ma disposition une bibliothèque remplie de vieux livres, vieilles reliures, couverts d'une vénérable poussière ; ainsi qu'un petit parc, parsemé de petites pelouses vertes et de carrés de fleurs, et planté de grands lauriers-roses, et de catalpas plus grands encore.

Cette fois, mon admiration est sincère, et je presse cordialement la main du jeune intendant, qui me rend cordialement aussi ma politesse.

La grande femme noire nous avait suivis dans la visite des appartements et du jardin, et paraît moins mécontente de ma présence. Elle s'apprivoise. Elle me confie une clé qui me permettra d'entrer dans le palais et d'en sortir, en me montrant la façon mystérieuse de l'employer le soir, après 10 heures... Tout va bien... et je compte, en songeant au lit de ma chambre, que je n'abuserai pas de cette liberté. A 9 heures, en effet, — heure française — je dormais d'un bon et profond sommeil.

19 juin. — Ordre du régiment :

« Par décret du 17 juin, sont accordées au régiment les récompenses suivantes :

« Une croix d'officier. — Commandant Peychaud, fléchois comme le colonel Courson.

« Six croix de chevaliers, — cinq officiers et un sergent ; — vingt médailles militaires. »

J'avais aperçu le matin des régiments réunis à l'occasion de la remise solennelle de récompenses semblables. Notre colonel, lui, se contente de donner les nôtres à leurs destinataires, au rapport, de la main à la main, tout bourgeoisement, à la bonne franquette.

Sans désirer la chose, nous pensons que ce séjour de Brescia lui donnera l'occasion de faire connaissance avec ses officiers, en leur offrant le *punch traditionnel*. Nous nous trompons. Le punch de présentation ne fut jamais offert de part et d'autre. Les frais de représentation du colonel ne furent jamais entamés par des dépenses aussi inutiles, et tandis que, par groupes, nous nous réunissons dans les cafés, dans les hôtels de Brescia, lui s'esquive rapidement, sans long bavardage, ayant trouvé chez son hôte l'invitation de boire et de manger gratis.

11 heures et demie. *Service ordinaire*, c'est-à-dire, rien à faire.

Je commence l'inspection des curiosités de la ville par une visite au musée principal, fort habilement installé, *sur* et *dans* les ruines d'un temple romain. Les salles, admirablement éclairées par un soleil savamment ménagé, m'étalent les proportions de leurs richesses plus antiques que modernes, surtout cette admirable Victoire ailée, qui, me dit un gardien, a reçu le matin la rapide visite de l'Empereur, avec l'ordre d'en faire un moulage pour les galeries du Louvre.

Nombreuse collection de médailles de toutes les époques, de tous les pays. Parmi les modernes, je remarque celle frappée par les *Russes* à l'occasion de *leur* grande victoire sur les bords de la Moskowa. Bronze superbe de 8 à 10 millimètres. Légende russe et latine. Avisant, parmi les nombreux visiteurs du musée, le général Edgar Ney (duc de la Moskowa), aide de camp de l'Empereur, je me permets de la signaler à son attention.

Il me remercie en me disant qu'il ne la connaissait pas, tout en croyant avoir dans son cabinet les médailles françaises ou étrangères intéressant son père.

Et je continue ma visite.

CHAPITRE XIV

La bibliothèque du comte Martinengo. — Une généalogie. — Un dîner chez le comte de Santa-A... — Triste dépêche. — Départ de Milan. — Montechiaro. — Les pressentiments du capitaine Dupont. — Un souvenir.

20 juin. — Il n'y a pas de temps à perdre. A 5 heures du matin, je me plonge tout entier dans les délices de la bibliothèque. Au rez-de-chaussée reposent les in-folio, les in-4°, comme qui dirait la grosse artillerie des livres ; puis, s'étageant successivement vers les régions supérieures, les volumes montent en diminuant leur format, de sorte que les in-12, les in-16, les in-32 touchent la voûte, et ne sont accessibles qu'au moyen d'une échelle double.

Ce rang de taille constitue le seul classement des 5 ou 6 000 volumes qui composent la bibliothèque. Tous les genres sont confondus : sciences, histoire, littérature, religion, etc.; cependant, les livres français, qu'elle renferme pour un bon tiers, forment une division à part.

Dans les angles, au pied des fenêtres, sont de grands cartons contenant, sans ordre, de vieilles et belles gravures.

Une inspection sommaire m'apprend que, pour ce qui concerne la France et peut-être les autres nations, l'aiguille de l'horloge littéraire s'est arrêtée court à 1789. Le comte Martinengo, qui florissait à cette époque, ou son bibliothécaire, devait être un amateur spécial de cette littérature galante, grivoise, à la mode sous les dernières années de Louis XV et les premières de Louis XVI : Crébillon fils, Marmontel, Dorat, Cubières, la comtesse de Beauharnais, Restif de la Bretonne, etc., avec de solides reliures, et les charmantes gravures de ces artistes qui s'appelaient Gravelot, Moreau le jeune, Eisen, Saint-Aubin, de Ghendt, etc., si recherchées aujourd'hui. Tout en haut, beaucoup d'elzévirs ; dans les rayons du centre, les classiques du règne, Voltaire (édition de Kehl) et toute l'Encyclopédie.

Il faut choisir dans ces trésors ; mais que de poussière ! Elle m'envahit, me happe au nez, aux yeux et à la gorge. Je suis surpris de la conservation des livres qu'elle recouvre ; peut-être les vers n'osent-ils attaquer cette épaisse cuirasse ? C'est un préservatif à soumettre à messieurs les conservateurs de la bibliothèque de la rue Richelieu, si *se dederit occasio*.

Un in-folio énorme, de plus d'un pied d'épaisseur, attire bientôt mon attention. C'est la généalogie complète et manuscrite de la famille Martinengo.

Sur la première feuille, les armoiries suivantes :

De gueules, au chevron d'or, chargé au sommet d'un croissant de sable, surmonté d'une étoile d'or, et accompagné de trois cornettes de même, deux en chef, une en pointe. La deuxième feuille m'apprend que la famille descend en droite ligne d'Ancus Martius, quatrième roi de Rome.

Ce monarque avait-il déjà les armoiries des Martinengo actuels? Dans le doute, l'écusson est resté blanc. Peut-être oui, du reste. Au XVIIe siècle, un savant jésuite de Lyon ne nous a-t-il pas minutieusement décrit les armes de Noé et de ses enfants, ainsi que celles des douze tribus? Toutes les pages sont couvertes d'enluminures à la plume et au pinceau, dues à la patience de plusieurs générations de moines, chargés de tenir à jour les mutations et les alliances de la noble famille. C'est un enchevêtrement, un fouillis, parfois très élégant, de fleurs, de rameaux et d'arabesques qui encadrent les arbres généalogiques et les écussons peints avec le plus grand soin ; mais, par une anomalie bizarre, les personnages représentés sont couverts, au temps d'Ancus et de ses descendants, de l'armure des chevaliers du moyen âge et de la Renaissance, tandis que, en arrivant successivement aux temps modernes, les supports des écussons offrent le costume et les armes convenus pour les Grecs et les Romains de Marathon, d'Arbelles, de Cannes et de Pharsale, en finissant par le simple habit d'Adam après la pomme, avec une massue en plus dans la main dextre ou senestre. C'est vraiment admirable ! Mais il est 7 heures ! Je replonge tout le clan des Martinengo dans la vénérable poussière ; un savonnage rapide, un coup de brosse, et je cours pour connaître le rapport.

Au rapport, rien de nouveau, rien à faire. Donc tout va bien. Départ probable pour demain 21.

Je suis invité par le comte Santa-A... chez lequel loge un de mes camarades. Dîner à 6 heures, réunion à 5 heures. Le comte n'a pas *scappato*, n'a pas émigré ; partisan déclaré de l'indépendance italienne, ennemi acharné de l'Autriche, son hôtel a été dévasté en 1849, par les soldats de Haynau, à la reprise de Brescia ; et pour entretenir sa foi politique et sa haine, il nous montre un petit salon religieusement conservé dans l'état où l'ont mis les Croates. Glaces brisées à coups de crosse, tableaux lardés de coups de sabre, rideaux, tentures déchirés en lambeaux ou à demi brûlés : c'est complet, sauf les ordures lavées à grandes eaux. Le pauvre comte pleure encore des larmes de rage en nous montrant ce théâtre d'une sauvagerie sans nom, et en nous racontant les ignobles traitements subis par sa famille : on sent qu'il ne dit pas tout, et que, s'il avait pu oublier la dévastation des meubles et le sang des défenseurs, il y a, dans un coin de sa mémoire et de son cœur, le souvenir de choses ignobles que je devine et qui font frémir.

A 6 heures, le dîner est servi. Les différents vins italiens ou français sont excellents, les mets se succèdent nombreux dans un ordre qui n'est pas celui de nos festins habituels, et dont malheureusement le menu ne nous est pas donné. Il faut manger de tout, ou plutôt goûter à tous les plats. De ce côté, ma complaisance et mon estomac sont sans bornes, jusqu'à l'arrivée d'un certain mets intitulé : *Endivia au gratin*, et qui paraît le triomphe de la cuisine bresciane. Ce sont des couches alternées de chicorée et d'un fromage particulier au pays, le tout assaisonné largement de condiments divers, parmi lesquels mon inexpérience culinaire croit reconnaître le goût de l'anis ou du fenouil.

Notre amphitryon s'en régale ainsi que les autres convives italiens; mais mon estomac se soulève à la première bouchée, refuse son service, et je cherche à me rappeler comment Brillat-Savarin, en pareille circonstance, aurait esquivé l'absorption d'une drogue que je souhaite pour le moment aux Croates passés de Haynau, aux Croates présents de Giulay. Tout, même en matière de cuisine, n'est qu'une affaire d'habitude; mais l'épreuve était trop forte, et je me déclare vaincu.

Cependant la conversation allait *piano*, *piano*, puis *rinforzando*. Ces messieurs parlaient peu le français, mon ami et moi, fort peu l'italien, surtout celui des propos intimes, gais après boire, et cependant nous nous entendions très bien.

Au dessert, les fruits, les sucreries avaient remplacé les moutons, pigeons, macaroni, cabri, et la chicorée au fromage; le vin de Champagne coulait, entremêlé de toasts militaires et patriotiques, et de liqueurs nationales servies dans des verres un peu trop grands, lorsque, vers 10 heures du soir, on remet au comte de Santa-A... un billet, une dépêche qui vient tout gâter et changer la joie en tristesse. Les Suisses du pape *Pio nono* avaient repris Pérouse, et traité les maisons, les habitants et surtout les habitantes, comme les Croates ceux et celles de Brescia en 1849 ; l'ordre était rétabli à Pérouse de la même façon que jadis à Varsovie, et le légat du saint-père, qui avait présidé à cette pieuse opération, avait pu dire dans cette malheureuse ville, comme un de ses prédécesseurs à Béziers : « Dieu reconnaîtra les siens... »

Grand, avec une belle figure couverte d'une barbe grise et ombragée de sourcils noirs, le teint coloré de certains Italiens du Nord, le comte de Santa-A... s'était levé, et lisait lentement, penché près du lustre, les deux ou trois lignes de cette dépêche dont nous ne comprenions que trop le sens. Sa voix tremble, ses mains s'agitent comme pour atteindre et repousser les Suisses, auteurs de ces abominations... Tous, nous nous levons aussi... Alors, l'éclair dans les yeux, les dents serrées, il nous prend les mains à nous, les deux capitaines français, placés à sa droite et à sa gauche, les serre avec force en étendant les bras comme pour nous unir avec lui dans un serment de vengeance, et ne lance que ces mots : « Mort aux Autrichiens... Mort aux *ours suisses... Morte ai barbari...* »

Sans dire autre chose que deux mots de remerciements et d'adieu, comprenant que nous étions de trop dans une douleur intime, toute de famille, nous laissons notre hôte et ses amis à leurs impressions et aux calculs de leurs résolutions.

Parmi les dix convives italiens se trouvaient des

combattants de Garibaldi, venus des environs du lac de Garde; d'autres se disposaient à rejoindre les Toscans réunis, disait-on, au 5ᵉ corps du prince Napoléon, dont on annonçait l'arrivée prochaine.

Un domestique me reconduit au palais assez éloigné du comte Martinengo, et comme ma rentrée était guettée par l'intendant, je n'eus pas besoin d'utiliser la clef et son mystérieux usage.

21 JUIN. *Castenedolo*. — Mes loisirs de Brescia m'ont permis de mettre à jour les notes de mon calepin. J'avais remarqué, à plusieurs reprises, la grande femme noire attachée au service du palais, cherchant comme un objet perdu, dans les pelouses, sous les magnolias; lorsque, à 8 heures du matin, après le vin et les gâteaux des adieux, après les remerciements et les mains serrées, comme j'allais partir, je vois cette brave femme accourir en hâte et me remettre un petit papier en s'écriant: *È la fortuna della guerra*. Il contenait une feuille de trèfle, non pas à 3, mais à 4 folioles, trésor rare, inestimable, comme tous les trésors, et du plus heureux présage pour l'avenir : c'était ce qu'elle cherchait depuis deux jours dans l'herbe des pelouses, et sa bonne figure s'illumine d'une grande joie, lorsqu'elle me voit serrer dans mon portefeuille la précieuse amulette. — Je l'ai encore aujourd'hui, bien desséchée et conservée au milieu d'autres reliques à peu près semblables.

Les dernières paroles de l'intendant sont celles-ci : « Seigneur capitaine, si, ce qu'à Dieu ne plaise, vous êtes blessé, revenez chez nous... Nous vous soignerons bien et vous guérirons... » En souriant, mais avec une certaine émotion, je lui fais cette promesse, et j'eus plus tard le bonheur de la tenir.

Deux ordres du régiment nous apprennent :

1° Que par décision impériale en date du 17, les officiers de la garde promus dans les grades supérieurs passeront dans la ligne ; tandis que les sous-officiers promus officiers, et les officiers jusqu'au grade de capitaine inclusivement, seront maintenus dans la garde.

2° Cette décision ne concerne que les vacances de l'armée d'Italie, et non celles qui pourraient survenir dans les bataillons restés au dépôt.

Pour ces derniers, la règle était celle-ci, comme auparavant : « Les sous-lieutenants, nommés lieutenants, sont seuls maintenus. »

22 juin. — On passe la Chiese sans coup férir. On traverse la ville importante de Montechiaro sur la rive droite de la rivière.

Ce pays est superbe et bien cultivé ; couvert de collines dont la défense combinée avec celle des villages et des ruisseaux serait facile.

On s'étonne de cette retraite continue des Autrichiens depuis Magenta. Avec sa petite armée en 1796, Bonaparte se battait tous les deux jours dans les pays que nous traversons ; il est vrai que tous les deux jours il remportait de nouvelles victoires.

Le remuement utile de ces grosses machines de 200 000 hommes aurait-il amené dans la stratégie, même dans la tactique, de nouvelles règles qui se dégagent peu à peu de l'inconnu?

Cependant, vers le soir, le bruit se répand que l'ennemi nous attend sur les hauteurs de Castiglione, où chaque année, sur ce terrain bien étudié et comme prévu dans l'avenir, les troupes autrichiennes livraient à un ennemi supposé de savantes batailles toujours victorieuses.

Les gens du pays nous affirment que ces hauteurs de Castiglione sont couvertes de fortifications passagères.

... Cependant rien, dans le service prescrit au régiment, ne nous donne l'indice d'un voisinage aussi rapproché de l'ennemi. Après tout, ce nom de Castiglione est d'un heureux présage, et le duché est vacant depuis la mort d'Augereau, son ancien propriétaire.

Bruits du jour : l'empereur François-Joseph aurait pris le commandement en chef de son armée; Giulay disgracié; de nombreux renforts attendus; les Romagnes, les duchés de Parme, de Modène, de Toscane, auraient fait leur *pronunciamiento* à l'arrivée du prince Napoléon, dont le corps d'armée n'est plus qu'à deux journées de marche du Mincio. Cependant, ces petits États, sauf ceux soumis à la domination et aux exactions du clergé, ne passaient pas pour être trop malheureux sous le gouvernement de leurs ducs ou duchesse; ils pouvaient dire, comme les gens de Brescia, de l'Autriche : « *Non ci trobolava* (elle ne nous embêtait pas), « et nous vendions bien toutes nos denrées. » Enfin, c'est de la politique et de la haute!

23 JUIN. — Un de nos adjudants-majors, le capitaine

Dupont, dessine de ses crayons sûrs et gracieux les différents paysages qui nous entourent. Sorti de Saint-Cyr le 1ᵉʳ octobre 1851, capitaine en juin 1855 à 24 ans, neveu du maréchal Pélissier, décoré, avec la Légion, de sept ou huit autres croix étrangères, Dupont est un officier du plus grand mérite. Je l'avais eu sous mes ordres comme sergent, lorsque j'étais moi-même lieutenant à l'École, et nos relations étaient des plus cordiales. Il me dit en continuant son travail :

— C'est probablement le dernier que je ferai... Je ne reviendrai pas vivant de la prochaine bataille.

— Pourquoi, lui dis-je, avoir des idées semblables? N'avez-vous pas, en Crimée, vu la mort bien souvent et de bien près?... Vous n'avez même pas été blessé!

— Oh! me répondit-il, c'était bien différent : j'étais près de mon oncle, un de ses officiers d'ordonnance, et les balles et les obus n'arrivaient pas jusqu'à nous. Vous verrez, mon ami, que je ne me trompe pas.

Il y a donc, quoi qu'on dise, des pressentiments dans l'âme humaine. Il est vrai que l'on ne tient compte que de ceux qui frappent l'imagination et se réalisent, et qu'on néglige de noter les autres.

Combien d'officiers ont pu faire, *in petto*, les mêmes réflexions que le capitaine Dupont, qui sont revenus intacts le soir des grandes batailles! combien d'autres ont été tués sans avoir jamais songé à prévoir leur mort!

Peut-être le pressentiment, c'est-à-dire la pensée toujours tendue vers le même sujet, finit-il par amener une sorte d'attraction, de courant magnétique entre soi et ce que l'on craint ou l'on espère?

Ces méditations, dignes de figurer dans les in-4° de Swedenborg, et qui y figurent peut-être, n'ont jamais été les miennes. Dans les grandes occasions de l'existence qui, un jour ou l'autre, à degrés divers, se présentent pour tous les hommes, je me suis contenté de cette courte formule un peu fataliste : *In Deo fides!* Quoi qu'il en soit, le lendemain, à la première heure de l'assaut, par les voltigeurs, des rampes de Solferino, notre jeune camarade reçut dans la tête une balle qui réalisa ses prévisions et nos regrets.

Un souvenir de Brescia le 19 juin. Exemple d'un rapport la veille d'une bataille :

« Faire retoucher la marque des *mulets*. Le général de division (Camou) recommande de nouveau la régularité parfaite dans la tenue des hommes qui vont en ville. Je remarque qu'on ne se conforme pas scrupuleusement à cet ordre. Une *canne* plombée et entourée d'un tissu de fil a été donnée en garde à un conducteur de voitures de bagages ou à un cantinier, le *4 juin* (Magenta), par le capitaine Maurice, prévôt de la gendarmerie : la rapporter à l'état-major de la division. Appel à midi comme d'habitude, revue comme d'habitude. »

Un capitaine de gendarmerie volé, c'est piquant ! Mais quelle touchante sollicitude chez ses camarades de l'état-major !

CHAPITRE XV

Au delà de Castiglione. — *La Spia d'Italia!* — Une surprise. — En route. — Un sergent marié. — Le lieutenant Chassériaux. — C'est à recommencer. — Réflexion philosophique. — La voix de l'Empereur. — Chocolat Menier. — A l'assaut. — Musique militaire.

24 juin. — Départ à 5 heures du matin ; il n'est pas question de bataille. Les adjudants-majors de la division vont comme d'habitude en avant, préparer le logement ou le campement au delà de Castiglione.

Les renseignements donnés par les gens du pays sont vrais : le sol des hauteurs est bouleversé par les travaux autrichiens : fossés-abris pour les défenseurs ; chemins coupés par d'autres fossés plus profonds pouvant arrêter net les canons, les caissons, au besoin l'infanterie. Sur les points avancés, des buissons d'arbustes déjà desséchés — des arbousiers, je crois — ont été transplantés pour couvrir les sentinelles et les vedettes. Tout indique le séjour récent de troupes nombreuses. Feux de cuisine éteints, gourbis pour les officiers, traces ignobles de ces détritus sans nom qui accompagnent toujours les grandes réunions des animaux humains.

Les bêtes féroces laissent moins, derrière elles, de sales et misérables vestiges de leur passage ou de leur séjour. Cet admirable pays est dévasté, piétiné, saccagé, incendié par places, pour satisfaire à tous les appétits de conservation, à tous les besoins de destruction qui sont le partage de la race humaine; mais pas un être vivant, et, aussi loin que la vue peut s'étendre, pas un soldat ennemi, à pied ou à cheval, ne permet de soupçonner par sa présence celles de troupes dissimulées dans les plis du terrain accidenté, dans les maisons, derrière les taillis.

Alors, pourquoi tous ces apprêts, si bien faits pour la défense et si peu utilisés?

Sur notre droite, une vaste plaine semée de fermes et de villages; en avant ceux de Cavriana et de Solferino surmonté de cette tour féodale, à demi ruinée, qui domine, la vieille espionne, tout le pays environnant de la Lombardie et de la Vénétie. Son nom indique ce rôle observateur : c'est *la Spia d'Italia!*

Les officiers d'état-major désignent les emplacements respectifs des régiments. L'ordre suivant est aussitôt communiqué au 2ᵉ voltigeurs :

« On formera les faisceaux; on posera les sacs à terre; personne ne s'éloignera, l'ordre de se mettre en marche pouvant être donné d'un instant à l'autre. En tous cas, service comme d'habitude. »

Cependant les rayons du soleil achevaient de dissiper une brume assez intense qui, par plaques, montait des creux du pays. Signe à peu près certain d'orages pour la journée. Tout à coup... des coups de fusils rares d'abord, bientôt nombreux, éclatent dans le lointain. Les avant-postes des deux armées s'étaient rencontrés.

— Ah! dis-je à mon commandant, voilà la bataille... Ça va être à notre tour. — Et ma joie était mal dissimulée.

— Bah! vous rêvez toujours bataille... c'est un engagement de grand'gardes.

C'en était un, en effet, mais les batailles commencent toujours ainsi... et une nappe sonore s'étend rapide des hauteurs qui nous font face vers la plaine, à notre droite, sur une étendue de 6 à 8 kilomètres.

Bientôt le canon mêle sa grosse voix à celle de la fusillade.

— Cette fois, ça y est... c'est la bataille, vous dis-je. Mais lui, *torva tuens*, ne me répond rien. — Il avait reçu la veille la nouvelle de la naissance d'une fille, le premier enfant d'un récent mariage, et la nature reprenait, chez cet homme d'une bravoure incontestée et qui figure sur le tableau de Malakoff, tous ses droits imprescriptibles, inaliénables, plus vifs encore aux heures solennelles.

Nous attendons des ordres dans un religieux silence, succédant aux cris, aux lazzis, tués par la poudre qui parle, des soldats couchés ou assis près des faisceaux.

Tout à coup, venant de Castiglione, passe au grand galop l'Empereur suivi de son état-major, et la vision, étincelante et rapide comme l'éclair, disparait vers la droite de notre brigade.

Peu de temps après arrive le général Camou, seul, à cheval ; il donne l'ordre de rompre les faisceaux et de se mettre immédiatement en route. Puis s'adressant à Commerçon, au capitaine adjudant-major de mon bataillon :

— Vous allez au galop porter le même ordre aux 3ᵉ et 4ᵉ voltigeurs.

Le capitaine obéit en remontant le cours de nos trois bataillons qui étaient déjà l'arme au pied, sac au dos, comme par une intuition instinctive de ce qui allait se passer.

L'ordre du général de division est communiqué au colonel du 3ᵉ voltigeurs qui demande des explications, des renseignements... L'adjudant n'en sait pas plus long, si ce n'est qu'il doit aussitôt transmettre le même ordre au 4ᵉ voltigeurs, et cet officier rejoint non sans peine au galop, à travers champs, son régiment en marche. Le brave cœur a peur de perdre une seule minute, un seul instant de la fête sanglante dont le prologue s'entend déjà.

Nous suivons, en colonne par demi-section, un chemin assez étroit qui longeait un charmant coteau, tout verdoyant de vignes et de mûriers ; son rapprochement nous cachait les hauteurs peu éloignées de Solferino et de Cavriana.

La tête de colonne du régiment arrive à une étroite dépression de terrain — 50 à 60 mètres — qui reliait cette colline à une autre un peu plus haute, aussi gaie, aussi verdoyante, sur laquelle nous apercevons l'Empereur et son escorte officielle.

Sans songer à mal, les sapeurs de l'état-major du régiment suivent toujours ce chemin qui se dirige vers la plaine, parallèlement aux hauteurs escarpées que la petite dépression de terrain nous permet alors de mieux apercevoir, lorsque tout à coup, sans crier gare, d'une distance de 5 à 600 mètres à vol d'oiseau, tombent sur nous sept à huit obus envoyés par une batterie bien visible postée au-dessous de la tour de Solferino. Ah! les Autrichiens connaissaient le terrain, et mettaient bien à profit leurs précédentes études sur l'appréciation des distances!

Un sapeur tombe en nous éclaboussant de sang, et jamais, en le voyant tomber, je n'ai mieux compris toute la signification terrible de ces mots : coupé en deux par un boulet!

Derrière moi, un cri retentit : « Ah! mes pauvres enfants! » poussé par le plus ancien sergent, le guide de droite de la 1re compagnie.

On ignorait, ou l'on faisait semblant d'ignorer au régiment ce ménage interlope, assez commun chez les vieux sous-officiers de la garde, décorés ou médaillés, approchant de leur retraite. Celui-ci gisait à terre, avec une cuisse enlevée, et mourait presque aussitôt. Là aussi, en dépit de tous les raisonnements, de tous les sophismes accumulés, la nature, la famille, reprenaient leurs droits imprescriptibles. Le père de famille tombe en criant: : « Ah! mes enfants! mes pauvres enfants! » Celui qui n'est pas marié crie :

« Ah! mon Dieu! » exclamation banale, et qui frappe moins ayant été entendue trop souvent.

Le cri déchirant du vieux sergent, ne pensant qu'à ses enfants au moment suprême, est l'un des plus douloureux souvenirs de ma vie militaire.

Les obus se succèdent sans interruption, coupant les arbres, faisant voltiger en éventail les cailloux des vignes, presque aussi dangereux que leurs éclats.

D'autres morts, d'autres blessés sont à terre, et, parmi ces derniers, M. Chassériaux, lieutenant de la 1re compagnie, excellent officier, fort aimé de ses camarades et de ses chefs. Le pauvre garçon avait reçu la veille, venant de Paris, un superbe bouquet de fleurs que ses amis déposèrent le lendemain sur sa tombe...

Cependant le bruit et le mouvement inséparables de cette scène de carnage avaient attiré l'attention de l'Empereur.

Un officier d'ordonnance nous donne l'ordre d'arrêter le 1er bataillon dans la situation où il se trouve, c'est-à-dire, les deux compagnies de droite sur le coteau où est l'état-major impérial, et les quatre autres sur les pentes de celui que nous venions de longer, avec la recommandation de se mettre à l'abri du terrain pour se défiler des projectiles, en colonne serrée par pelotons. Le mouvement m'amène auprès de M. Chassériaux qui soulève, en entendant ma voix, ses paupières alourdies par l'approche de la mort.

— C'est singulier, me dit tout bas le docteur Gaullet, médecin-major, je ne lui vois pas de blessures pénétrantes... Il a tous les membres brisés comme s'il avait reçu le contenu d'une boîte à mitraille. Il est perdu.

Non loin du groupe impérial une batterie de la garde se prépare à répondre aux politesses de la batterie ennemie, et je me dispose à bien regarder ce qui se passe près de moi, et loin de moi dans la plaine que j'entends nommer d'une façon générale : la plaine de Médole.

A trente pas de nous, séparé par des mûriers, formant avec ceux déjà par terre, les échalas et les ceps de vigne, un enchevêtrement si épais que la marche devient des plus pénibles, l'Empereur se détachant sur le ciel, presque sur la crête du coteau... Une de ses épaulettes pend sur son épaule... En ce moment, comme nous autres simples mortels, il mâchonne quelques brins de vigne. Autour de lui deux ou trois chevaux étendus, et à pied le médecin en chef de l'armée, le baron Larrey, que je reconnais parfaitement, semble examiner probablement un blessé. A pied aussi le beau colonel Verly des cent-gardes, que nous avions vu souvent à Versailles lorsqu'y fut formé en 1854 ce corps d'élite... Puis, à cheval, notre nouveau maréchal Regnauld de Saint-Jean-d'Angély, les généraux de la garde Camou, Manèque, les aides de camp et les officiers d'ordonnance; parmi ces derniers plusieurs de mes camarades ou de mes recrues de Saint-Cyr, — d'Andlau, Friant, La Pagerie, Davilliers, etc., — enfin une douzaine de cent-gardes dont le casque et la cuirasse étincellent au soleil.

L'Empereur observe ce qui se passe dans la plaine ; le 2ᵉ corps — Mac-Mahon — plus rapproché de nous, est déjà en partie sur les hauteurs ; plus loin, le 4ᵉ corps — Niel.

Des régiments de cavalerie chargent notre infanterie formée en carrés. Ils s'arrêtent à 2 ou 300 mètres, tourbillonnent un instant sous le feu des canons rayés et des fantassins, puis, écrasés, battent en retraite et disparaissent.

— Ah! dit tout à coup l'Empereur ; voilà Morris qui se dirige trop à gauche... il va donc escalader la montagne... C'est à recommencer.

Un officier se détache au galop portant de nouveaux ordres au général Morris.

Commandant en chef la cavalerie de la garde, il avait mission de fermer avec elle le vide qui se formait entre le 2ᵉ corps, appuyant à gauche vers les hauteurs de Cavriana, et le 4ᵉ resté complètement dans la prairie.

Puis l'Empereur dirige sa lorgnette en avant, sur le village de Solferino, attaqué vainement depuis le matin par le 1ᵉʳ corps, dont nous formons plus spécialement la réserve.

De ce côté, je ne peux rien voir, le défilement cachant le théâtre du drame et le drame lui-même. L'homme est un animal bien singulier : tandis que l'Empereur tient sa lunette braquée sur cette portion du champ de bataille qui m'était invisible, et vers laquelle ses compagnons plus favorisés avaient tous tourné la tête, *ad heri exemplar* — *à l'exemple du patron* — je me considère comme étant de loisir, et aussitôt un proverbe latin, flanqué d'un jeu de mots, se présente à ma mémoire : *Omnis vita humana otium est, aut negotium.* — *Tout dans la vie humaine est loisir ou affaires;* — et comme un proverbe en appelle un autre, a dit ce bon Sancho Pança, venant par hasard à jeter les yeux sur notre colonel, je fouille les plis de ma cervelle pour y retrouver un aphorisme grec, qui, au besoin, justifierait sa critique un peu sévère de la conduite de Cambronne à Waterloo. Un effort, relativement considérable dans les circonstances présentes, me le donne à peu près intact : Ἀνὴρ ὁ φεύγων, καὶ πάλιν μαχήσεται. — *L'homme qui fuit combattra de nouveau.* — Et je souris de ma trouvaille, sans juger à propos de la communiquer à celui qui en est la cause.

Une détonation assez forte se fait entendre en l'air, au-dessus de nos têtes, un peu à droite. C'est une fusée autrichienne qui éclate sans profit pour ceux qui nous l'envoient. Ma mobile attention vient de trouver un nouvel appât, et, avec une impatience comparable à celle des spectateurs trop éloignés d'un feu d'artifice, qui n'en peuvent admirer que les hautes fusées, je guette dans les airs ces projectiles fantasques : ils ne me paraissent pas trop effrayants, le danger étant visible et connu. Je compte le passage d'une demi-douzaine, dont mon œil suit la trajectoire dans sa vitesse irrégulière, et j'arrive à cette conclusion qu'elles font plus de bruit que de besogne, et qu'elles sont loin de remplir l'office pour lequel elles sont créées et mises au monde. Puis soudain d'autres réflexions. Qu'arriverait-il si l'une d'elles, atteignant par aventure son but qui est de fouiller l'inconnu, tombait juste au milieu du cortège impérial ?

Autres réflexions rapides... quelle responsabilité pour un chef que celle de diriger une armée qui se bat, comme la nôtre, sur un arc de cercle de 15 à 20 kilomètres ? Et quand cet homme, ce chef, n'est pas seulement un simple maréchal de France, mais bien le souverain d'une grande nation, quelles pensées peut-il avoir dans certains moments de la bataille, dans les moments critiques, par exemple ? Heureux les humbles, me dis-je en regardant ces soldats qui, ainsi que moi, n'ont d'autre responsabilité que celle de sauver leur peau le plus honnêtement possible ! Machinalement, je tire ma montre. Elle marque 11 heures et demie.

— *Faites appuyer le mouvement de la division Forey par une brigade de voltigeurs.*

Malgré son calme et sa douceur, cette voix couvre pour le moment tout le vacarme de l'effroyable conversation à coups de canon, engagée dès le matin, depuis le lac de Garde jusqu'à Médole et au delà.

C'était la voix de l'Empereur !

Bientôt un brouhaha sourd, et comparable, toutes proportions gardées, au bourdonnement d'une ruche troublée dans ses paisibles travaux. Il est facile de lire sur les physionomies qui m'entourent les diverses interprétations de la parole impériale. Pour quelques-uns, le rayonnement entrevu éblouissant des récompenses futures... Pour d'autres, l'arrêt de mort prononcé inéluctable et lu entre chaque mot de la phrase désormais historique... Pour le plus grand nombre, un immense soupir d'allégement en voyant se terminer une attente dont chaque minute doit entraîner là-haut une lutte meurtrière, et qui, trop prolongée, peut amener, comme à Magenta, une issue sans profit, sans danger et sans gloire pour la division des voltigeurs.

Je pense que toutes ces réflexions furent successivement les miennes; et de plus, sauf une tasse de café rapidement absorbée à 3 heures du matin et quelques tiges de vigne mâchées de temps à autre, je n'avais rien mangé depuis la veille... Bref, j'ai faim, et les charretées de pain qui, par les soins de l'intendance, pourrissaient en deçà et au delà du Mont-Cenis, eussent été bien accueillies par le régiment tout entier. Ce problème me semble d'une solution difficile, quand je viens à penser, ô bonheur! qu'au départ de Fontainebleau, le 28 avril, deux mois auparavant, afin de parer à quelques-unes des éventualités de la campagne, j'avais fourré dans le fond de ma grande sacoche, avec des bandes roulées et du diachylum, des tablettes de l'excellent chocolat Menier.

Alternativement desséchées par le soleil, réduites en pâte par les pluies orageuses, elles avaient résisté à toutes les épreuves, et résistent encore aux attaques vigoureuses d'un appétit excité par la *faim administrative*, l'une des faims les plus désagréables qui puissent affecter le soldat en campagne. Je profite du répit pour croquer l'une des tablettes, en recommandant gratis le chocolat Menier aux générations futures, civiles et militaires, et à celles qui ne sont ni civiles ni militaires, MM. les fonctionnaires de l'intendance, par exemple.

Entre l'ordre impérial, sa transmission hiérarchique et son exécution, dix minutes se passent. Enfin les compagnies de mon bataillon s'ébranlent, et défilent devant l'Empereur aux cris répétés de : « Vive l'Empereur! »

Il souriait et paraissait content de notre enthousiasme.

Nous montons, nous montons, et bientôt, dans l'éblouissement d'un soleil de Midi, nous apparaît la terre promise, la tour de Solferino, puis derrière elle, à gauche, le village et les hauteurs de Cavriana. Devant nous se tait le canon ennemi, sans doute écrasé par notre artillerie... Mais de nombreuses balles arrivent en sifflant, et quelques fusées continuent leur vol inutile.

Nous descendons la pente terminée par un petit chemin creux, presque un sentier, qui tourne et par de nombreux circuits se dirige vers Solferino. Les pentes directes qui y conduisent et qu'il faudra gravir, sont dures et ressemblent à certains paysages de la Provence. Des cascades alternées de pierres et de verdure depuis le bas jusqu'en haut. Près du village... à bras, poussée par nos voltigeurs, une batterie de la garde grimpe en se rapprochant de l'ennemi, et trouve un emplacement convenable pour battre, à 300 mètres environ à vol d'oiseau, les Autrichiens cachés dans ce pauvre village.

Les adjudants-majors descendent de leurs chevaux, désormais inutiles.

Sur le petit sentier, bordé de haies, se démène le colonel, rouge, suant :

— En avant, mes enfants! Courage, mes enfants! N'ayez pas peur, mes enfants!

On le regarde avec curiosité, et je viens à penser que l'Empereur avait ainsi terminé une proclamation célèbre :

— « Je ne vous dirai pas : Marchez, je vous suis... mais : Je marche, suivez-moi! »

En ce moment apparait, aussi à pied, le colonel, chef d'état-major de la garde, calme, digne, suivant son habitude.

Le connaissant depuis dix ans, étant un peu connu de lui, je lui fais remarquer que, si nous escaladons tout de suite les escarpements de la colline, nos petits voltigeurs arrêteront certainement le tir de la batterie, forcément très tendu à cause de la proximité, et j'ajoute, me rappelant Melegnano, qu'il serait peut-être bon d'envoyer quelques obus sur le village avant d'en commencer l'assaut. Le colonel approuve cet avis qui est déjà le sien, et modère l'élan de nos soldats. Et la musique! quelle occasion superbe de gagner loyalement, bravement, militairement, une portion des 45 000 francs que, bon an, mal an, elle coûte au budget de la guerre et à la cassette impériale.

Quel encouragement pour les braves, quel entraînement pour les hésitants, que ces marches ronflantes dédiées au colonel Douay, que cette *Marseillaise* réservée pour les grands jours!

La musique!... Je la cherche et ne la trouve pas. Le premier obus, qui avait coupé en deux le sapeur son voisin, avait éventré du même coup la grosse caisse, effondré les gros ophicléides, les énormes saxotrombas, fait rentrer dans les poches les petites flûtes et les clarinettes... Bref, nous nous passerons de musique; et, pour en finir avec elle, nous la retrouvâmes quelques jours plus tard sur les bords frais et parfumés du lac de Garde.

— Nous sommes gagés, me dit alors l'un des artistes, et des meilleurs, pour jouer et non pour nous battre... Et d'ailleurs, comment souffler en cadence, lorsqu'on grimpe des hauteurs escarpées, presque inaccessibles?

Ce bon musicien avait raison; il aurait bien plus raison aujourd'hui que les boulets portent à 15 et 18 kilomètres, et les balles à 15 ou 1 800 mètres; ce qui n'empêchera pas de dépenser longtemps encore plus de 7 millions par an pour les seules musiques de terre, luxe inutile et encombrant en garnison, alors que le plus petit village a ses fanfares et sa chorale; luxe encore plus inutile le jour des batailles, comme l'ont prouvé les guerres passées, et le prouveront encore, mais vainement, les guerres à venir.

Bientôt se font entendre nos canons rayés, et ce fut un spectacle atroce dont je m'accuse d'avoir joui avec une curiosité et un égoïsme abominables. Les toits volent en éclats, les murs s'écroulent... et personne en face de nous, fantassins ou artilleurs, pour répondre à cette destruction. Je compte les coups; au dixième, qui sera bientôt suivi de deux autres, je regarde le colonel chef d'état-major de la garde, qui, devinant ma pensée, nous crie à son tour :

— En avant, les voltigeurs, et vive l'Empereur !

CHAPITRE XVI

Un modeste héros. — A bout portant. — Deux blessures. — Chez M. le maire. — Un drapeau. — Chasse à l'homme. — Les colonels Puech et Fournier. — Notre colonel. — Panorama grandiose. — Cinq prisonniers. — Une bonne prise. — Un peu d'intrigue. — Le capitaine Dupont. — Un étrange collaborateur.

Nous étions cette fois partis pour tout de bon.

Alors commença une course non pas au clocher, mais à la tour, course dont le prix devait revenir aux jarrets les plus robustes, les plus solides. Avec les pieds, avec les mains, et je pense, Dieu me pardonne, avec les dents, on escalada ces masses rocailleuses, s'élevant parfois à pic, en s'accrochant aux rebords des pierres, aux branches des buissons, aux racines qui pendent.

Peu de chose à remarquer sur ma route : quelques morts étendus çà et là, quelques blessés se soignant dans les abris, et sous un arbre, à droite, un chef de bataillon de chasseurs évanoui.

Nous montons encore, semant sur la route les moins

ingambes, ou les moins adroits. A gauche, sur une autre colline tout à fait nue et séparée de la nôtre par un profond ravin, se détache sur un ciel blanc à force de soleil, un tambour du 33ᵉ de ligne. Il est *seul*, mais il bat la charge comme *vingt* d'une façon enragée :

— Bravo, les voltigeurs !... Ils se sauvent... Ah ! les voilà qui reviennent... Non, ils se cachent derrière les murs... En avant, en avant !

Avec sa caisse, son uniforme et sa casquette de lignard, ce petit tambour, enveloppé d'une auréole lumineuse, avait comme un éclat d'apothéose. Il me paraît aussi grand, aussi beau, que derrière nous le Grand chef à cheval, auquel il fait un pendant majestueux.

Qu'est devenu ce brave petit troupier ? A-t-il reçu la récompense méritée par tant de courage et de sang-froid ? Je ne songe pas — et je rougis de cet oubli toutes les fois que je me rappelle les péripéties de la bataille — à lui demander comment il s'appelle.

Les balles qui jusqu'alors passaient par-dessus nos têtes commencent à s'abattre au milieu de nous... Encore un effort, un rude, et nous arrivons sur un terrain plat, récemment abandonné par la batterie autrichienne, celle qui nous avait été si funeste, ayant à notre droite la tour de Solferino, toujours impassible, et devant nous, un peu à gauche, un grand rectangle entouré de murs, ombragés par-ci, par-là de quelques arbres, et d'où pendent par endroits des guirlandes de lierre et de pampres.

Je n'ai pas eu le temps de vérifier.

Ce rectangle paraît renfermer des maisons, une église... Il en sort un bourdonnement confus de voix, de pas précipités, de cliquetis d'armes. Là se trouvent l'ennemi et le danger, et nous sommes six en tout pour le déloger! Une porte d'aspect un peu monumental, avec deux frontons triangulaires à droite et à gauche, est creusée dans l'épaisseur du mur de la plus petite face ; mais, vue de profil, je me demande si elle est ouverte ou fermée?

Pendant que je réfléchis à cette importante alternative, j'aperçois par terre une petite hache d'origine autrichienne qui pourra me servir à résoudre le problème. Puis, consultant mes compagnons de route : « Il me semble, leur dis-je, que les gaillards enfermés là dedans ont plus envie de se sauver que de se défendre, sinon, ils seraient sur la porte et sur les murs, à nous fusiller... Profitons de leur bonne volonté, entrons. Les camarades vont arriver et nous aideront à la besogne. » Aussitôt dit, aussitôt fait, et nous courons à l'entrée qui n'était ni fermée ni barricadée.

Une décharge formidable nous accueille, mais on s'y attendait. Je me sens à la fois comme vigoureusement pincé vers le tiers supérieur de ma cuisse droite ; et une balle ricochée, ou un éclat de pierre, écrasant les franges de mon épaulette, vient meurtrir mon bras gauche qui, paralysé, laisse tomber la hache autrichienne... Une autre balle coupe la belière supérieure du fourreau de mon épée, qui, n'étant plus soutenu, s'accroche à mes jambes et me fait tomber. J'entends dire :

— Malheur! le capitaine est mort!

— Pas encore, leur dis-je en me relevant; mais nous étions trop peu nombreux pour continuer l'offensive. Des maisons et de l'église s'échappent des tas d'Autrichiens qui courent vers une autre porte située dans le côté parallèle à celui par lequel nous sommes entrés. D'autres coups de fusil retentissent sans nous atteindre... Nous nous replions lentement derrière le mur et nous comptons nos blessés et nos morts. Ceux-ci : néant; blessés : moi — à tout seigneur tout honneur. — La cuisse droite percée par une balle, et déjà ma botte pleine de sang qui faisait flic-flac en marchant; le bras gauche meurtri et beaucoup plus endolori que la cuisse.

Le sous-lieutenant Bersin a les deux bras traversés par la même balle. — Mort quelques jours après, mais plutôt de la fièvre que de la blessure. — Un autre voltigeur, le bas de la jambe également traversé par une balle. L'adjudant Poulard — nommé sous-lieutenant — et les deux autres camarades sont intacts dans leur personne, sinon dans leur capote. Bref, de jolies blessures, et je peux dire : beaucoup de bruit pour presque rien.

Je frappe du pied la terre, et j'aperçois, non sans plaisir, que l'os n'est pas atteint. Ce qui me gêne le plus, c'est ce maudit fourreau d'épée qu'il faut soutenir de mon bras gauche impuissant; tant bien que mal je le passe entre mon ceinturon et ma maigre personne.

Mais, pendant ce temps écoulé plus rapide sur le

terrain qu'à en tracer le souvenir sur le papier, des voltigeurs, sous-officiers et soldats, étaient arrivés par petits paquets. Nous sommes trente au moins. Sur les visages s'épanouit comme un foyer d'héroïsme trop longtemps contenu. Il ne faut pas laisser à l'ennemi le temps de se reconnaître, de nous compter, et peut-être de revenir. Tous ensemble, nous nous présentons de nouveau devant la porte, et nous pénétrons en courant dans l'enclos, non pas en trombe serrée, mais en éventail, pour offrir moins de prise aux balles et paraître artificiellement plus nombreux.

Encore quelques coups de fusil, mais plus rares, mal ajustés... l'ennemi en a assez ; il encombre la petite porte de sortie, et reçoit à son tour nos saluts à volonté. Bientôt il ne reste plus que les morts et des traînards blessés ; d'autres soins me préoccupent.

Il est extraordinaire comme, à de certains moments d'émotion, dans les faits particuliers, isolés d'une bataille par exemple, tout se sait vite, ou se devine. J'apprends, comment? par qui? je l'ignore, que M. le maire était logé dans l'enclos que nous venons d'enlever si facilement, et je me dirige vers sa mairie. Le sang continue d'inonder l'intérieur de ma botte, et si l'os est intact, peut-être une artère a-t-elle été atteinte? Les fameuses bandes et le diachylum, réservés pour ce cas spécial, sont restés avec une partie du contenu de ma sacoche, qui s'est ouverte sans que je m'en aperçoive, sur les pentes que je viens de traverser.

Le syndic était à son poste, fort peu rassuré, tremblant, — il y avait de quoi, — et il a peine à comprendre ce que je lui demande : non pas la bourse ou la vie, mais une serviette dont le nom italien m'échappe, un linge que je découpe *presto, prestissimo*, à coups de canif; puis, sans respect pour la majesté du lieu, laissant tomber mon pantalon, mon caleçon, j'examine, je tâte, je sonde, et je constate, toujours avec un nouveau plaisir, que le liquide rouge coule, coule par-dessus et par-dessous en filet pur et tranquille, et non avec ces saccades bouillantes qui indiquent la coupure d'une artère. Je bande le tout le mieux possible en consolidant la chose avec quelques points de couture sur le caleçon, puis rendossant ma capote, ajustant mes épaulettes, je procède sans vergogne, selon les règles du service, à l'interrogatoire de monsieur le syndic, lequel, sans se faire prier, répond à mes demandes ainsi qu'il suit :

Interrogé combien il y avait d'Autrichiens dans l'enclos au moment de notre ascension, a répondu :

— Peut-être mille, mais certainement sept ou huit cents.

Interrogé si ces gens-là avaient tous vidé les lieux, a répondu :

— Qu'il devait en rester un certain nombre caché dans les caves et dans les greniers.

De ce côté j'étais tranquille, ayant donné des ordres en conséquence.

Interrogé à quels corps, à quels régiments appartenaient ces Autrichiens :

— A dit ne pouvoir répondre précisément à cette

question ; mais qu'il a remarqué, sur les tuniques, des collets de couleurs rose, jonquille, bleu clair, ce qui indique évidemment des régiments différents.

Interrogé... Mais à ce moment, le brave homme devient encore plus pâle, et crie tout effaré :

— *Ecco la mia bandiera!* — Voilà ma bannière, mon drapeau ! — Je me retourne et vois un chasseur à pied qui s'esquivait en hâte, tenant à la main une hampe assez longue autour de laquelle était enroulé un morceau d'étoffe jaune.

Je reconnais tout de suite dans cet homme sans arme, couvert de plâtras et de toiles d'araignée, un de ces fricoteurs comme il y en a dans tous les corps, et qui sont partout, partout excepté là où le devoir les appelle. Celui-ci s'était donné la mission de fouiller les caves... et pendant que je me redresse sur ma jambe engourdie pour faire empoigner par mes voltigeurs ce larron d'honneur et peut-être d'autres choses qui ne lui appartenaient pas davantage, plus ingambe que moi, il disparaît, introuvable, rapportant peut-être à son bataillon ce symbole de paix, la *bandiera* de la mairie, devenue comme un trophée de son indéniable bravoure.

Pendant que je pourchasse infructueusement le chasseur à pied, je me sens vigoureusement saisir par mon bras malade — ce qui m'arrache un petit cri — et j'entends une voix bien connue me dire :

— Ah ! mon cher ami, que je suis heureux de vous voir... On m'a dit que vous étiez tué !

C'était le brave, l'excellent chef du 2ᵉ bataillon, le

commandant Caillot, qui échappa, ce jour-là, aux balles de Solferino pour trouver, onze ans plus tard — colonel du 54ᵉ de ligne, — les balles mortelles de Saint-Privat.

Je lui explique aussitôt les regrets du syndic et ma vaine tentative pour les apaiser.

— Bah ! me dit-il en riant; il n'y a jamais rien de perdu avec les chasseurs à pied... Nous retrouverons plus tard la bannière de la mairie sous le Dôme des Invalides.

Et nous passons à d'autres exercices.

On met de l'ordre dans les voltigeurs survenus en masse : un piquet est délégué à la garde d'environ 350 prisonniers, devenus les fruits de la victoire.

Un groupe de bons tireurs s'amuse à tirer sur la porte opposée, derrière laquelle défilent un à un, au pas de course, un assez grand nombre d'ennemis.

Ces coups tirés sur les passants n'atteignent que le vide. Alors les plus malins s'amusent — c'est bien le mot — à tirer dans ce vide de manière à atteindre au vol ceux qui allaient passer et qu'on n'ajustait pas... Et les voltigeurs de rire à cette cruelle chasse à l'homme exécutée de sang-froid, et aux cabrioles des malheureux atteints par ces projectiles envoyés au hasard. Et puis nous nous mettons en route sur quatre rangs, les files doublées, dans le chemin fort étroit qui conduit à Cavriana. On peut avoir besoin de notre aide dans ces nouveaux parages.

Le trajet est dangereux : des maisons, disloquées par les obus de notre batterie, pendent des quartiers de murs ou de toits qui s'effondrent de temps à autre. J'admire le pittoresque du prodigieux effet de nos canons rayés.

Sur une toute petite place se trouvent d'autres canons, mais ennemis ceux-là, et gardés par quelques voltigeurs. Leur prise a été un fait d'armes glorieux pour le lieutenant-colonel Puech, du régiment.

Près d'eux, assis sur le bord d'un fossé, était le lieutenant-colonel Fournier, qui a reçu une balle dans le ventre. Le docteur Gaullet examine et sonde sa blessure.

— C'est bien, docteur; je sens que je suis perdu... laissez-moi assis... comme cela je souffre moins.

Et comme je veux donner un mot d'espoir à ce grand et vigoureux soldat:

— Ne me plaignez pas trop, mon capitaine... Je vous ai toujours dit que le plus beau jour de ma vie serait celui de ma mort.

Ce beau jour, le dernier, il le trouva le lendemain, lorsque les convoyeurs italiens et les soldats du train, affolés par cette inconcevable panique que je décris plus loin, qui dépassa Brescia et courut jusqu'à Milan, jetèrent pêle-mêle, dans les fossés des routes, les voitures, les chariots au moyen desquels on évacuait sur les hôpitaux de ces villes les blessés les plus grièvement atteints, amis ou ennemis. Pour se sauver plus vite, ils montaient sur les chevaux et les mulets dételés.

Jugeant que d'autres, et beaucoup d'autres, ont un plus pressant besoin des services de notre chirurgien-major, je lui affirme que je me sens beaucoup mieux; mais le docteur veut absolument visiter ma blessure qui ne me fait éprouver qu'un immense engourdissement. Je ne songe pas, peut-être à tort, à lui parler de mon bras.

Il trouve le sang coagulé, le pansement fait à peu près comme il faut, et se contente d'ajouter un bandeau beaucoup plus large, en arrosant le tout d'un liquide cuisant, mais très odoriférant.

Notre colonel avait dû suivre dans son ascension le petit chemin longuement tortueux, excessivement rocailleux, *mieux défilé*, que nous avions dédaigné pour prendre la ligne droite.

Il paraît en ce moment — il était plus de 4 heures — tout essoufflé et suivi de quelques fidèles. Il vient à moi encore la proie du docteur :

— Vous êtes blessé, mon pauvre capitaine... *C'est bien dommage !*

— Oui, mon colonel, mais légèrement.

— Quelques jours de repos, dit le docteur.

— Ne me parlez pas de repos, et surtout d'ambulance, docteur ; je n'en veux pas.

— Je vous ai suivi de loin, dit le colonel, je vous ai admiré... Comment vous appelez-vous ?

Un peu surpris de cette ignorance chez un chef avec lequel mon service m'a mis fréquemment en rapport depuis quelques jours, je lui dis mon nom.

— C'est bien... IL RIME AVEC LE MIEN... Je ne vous oublierai pas.

— Merci, mon colonel... Veuillez me permettre de

vous féliciter. Vous voyez cette tour, — et par un geste digne de Talma, je lui montre de la main le monument qui, à notre droite, domine tout le village, — c'est elle qui baptisera la victoire... et c'est le 2⁰ voltigeurs, votre régiment ici présent, qui aura l'honneur d'en être le parrain.

Le colonel, tout ébahi, regarde alternativement la tour, et mon individu... et ne dit mot. Il a l'air de ne rien comprendre à ce lyrisme d'enthousiasme, bien justifié cependant par tout ce qui vient de se passer... Et nous voilà repartis pour Cavriana.

Nos voltigeurs y sont déjà installés, mélangés à ceux du 1ᵉʳ régiment et aux chasseurs du bataillon de la garde. Comme Solferino, Cavriana est à nous. Des blessés, des prisonniers, des morts, et sur les pentes vers le Mincio, dégringolant dans le lointain, des bandes ennemies dans le plus complet désordre.

Nos balles les accompagnent.

De leur côté, devant nous, silence complet; mais vers Médole, sur notre gauche, et sur notre droite, du côté des Piémontais, la lutte paraît continuer terrible... lutte inutile.

Le centre de l'ennemi est complètement enfoncé, et les hauteurs, — clé de leur position, — sont au pouvoir de la première brigade des voltigeurs de la garde.

A cette pensée, ma jouissance est complète; l'orgueil de ma satisfaction, immense; et je ne ressens ni la faim, ni la soif, ni les sourdes ou cuisantes douleurs de mon bras meurtri et de ma cuisse percée. Je m'arrête un moment pour bien graver dans ma mémoire le panorama grandiose étendu devant moi. Il était superbe sur la terre... et dans le ciel.

Du côté de Médole, deux régiments de cavalerie légère chargent à fond de train l'infanterie autrichienne[1] : derniers accents d'une voix qui va tomber, d'une ardeur qui va s'éteindre sous les coups de l'orage qui approche. Avec une ténacité digne d'un meilleur sort, l'illustre maréchal Canrobert tient sa lunette braquée du côté de Mantoue, résolu à anéantir les 30 000 hommes qui, depuis le matin, lui sont annoncés comme devant venir chercher querelle à notre aile droite. Tout à fait sur la gauche, du côté de Peschiera, des blocs de vapeurs blanches, de fumée bleue, se condensent dans les accidents du pays, s'élèvent, se disloquent, et courent sur nous, poussés par un vent assez violent. Le soleil darde ses rayons au-dessus de ces masses mobiles, et les colore à sa façon de toutes les nuances du prisme, de sorte que je domine, comme du haut d'un ballon, ce merveilleux décor.

Un obus ami, un des nôtres, peut-être dévié dans

---

1. Ce fut cette charge, héroïque sans doute, mais l'un des mille brillants épisodes de cette journée commencée à 3 heures du matin, finie à 9 heures du soir, et dans laquelle 350 000 hommes s'étaient rencontrés face à face, qui inspira à Mgr Freppel, évêque d'Angers, l'idée de faire gagner la bataille de Solférino par le capitaine de Sonis, à la tête de 120 ou 130 cavaliers de son escadron. Les survivants des divisions Ladmirault et Forey, ceux des 1er et 2e voltigeurs de la garde, s'il s'en trouvait parmi les auditeurs de l'oraison funèbre prononcée à Loigny le 22 septembre 1887 par l'éminent prélat, ont dû être bien surpris de son éloquence militaire, s'ils n'ont pas été un peu attristés par cette audacieuse tentative.

sa marche par la force du vent, ou bien ignorant encore que nous, les Français, sommes les maîtres de céans, éclate à 50 ou 60 pas de moi. Sa culasse, projetée en arrière, tombe à 15 ou 20 pas. Elle est curieusement découpée en grosses dents de scie, et pourrait s'utiliser comme presse-papier monumental, ou dessus de pendule historique.

Un lieutenant du train, qui passe avec une voiture, me propose de me conserver ce lourd et embarrassant souvenir de la journée. Ce brave camarade a bien tenu sa promesse, car il me le conserve encore.

Tout à coup, et tout d'un coup, un morceau d'ouragan s'engouffre dans la rue étroite où je marche assez doucement, le pied droit me glissant littéralement dans le sang. C'est un fracas étourdissant, une nuée aveuglante de poussière mélangée de feuilles arrachées aux arbres, de pierres et de tuiles arrachées aux murs et aux toits des maisons branlantes.

> Tout fuit... et sans s'armer d'un courage inutile
> *Dans le bourg* aussitôt chacun cherche un asile.

Le mien se trouve être une pauvre maison sans étage, plus solide par conséquent que les voisines. A peine entré, se dresse devant moi, dans l'ombre, un superbe Autrichien, capitaine ou commandant, qui me présente par la poignée son sabre auquel étaient appendus le ceinturon et la dragonne d'or. Surpris, je fais un pas en arrière en tirant à demi mon épée du fourreau... Mais lui, calme, impassible, prononce quelques mots dans une langue que je ne comprends pas, et qui n'étaient pas allemands; et aussitôt se lèvent d'un coin de la chambre quatre soldats sans armes, nu-tête et tout tremblants.

Ces cinq prisonniers sont bien à moi, c'est ma part de butin et de gloire de la journée.

Des voltigeurs passent dans la rue; je leur confie mes quatre soldats, puis rendant son sabre au capitaine, je l'engage de la voix et surtout du geste à suivre ses hommes, c'est-à-dire à me laisser paisible propriétaire de mon humble réduit.

J'avais eu le temps de remarquer cependant que la dragonne d'or portait en broderie d'un côté l'aigle à deux têtes, et de l'autre les lettres F. J., initiales du nom de l'empereur d'Autriche.

Accroupie auprès de son foyer à demi éteint, pleurait silencieusement une pauvre vieille femme. De ma voix la plus douce je lui demande du pain, des œufs, En invoquant la Madone, elle me jure qu'elle n'a rien, que les Autrichiens ont tout pris; alors j'invoque à mon tour l'Argent, l'argument suprême, et lui offre une pièce du pays, valant bien 12 sous, pour un œuf, un seul.

Elle me le donne en jurant de nouveau que c'est le dernier.

Je le fais cuire précieusement sous la cendre chaude, et le croque dur avec une jouissance infinie. Avec la tasse de café de 3 heures du matin, le chocolat de midi, c'était le troisième festin du jour de gloire qui m'est arrivé depuis le commencement de la campagne.

L'orage avait disparu rapidement, comme il était

venu, hâtant et protégeant la fuite des vaincus, arrêtant la poursuite des vainqueurs, imposant le silence sur toute la ligne, excepté du côté de Peschiera où les Sardes brûleront leur poudre jusqu'à 9 heures du soir.

Le soleil reparaît par intervalles, souvent recouvert de nuages gris qui s'échappent en une pluie assez fine.

Appuyé sur un échalas, je reprends ma route, et j'arrive sur une place assez grande, bordée de maisons qui me semblent avoir échappé aux désastres de la lutte. Un portail s'ouvre à deux battants : il en sort, tenu en main par un voltigeur, un cheval superbe dans ses allures effarouchées. Il est couvert d'une selle splendide, et d'un tapis de velours rouge tout brodé d'or, duquel pendent de grosses torsades également d'or. Le tout est accompagné d'un jeune capitaine d'état-major que je reconnais pour être bien en cour.

On raconte qu'un colonel ou un général, un prince en *berg* ou en *stein*, s'est bravement fait tuer au premier assaut de Solferino par les divisions du 1er corps, et que ce cheval était le sien.

Approximativement j'estime la prise 5 à 6 000 francs, et je pense que le voltigeur et son camarade de l'état-major n'ont pas perdu leur journée.

Le général Camou était là. Il savait mon nom, lui, et depuis longtemps. A ma démarche embarrassée, au sang noirci par l'air qui couvrait mon pantalon et ma capote, il devine l'accident :

— Vous êtes donc blessé, mon pauvre ami? j'espère que ce ne sera rien.

— Peu de chose en effet, mon général, je vous remercie.

Ainsi donc, colonel, généraux, je me plais à rassurer tout le monde sur mon compte... plus que je ne le suis moi-même. *Sot*, oui, sot — en trois lettres, — ayant oublié ce salutaire avertissement du *Mémorial de Sainte-Hélène* :

« C'est fâcheux à confesser... mais un peu d'intrigue est indispensable autour du souverain... La modestie est presque toujours perdue. »

Je m'aperçus bientôt que d'autres connaissaient la maxime, quoique ne l'ayant peut-être jamais lue, et d'instinct savaient la mettre en pratique.

En grande conférence aussi le général Manèque et notre colonel ; le général s'éloigne en disant :

— Tu sais... tu n'oublieras pas...

Et il fait de la main droite comme un simulacre autour de son cou.

Ce collier, indiqué par le geste, était tout simplement la cravate rouge de commandeur de la Légion d'honneur. Ils se connaissaient depuis la Flèche assez intimement pour se tutoyer même en public.

Là, j'apprends la mort de mon pauvre camarade Dupont, dont le corps est déposé dans une maison voisine. Malgré la tentation d'un feu assez vif, allumé sur la place qu'il illumine de sa belle et saine clarté, malgré le froid pénétrant amené par la pluie et la souffrance, je vais lui dire un dernier adieu.

Une balle entrée par un coin de l'œil, sortie derrière la tête, avait si peu altéré les traits de sa noble et chevaleresque figure, que l'on eut d'abord peine à trouver l'endroit où il avait reçu le coup mortel. Je lui promets, non sans larmes, de rendre compte à son père de cette dernière entrevue... et cette promesse je l'ai tenue un peu plus tard dans le palais de Saint-Cloud, dont le capitaine de vaisseau Dupont était gouverneur.

Enfin, je suis près de ce bon feu : j'y retrouve le chirurgien-major Gaullet, bien fatigué, lui aussi, de sa pénible besogne. Enveloppé d'une chaude couverture d'infirmerie, je m'étends sur la terre humide ; un sac d'ambulance à moitié vide soutient ma tête, et mes pieds, toujours bottés, sont tournés du côté du feu.

Je me sens à mon aise, et j'attends... quoi ? Des réflexions rêveuses peut-être... un sommeil bien mérité sans doute. Je crois plutôt que, fatigué de me laisser vivre, je n'attends absolument rien.

Il est 8 heures, 8 heures et demie ; malgré la longueur des jours au mois de juin, il fait presque nuit. Une petite pluie se remet à tomber, fine et glaciale, et le docteur, étendu près de moi, s'écrie tout haut, sans réfléchir :

— Ah ! voilà une pluie qui va singulièrement faciliter ma besogne de demain.

Je lui demande l'explication de cette collaboration incompréhensible.

— C'est que, me dit-il, tous les blessés grièvement, ceux qui endurent déjà la fièvre, seront tués par le froid demain matin.

Satisfait de cette réponse d'un vieux soldat endurci par vingt ou vingt-cinq campagnes, heureux de ne pas me trouver dans la catégorie des grièvement blessés, devenu presque indifférent à tout ce qui se passe, la fatigue, l'épuisement, les veilles précédentes amènent enfin un lourd sommeil, et en finissant la mémorable journée et la grande fête du 24 juin 1859, avant de m'endormir tout à fait, je vins à penser que c'était aussi dans l'almanach la mienne, celle de bien d'autres, et que, pour ma part, j'avais reçu ce jour-là un beau et splendide bouquet.

CHAPITRE XVII

Mort du général de Cotte. — Un enterrement militaire. — Le soldat français. — *C'est une grande bataille!* — Un peu de lumière. — Perte d'une épaulette. — Deux inséparables. — Mission du capitaine Brady. — Un drapeau autrichien.

L'Empereur arriva le 22 juin à Montechiaro, suivant toujours de près l'armée dans sa marche offensive, et y remplaçant, avec la garde impériale, le 2ᵉ corps qui l'avait quitté le matin pour aller s'établir autour de Castiglione.

Pendant toute la durée de la campagne, un aide de camp était toujours de service de nuit, et veillait dans une chambre attenante à celle de l'Empereur.

Dans la nuit du 22 au 23, vers 2 heures du matin, une dépêche arriva au quartier impérial, et fut remise au général de Cotte par l'estafette. Je crois que cette dépêche annonçait que quelques détachements ennemis avaient été vus, pendant la journée, dans la plaine qui s'étend de Castiglione à Volta.

Ce premier renseignement n'avait point d'autre apparence que celle d'une reconnaissance faite sur les derrières de l'armée autrichienne, qui avait repassé tout entière sur la rive gauche du Mincio quelques jours auparavant.

Le général de Cotte, après avoir décacheté le pli, approchait la dépêche de la lampe pour en prendre connaissance, lorsque, la laissant échapper de sa main, après quelques efforts pour la déchiffrer, il se renversa sur le dossier de son fauteuil et ferma les yeux.

L'estafette, qui attendait derrière lui, après quelques minutes d'hésitation, croyant que le général avait cédé au sommeil, s'approcha pour le réveiller... Il était mort[1] !

Pendant toute la journée du 23 et la nuit du 23 au 24, des dépêches, de plus en plus accentuées, envoyées par les divers corps d'armée, signalèrent l'importance et l'apparence d'un retour offensif que prenaient les mouvements de l'armée autrichienne, dont la majeure partie avait déjà repassé sur la rive droite du Mincio. Toutefois un rapport du général Niel *laissait encore percer des doutes* sur les véritables intentions de l'ennemi.

Pendant cette journée, les divisions de cavalerie des 1er et 3e corps, les brigades des 2e et 4e, auraient pu éclaircir facilement ces doutes trop prolongés. Sans s'engager sérieusement, trois divisions de cavalerie

---

1. La mort du général de Cotte a été attribuée à la rupture d'un anévrisme.

Le bruit s'est répandu néanmoins dans l'armée qu'il s'était suicidé.

soutenues par une artillerie à la fois puissante et légère auraient pu, je le répète, lever toutes les incertitudes, et le terrain accidenté qui s'étend de Lonato à Volta permettait d'apercevoir distinctement et de discerner une opération aussi importante que le passage d'une rivière par une armée de près de 200 000 hommes.

Les obsèques du général de Cotte eurent lieu le 24 au matin, dans la petite église de Montechiaro. Les aides de camp et les officiers d'ordonnance de l'Empereur suivaient le cercueil, moins le général Fleury qui était de service auprès de l'Empereur. Les honneurs militaires étaient rendus par un faible détachement des grenadiers de la garde.

On prit place dans l'église, et les grenadiers formèrent la haie à droite et à gauche du cercueil. Mais déjà le canon se faisait entendre dans la direction de Castiglione, et il semblait douteux qu'on pût achever de rendre les derniers hommages au pauvre général, dont la mort si foudroyante et si imprévue avait attristé tout le monde.

Un devoir plus impérieux allait s'imposer. En effet, vers le milieu de la messe funèbre, la porte de l'église s'ouvrait et le général Fleury venait dire à haute voix :

— Messieurs, l'Empereur part à l'instant. Montez à cheval sur-le-champ, et rejoignez Sa Majesté à Castiglione.

Tous les officiers attachés à l'Empereur sortirent sans bruit, en passant entre les deux rangs des grenadiers, et le silence de la triste cérémonie, qui d'ailleurs n'avait pas été interrompue, ne fut troublé que par un léger frémissement qui courut dans les rangs de ces braves soldats, et par le retentissement des crosses de leurs fusils sur les dalles de l'église.

Leurs physionomies étaient curieuses à observer. Immobiles et impassibles quelques instants auparavant, elles avaient pris, à la voix du général Fleury, accompagnée par le grondement lointain du canon, une expression d'ardeur et d'impatience qui se lisait dans leurs yeux. Eux aussi devaient se dire : « Notre place n'est plus ici. »

C'est que la guerre développe jusqu'à une irrésistible intensité le sentiment du devoir. Croire y manquer, même involontairement, suffit à troubler la conscience. C'est qu'enfin, devant la toute-puissance de ce sentiment, tous les autres, même les plus précieux et les meilleurs, sans cesser d'exister, doivent momentanément s'effacer. Et je le dis avec une profonde conviction, si, dans le cœur du soldat, l'éducation ne lui a pas apporté tous ses raffinements, le germe de ce sentiment n'en a pas moins une telle vitalité, que la guerre le développe avec une rapidité prodigieuse. Disons-le donc hautement et fièrement, sans pour cela être suspectés d'un ridicule nationalisme, le soldat français, DISCIPLINÉ ET AGUERRI, est le plus dévoué et le plus généreux des soldats.

A l'appui de cette opinion bien arrêtée chez moi, je puis citer un exemple.

J'avais, en Crimée, deux hommes de ma compagnie, détachés en qualité d'ordonnances au quartier général. L'un d'eux était un vrai type de gavroche parisien. Lorsqu'ils apprirent que leur corps faisait le service de tranchée, ils allèrent tous deux demander aux officiers dont ils étaient les ordonnances, à rentrer au corps, disant que leurs camarades se f... d'eux s'ils restaient au quartier général.

Tous deux furent tués le 8 septembre.

On sortit de l'église, les chevaux étaient prêts. L'Empereur fut rejoint par ses officiers au moment de son arrivée à Castiglione.

L'infanterie de la garde, qui avait quitté de bonne heure ses bivouacs, marchait, de différents points, sur Castiglione, qu'elle traversait pour aller prendre sa place de bataille.

L'Empereur gravit à pied les pentes rapides d'un monticule, qui domine la plaine de Médole, et après avoir dirigé sa lorgnette sur tous les points où on apercevait les longues lignes blanches de l'armée autrichienne, se retourna, et dit :

— « Ce n'est pas une reconnaissance, c'est une grande bataille. » Ces quelques mots que plusieurs officiers, *encore vivants aujourd'hui, ont entendus de leurs propres oreilles*, ainsi qu'il leur serait facile d'en témoigner au besoin, prouvent que, comme je l'ai dit plus haut, l'incertitude des commandants de corps d'armée aurait dû être levée vingt-quatre heures plus tôt.

Ce que je vais raconter, parce que certainement il n'en est pas question dans la relation officielle, prouvera l'exactitude de cette observation.

J'ai entendu critiquer sévèrement, mais aussi *bien légèrement*, par des officiers du grand état-major, une mesure prise par le maréchal Baraguey d'Hilliers, dans la nuit du 22 au 23, mesure *dont il a dû rendre compte*, et dont le grand état-major aurait dû se préoccuper, ce qui lui aurait permis d'en reconnaître l'*opportunité*.

Dans la journée du 22, le maréchal avait poussé hardiment ses avant-postes et grand'gardes sur les hauteurs qu'il avait devant lui, et un bataillon du 1er régiment de zouaves, sous les ordres du commandant Morand — le plus jeune des fils de l'illustre divisionnaire de Davout — occupait *Solferino même*. Mieux placé que personne pour découvrir toute la plaine jusqu'à la Volta, et pour suivre les mouvements *significatifs* de l'ennemi, qu'il observait avec une vigilante attention, il s'empressa d'en informer, dans la soirée, le maréchal, qui lui donna l'ordre de se replier, et je crois qu'il agissait sagement et prudemment, même avec la prévision qu'il faudrait reprendre le lendemain les positions abandonnées.

En examinant les lignes toujours *trop resserrées* des positions de l'armée française, puisque le 1er corps avait deux divisions en arrière de Castiglione, occupé par le 2e, puisque le 3e avait également devant lui une partie du 4e; en observant en outre que la majeure partie de l'armée sarde était encore autour de Lonato, on reconnaît que sa direction de Capenedola à Lonato était sensiblement oblique et défectueuse, par rapport à celle de l'ennemi, qui était marquée par Peschiera et Mantoue.

Le maréchal Baraguey d'Hilliers avait donc à choisir entre deux déterminations : ou se porter en avant, dans la nuit du 22 au 23, jusqu'aux positions occupées par ses avant-postes, ou les rappeler à lui.

Se porter en avant? D'abord, il n'en avait pas l'ordre du grand état-major général, toujours plus préoccupé de ses écritures, *rapports et situations*, que de son service actif, dont le premier et le plus rigoureux devoir était d'éclairer à la fois l'armée et le général en chef. De là l'incertitude coupable dans laquelle le maréchal Vaillant laissa l'Empereur pendant toute la journée du 23.

Pour prendre la responsabilité d'un mouvement en avant aussi grave, il fallait être sûr d'être suivi et appuyé. Or, le 1er corps était bien rallié, *trop rallié même* au 2e, puisque deux de ses divisions — Ladmirault et Bazaine — étaient en partie masquées par Castiglione; mais son aile gauche n'était pas dans les mêmes conditions, et un changement de front, — l'aile gauche en avant, — n'aurait pu être effectué par le 1er corps qu'autant que l'armée sarde, par une marche rapide, serait venue fermer l'espace vide laissé entre la gauche du 1er corps et le lac de Garde. Il était évident en effet que l'armée autrichienne tout entière se déployant entre Peschiera et Mantoue comme point d'appui, ces deux places fortes avaient dû être solidement occupées.

C'est donc au roi Victor-Emmanuel que le reproche d'immobilité aurait pu être adressé, et non au maréchal Baraguey d'Hilliers. Pour moi, je n'hésite pas entre les deux, et c'est le grand état-major, c'est son incurie pendant toute la campagne, que j'en rends responsable.

Après avoir été forcé de signaler, dans une autre circonstance, la témérité du bouillant maréchal, je suis heureux de constater que, dans cette dernière, il a agi avec toute la circonspection d'un général qui sait qu'une faute de manœuvre de l'infanterie est toujours longue à réparer, que souvent même elle peut entraîner les plus graves complications.

L'Empereur descendit rapidement de son poste d'observation de Castiglione, monta à cheval, et suivi de son état-major, des cent-gardes et de son escorte de guides, se dirigea, à un galop *plutôt allongé* et en droite ligne, sur la tour de Solferino.

Le résultat des observations faites du haut de Castiglione n'était pas douteux.

C'est vers l'aile gauche de son armée que Napoléon III avait jugé que l'effort principal serait nécessaire, et prévoyant qu'il y aurait là une série de positions à enlever de haute lutte, il avait résolu d'y assister en personne, pour coordonner les attaques des 1er et 2e corps et les appuyer au besoin de la puissante réserve qu'il leur amenait et qui ne devait pas tarder à y prendre une glorieuse part.

Pendant cette course rapide à travers des rizières et des plantations de jeunes mûriers, *buttés* à leur pied, et contre lesquels les chevaux *buttaient* eux-mêmes à chaque instant, l'Empereur perdit une de ses épaulettes, qui ne put être retrouvée, et beaucoup de soldats, dans le courant de la journée, remarquant, comme je l'ai dit plus haut, cette incorrection de tenue, se demandèrent si l'épaulette impériale n'avait pas été enlevée par une balle tyrolienne. La remarque ne produisit donc pas une impression fâcheuse. Au reste, la supposition des soldats n'avait rien d'invraisemblable, l'Empereur s'étant tenu presque toute la journée à portée de mousqueterie, entouré de tout son état-major et suivi de l'escadron des cent-gardes, dont les crinières blanches étaient faciles à apercevoir des positions dominantes de l'ennemi.

Quelques détails que je donnerai plus loin d'une conversation qui eut lieu à Vérone, entre le grand-duc de Hesse et le général Fleury, prouveront que les balles qui blessèrent quelques chevaux près de l'Empereur — entre autres ceux du docteur Larrey et du lieutenant-colonel de Chambray — étaient bien destinées à Napoléon III.

Lorsque l'Empereur arriva à hauteur des colonnes, vers l'aile droite du 2ᵉ corps, le maréchal Mac-Mahon, qui avait mis pied à terre pour leur donner lui-même leurs points de direction, s'approcha et fit observer que, forcé d'appuyer vigoureusement par sa gauche les attaques du maréchal Baraguey d'Hilliers, qui avait une rude tâche devant lui, il se voyait forcé de laisser un grand espace vide entre sa droite et la gauche du général Niel, dont le corps d'armée était déployé dans la plaine de Médole. Il demandait, en conséquence, à l'Empereur de fermer cette trouée avec de la cavalerie et d'appuyer son aile droite avec la division de voltigeurs.

Décidément, le général Camou n'était plus seulement *un vieil ami* du maréchal, Magenta les avait rendus inséparables, en face de l'ennemi... cela se comprend.

L'Empereur s'empressa de les réunir, en envoyant l'ordre à la division de voltigeurs de prendre la droite du 2ᵉ corps.

Elle ne tarda pas à être engagée, et la brigade Manèque — 1ᵉʳ et 2ᵉ voltigeurs et chasseurs à pied — prit une part glorieuse à cette série d'assauts qui ne s'arrêta qu'au pied de la tour de Solferino, rivalisant d'ardeur et de bravoure avec les régiments de ligne du 2ᵉ corps.

Je veux céder ici la parole au brave et intrépide capitaine Brady que l'Empereur charge alors d'une mission. Il a plus d'autorité que moi pour juger avec impartialité les hommes et les officiers de mon régiment :

« J'ai pu juger de l'irrésistible élan avec lequel ces admirables soldats, gravissant les pentes les plus escarpées, sous un feu violent auquel ils ne pouvaient pas toujours répondre, abordaient l'ennemi.

« La brigade Manèque, au milieu de terrains couverts, ayant perdu un instant sa direction, l'Empereur me fit signe d'approcher, et me chargea de porter l'ordre au général Camou de la faire appuyer fortement à droite, en donnant à son attaque, autant que possible, l'apparence, sinon la réalité d'un mouvement tournant.

« Je descendis aussi rapidement que possible les hauteurs où l'Empereur s'était établi, et, persuadé que je perdrais un temps précieux à chercher le général Camou, après avoir demandé vainement à plusieurs officiers s'ils l'avaient vu, je me dirigeai au galop vers la brigade Manèque, qui commençait à s'élever sur les pentes dont les sommets étaient occupés par l'ennemi. J'arrivai au milieu du 2ᵉ régiment de voltigeurs, que le colonel de Courson *s'efforçait à grand'peine de modérer et de ralentir* pour éviter la rupture des rangs qui est toujours la conséquence d'une marche trop précipitée. Courant sur le front de son régiment, il leur répétait sans cesse : « Doucement, mes enfants, ne « courez pas, restez alignés, et surtout ne tirez pas! »

« Et pourtant le feu de l'ennemi, qu'on ne pouvait voir encore, et qui pouvait, lui, apercevoir ce torrent ascendant, était déjà vif et meurtrier. J'eus beaucoup de peine à me *faire écouter* par le brave colonel dont toute l'attention était concentrée sur son ardente troupe.

« — Ordre de l'Empereur! lui répétai-je, mon colonel, d'appuyer à droite.

« — Oui, capitaine, me répondait-il; mais il revenait aussitôt à sa pensée dominante : maintenir ses soldats dans le rang, et alignés.

« Enfin il parvint à arrêter son aile droite, et la gauche continuant à marcher, toute la brigade prit la bonne direction. Je n'avais plus rien à faire et je redescendis les pentes du monticule. Mon cheval était blessé à la hanche, je mis pied à terre un instant, abrité par le rayon qui reliait la côte à la plaine, pour m'assurer qu'il pourrait continuer à marcher, et, si court que fût l'examen de la blessure, je pus assister à une petite scène que je veux raconter, malgré son peu d'importance.

« Au pied de ce rayon, étaient assis les tambours du 2ᵉ voltigeurs. Ce que je venais de voir m'expliquait assez que le colonel de Courson n'eût pas jugé leur présence nécessaire pour *battre la charge*. Le tambour-major, me voyant descendre avec mon cheval couvert de sang, se leva, et s'adressant à ses hommes, les interpella *en ces termes:*

« — Dites donc, vous autres? Est-ce que nous allons rester là comme des c...? Il ne manque pas de fusils et de cartouchières qui *traînent*, ramassons-les, et rejoignons les camarades.

« Il n'y eut pas d'hésitation, et en un clin d'œil le peloton gravissait les pentes, à l'*allure* du régiment.

« Voilà ce qu'étaient les soldats de l'armée d'Italie! Il est facile d'en conclure ce qu'étaient leurs officiers.

« Après m'être assuré que mon cheval n'avait aucune fracture, je repris le chemin qui me ramenait auprès de l'Empereur, et mon poste, après avoir changé de cheval. Au point que nous occupions, on pouvait suivre facilement l'attaque aux débuts de laquelle je venais d'assister. »

Le succès n'était plus douteux.
Tous les corps que l'Empereur avait sous la main

avaient été engagés avec à-propos, les uns en totalité, les autres partiellement, et les attaques des 1ᵉʳ et 2ᵉ corps, bien combinées et bien reliées entre elles, fortement et puissamment appuyées par la garde impériale, devaient être irrésistibles, malgré la bravoure et la ténacité avec lesquelles les Autrichiens avaient défendu leurs fortes positions.

De cette bravoure je veux donner, moi aussi, un exemple particulier, parce que, si c'est un devoir pour le narrateur militaire de mettre en relief les brillantes qualités de notre armée dans l'offensive, c'en est un aussi de rendre hommage à la valeur ennemie dont elle a fini par triompher.

En avant et au sud de la tour de Solferino, en face, par conséquent, de la brigade Manèque, le terrain formait une sorte de saillant, dont la crête très élevée était occupée par un régiment autrichien. Les voltigeurs et les chasseurs à pied de la garde, déjà assez rapprochés, faisaient converger tous leurs feux sur ce promontoire auquel le régiment ennemi se cramponnait. Criblé de balles, il céda pied et se retira rapidement en arrière des crêtes. Mais elles ne restèrent pas longtemps dégarnies, et quelques secondes après, un officier, le colonel probablement, revenant en courant et portant un drapeau sur la crête abandonnée, l'y planta et le soutint fièrement de la main gauche pendant que, de sa main droite, élevant son épée, il rappelait à lui ses soldats débandés.

Presque immédiatement aussi ces derniers vinrent reprendre leur poste de combat et rouvrirent leur feu ;

mais la position était devenue intenable, et une seconde fois ils l'abandonnèrent.

Une seconde fois encore le drapeau reparut et fut planté à la même place par la même main, mais il disparut presque aussitôt en même temps que l'intrépide officier qui le portait. Le glorieux signe de ralliement était tombé au pouvoir des chasseurs à pied de la garde. J'ai pu suivre avec admiration cet émouvant et suprême effort des défenseurs de Solferino.

CHAPITRE XVIII

Fausse position du maréchal Canrobert. — Attaques insuffisantes. — Le général Niel. — Un révolutionnaire routinier. — Progression, instruction. — Fusées de guerre. — Retraite. — *Journée terminée.* — Modération, lassitude. — *Addio cara Italia.* — Bataille de surprise. — Épouvantail chimérique. — Les généraux Rochefort et Luzy-Pélissac. — Marche en avant. — Un orage.

L'Empereur avait envoyé des ordres particuliers au maréchal Canrobert, dès le début de la bataille.

L'Empereur avait été prévenu, en effet, qu'une puissante et dangereuse diversion devait être tentée par l'ennemi, dans le courant de la journée, et qu'un corps d'armée autrichien enfermé dans Mantoue devait en déboucher pour prononcer une violente attaque sur notre aile droite.

Ceux qui ne connaissaient pas la teneur exacte des instructions envoyées au maréchal avaient pensé que, tout en lui prescrivant d'observer attentivement les routes de Mantoue à Marcaria, — Guidizzolo et Rebecco, — elles lui laissaient la latitude, en manœuvrant sur notre aile droite, d'entrer en ligne avec ses trois divisions quand il le jugerait opportun. Mais ils s'étaient trompés, et les prescriptions trop précises, *trop absolues* de l'Empereur, paralysèrent longtemps l'initiative d'un des plus habiles tacticiens de notre armée, passivement obéissant aux ordres qu'il avait reçus et ne les enfreignant que pour prêter assistance au général Niel.

Bien des critiques se sont élevées, les unes entachées d'injustice, les autres inconsidérées, sur la part prise par le 3ᵉ corps à la bataille. Je crois devoir m'abstenir de les réfuter, suivant l'exemple de ce glorieux soldat.

Ces critiques d'ailleurs ne tiennent pas debout, et, pour les mettre à néant, il suffit de lire attentivement le rapport du maréchal, plus attentivement encore celui du général Niel; ce dernier document est en contradiction fréquente avec les *détails verbaux* que, le lendemain, tous les officiers à la table de l'Empereur ont pu entendre le général donner à Sa Majesté pendant le déjeuner.

Le maréchal Canrobert a opéré avec une irréprochable correction, et j'ajoute avec une généreuse abnégation et un sentiment inébranlable d'obéissance et de discipline.

De tous les points élevés que l'Empereur avait occupés depuis le début de la journée, on avait toujours pu découvrir une grande partie de l'immense champ de bataille qui s'étendait dans la plaine de Médole, et suivre attentivement les différentes phases de la lutte acharnée qui y était engagée depuis le matin.

Nous avions gagné tellement de terrain à l'aile gauche, que ce qui frappait le plus dans l'aspect de la plaine, c'était l'immobilité du 4ᵉ corps, le plus rapproché de nous ; il semblait que de ce côté les rôles des deux armées étaient intervertis, et que la nôtre s'était tenue systématiquement sur la défensive.

Cette appréciation n'était pas exacte.

Toutes les attaques partielles, trop *partielles même*, du général Niel avaient été dirigées vers sa droite, — presque invisible pour l'Empereur, — sur Guidizzolo, sur les hameaux qui l'environnaient, et sur cette ferme de Casanuova si longtemps disputée.

La plupart de ces positions, fortement occupées par l'ennemi, avaient été prises, perdues et reprises plusieurs fois pendant la journée, et ne furent définitivement conquises qu'à la suite d'une attaque sérieuse, irrésistible, savamment préparée et brillamment dirigée par le général Trochu à la tête d'une brigade du 3ᵉ corps.

J'ai pu recueillir, auprès d'officiers que je tiens pour très bons juges, quelques renseignements que je crois absolument dignes de foi, et, sauf quelques nuances, ils peuvent se résumer en ces quelques mots.

« Le général Niel a envoyé ses troupes *par trop petits paquets*. Toutes ses attaques ont toujours été insuffisantes. »

Cette critique, confirmée d'ailleurs par un général dont l'opinion et le jugement ont une grande autorité, s'adressant à un soldat que j'ai eu l'honneur de connaître très particulièrement en Crimée, et que j'ai pu apprécier, je vais essayer d'en donner une explication que je crois plausible.

Le général Niel, que le siège de Rome avait commencé à mettre en évidence, et que le siège de Sébastopol, cinq ans après, porta à la tête de son arme, était un officier du génie consommé. Intelligent, studieux et instruit, d'un jugement droit, *quand il était désintéressé*, il appliquait avec une rare sagacité, dans la direction des travaux d'un siège, la science de Vauban, dont il connaissait tous les secrets et les moindres détails.

Plus tard, comme ministre de la guerre, il devait se montrer un organisateur éminent et donner la preuve de sa clairvoyance et de sa prévoyance militaires. La lutte patriotique qu'il engagea, et dans laquelle il succomba, lui fait le plus grand honneur. Malheureusement, tous ses efforts pour révolutionner et développer en même temps notre organisation militaire insuffisante, devaient se briser contre une coalition criminelle aveuglée par la passion politique jusqu'à compromettre le salut de la patrie.

A la tête de cette coalition s'était placé, il faut le dire en passant et à sa honte, un homme que l'Empereur avait qualifié d' « historien militaire illustre et national », que ses études et les travaux militaires de toute sa vie avaient mis en contact presque permanent avec l'armée française, seul juge compétent dans une question de cette gravité au milieu d'avocats et de rhéteurs ignorants, et c'est sur lui que doit retomber la plus grande part de responsabilité de nos désastres de 1870.

— « M. Thiers n'a jamais été qu'un révolutionnaire routinier, disait un jour M. Rouher. » J'ajoute qu'il n'a jamais été non plus qu'un routinier militaire, et son attitude, depuis 1870, en fait foi. A toutes les brillantes qualités que je viens d'énumérer, le général Niel joignait-il celles qui ne s'acquièrent que par une pratique progressive et continue du commandement des troupes, et qui exigent un séjour presque ininterrompu dans les rangs de l'armée? Non, le général Niel avait beaucoup lu et étudié; doué d'un esprit très fin et d'une grande mémoire, il avait beaucoup retenu, et son érudition militaire était plus que suffisante pour qu'il fût souvent intéressant de l'écouter; mais dans la conduite et le commandement d'un corps d'armée en rase campagne, l'habitude des grandes manœuvres, la sûreté du coup d'œil, la précision des mouvements d'ensemble, l'appréciation exacte de leur opportunité et de leur importance devaient fatalement faire défaut. et une telle lacune chez un général de cette trempe et de cette valeur venait confirmer ce vieux principe d'instruction militaire que j'ai si souvent entendu répéter dans ma jeunesse :

« Pas de progression, pas d'instruction. »

Là est, je crois, la véritable explication de l'insuffisance, du décousu et des insuccès des attaques du 4ᵉ corps contre les positions de l'ennemi, dans le cours de la bataille.

La journée avançait, et quoique l'armée autrichienne luttât encore énergiquement en face des 3ᵉ et 4ᵉ corps, le succès de nos armes n'était plus douteux. A ce moment encore, un violent combat d'artillerie était engagé entre 7 batteries françaises — 42 pièces — et l'artillerie ennemie, bien inférieure en portée et en précision.

Les batteries du 2ᵉ corps et celles de la garde envoyaient en même temps leurs obus jusque dans les réserves autrichiennes.

Partout, notre légère artillerie de 4 rayé écrasait de sa supériorité celle de l'ennemi, et le général Lebœuf, qui dirigeait ses débuts, tenait fidèlement la promesse faite à l'Empereur devant les officiers de sa maison, de les rendre éclatants. *Il était partout.*

Vers la fin de la journée aussi, l'artillerie autrichienne dirigea un instant un feu nourri de *fusées de guerre* sur les villages occupés par les 3ᵉ et 4ᵉ corps ; mais nous étions fixés, je crois l'avoir déjà dit, sur son efficacité, et cette dernière tentative ne pouvait que nous rappeler un couplet de la chanson comique d'un de nos camarades, sur les mêmes fusées de guerre :

> Pour les tirer, c'est malheureux,
> Le tir en est fort dangereux.
> Vous pointez vos fusées de guerre
> Sens dessus dessous, sens devant derrière,
> Mais elles *reviennent sur vous*
> Sens devant derrière, sens dessus dessous.

La retraite de l'ennemi était déjà imminente, lorsqu'un violent orage, précédé d'un ouragan qui soulevait d'épais tourbillons de poussière dans la plaine et bientôt suivi d'une pluie torrentielle, sembla en donner le signal.

La canonnade cessa presque instantanément, et lorsque l'obscurité fit place aux dernières lueurs du soleil couchant, nous pûmes voir toutes les colonnes ennemies se retirant *en bon ordre* et se dirigeant vers les ponts du Mincio.

Le passage du pont devait être, comme il l'est forcément dans toute situation semblable pour une armée qui est encore à portée d'un ennemi victorieux, le point dangereux de la retraite, et le terme de sa régularité. Nous sûmes en effet le lendemain qu'un désordre effroyable s'y était produit.

Une seule division de cette armée qui avait si énergiquement et si vaillamment combattu pendant une journée entière, resta comme une citadelle au milieu de la plaine, recevant encore les dernières salves de l'artillerie de la garde, et prête à recevoir aussi le choc de notre cavalerie, en cas de poursuite immédiate. Elle ne rejoignit l'armée que dans la nuit.

Chargée par notre cavalerie, elle eût été fatalement détruite.

Mais l'Empereur était résolu à limiter à la possession du champ de bataille le succès d'ailleurs suffisamment éclatant et décisif de son armée, et lorsque plusieurs généraux sollicitaient les ordres de poursuite, il répondit sur un ton qui ne laissait aucun doute sur la fermeté de sa détermination :

— *Non, la journée est terminée.*

L'immobilité de l'armée française après la bataille de Solferino a été généralement jugée avec sévérité. Elle a soulevé les critiques les plus absurdes et les commentaires les plus erronés, comme tous les faits restés inexpliqués. Qu'il me soit permis, en terminant le récit de la bataille de Solferino, de dire à quelle haute influence, à quels sages et affectueux conseils l'Empereur Napoléon III a peut-être obéi, en limitant une incontestable victoire à la possession complète du champ de bataille.

Si, d'ailleurs, parmi les *considérations graves de haute politique générale* qui l'ont arrêté, il y a eu place pour un sentiment de modération et de générosité envers un souverain malheureux et une brave armée, que les souvenirs d'Essling et de Wagram nous avaient appris à respecter, qui oserait le blâmer?

La guerre a ses terribles nécessités, elle a aussi ses nuances et ses traditions, et en outre elle reflète toujours exactement le caractère et les mœurs des nations, dont les armées sont la plus pure émanation.

Enfin, en prenant la résolution de n'imposer à l'Autriche qu'une paix honorable pour ses armes, l'Empereur s'était sans doute rappelé que, en même temps qu'il donnait l'ordre de poursuivre l'armée autrichienne après la victoire de Wagram, — parce que les conditions de la guerre l'exigeaient, — Napoléon Ier faisait porter à l'archiduc Charles, son illustre chef, la croix de *chevalier de la Légion d'honneur*.

Or, l'armée autrichienne de 1859 s'était montrée digne fille de celle de Wagram. Puis le but de Napoléon III en entreprenant la guerre d'Italie n'avait pas été de chercher une gloire personnelle au détriment de l'Autriche. Après la journée de Solferino, il pensait que le but qu'il s'était véritablement proposé était atteint. Rien ne vint donc trahir sur son visage, à la fin de la journée, la détente qui doit succéder aux poignantes émotions d'une bataille longue et meurtrière, encore moins la joie d'un général qui vient de remporter une éclatante victoire sur une vaillante armée qui la lui avait longtemps et bravement disputée.

Une expression de tristesse et de lassitude morale au contraire se dessinait plutôt sur cette impassible physionomie, et son entourage se l'expliquait par l'impression douloureuse que l'Empereur avait éprouvée pendant dix heures passées au milieu des blessés des deux armées, dont il entendait les gémissements et les plaintes.

La liberté de l'Italie coûtait cher !

Napoléon avait subi, le jour même de la lutte, le sentiment de pitié et de douloureux regret que Napoléon Ier ajournait toujours au lendemain, alors qu'il parcourait le champ de bataille pour veiller à l'enlèvement des blessés, pour leur adresser des paroles de consolation et d'encouragement, quelquefois même pour leur distribuer des récompenses.

Affaire d'habitude de la guerre et du commandement des armées.

La nuit tombait lorsque l'Empereur quitta sa dernière position pour se diriger vers Cavriana. La maison grande et spacieuse, précédée d'une vaste cour, qu'il alla occuper, était celle où l'empereur François-Joseph avait établi la veille son quartier général.

L'Empereur s'arrêta dans une salle et s'assit à une grande table recouverte d'un tapis vert, sur laquelle il appuya son front, paraissant succomber à la fatigue physique. Son entourage était immobile et silencieux autour de lui.

Ce silence, qui dura environ dix minutes, ne fut troublé que par la voix d'un valet de pied, qui vint annoncer que le dîner était servi ; les officiers de la maison trouvèrent cette voix d'autant plus harmonieuse, qu'ils allaient prendre leur premier repas de la journée. Vrai repas de jour de bataille d'ailleurs, où l'art culinaire n'avait rien à voir. On n'y fit pas moins grand honneur, ce qui semble indiquer que, quand le cerveau demande le repos, l'estomac n'en réclame pas moins ses droits à l'existence.

Pendant toute sa durée, on entendait le canon de l'armée sarde encore aux prises avec le corps de Benedeck sur le champ de bataille de San Martino, qui ne cessa son feu que vers 10 heures du soir.

En gagnant ses appartements, l'Empereur passa devant une chambre assignée à l'un de ses officiers. Celui qui l'avait occupée la veille y avait écrit son nom à la craie, ainsi que ces trois mots : *Addio cara Italia*.

Triste attestation d'un officier autrichien qui n'avait plus un doute sur l'issue de la guerre.

Voici maintenant quelques éclaircissements sur ce

qui s'était passé entre le maréchal Canrobert et le général Niel et sur les mouvements d'une des brigades du général Trochu mise à la disposition de ce dernier.

Le 23 juin, la 2ᵉ division, la division Trochu recevait l'ordre suivant de l'autorité supérieure :

« Il paraît acquis que l'ennemi est au loin, de l'autre côté du Mincio. Demain 24 juin, la 2ᵉ division descendra le long de la rive droite de la Chiese, passera la rivière sur un pont de bateaux jeté par les Italiens, et se dirigera sur Médole où elle s'établira et se réparera. »

Cheminant le long de la Chiese, le général Trochu entend tout à coup le canon de l'autre côté de l'eau.

Un officier du commandant en chef lui dit « que c'est un tir d'instruction des pièces de 4 ».

Mais les coups se succèdent sans répit, c'est évidemment une *bataille de surprise* comme à Magenta.

Trochu court à Médole, où il trouve l'ordre de faire face, avec tout le 3ᵉ corps, à 40 000 Autrichiens sortis à l'aube de Mantoue. Sa ligne de bataille établie, il monte au clocher et voit Mantoue.

Il n'y a pas un Autrichien dans la vaste plaine qui l'en sépare, il voit nettement que sa division et tout le 3ᵉ corps vont être immobilisés pendant la bataille devant cet épouvantail chimérique.

Dans cette étrange campagne, le grand quartier général a invariablement cru l'ennemi au loin quand il était à deux pas, et à deux pas quand il était au loin.

Le chef de bataillon du génie Parmentier, aide de camp du général Niel, arrive au galop. Le 4ᵉ corps d'armée, écrasé par des forces supérieures, ne peut plus tenir.

Le général Niel a demandé assistance au maréchal Canrobert, qui n'y inclinait pas.

Enfin, il a concédé une des deux brigades du général Trochu. Le commandant Parmentier vient la chercher et la conduire au point décisif.

Trochu en prend le commandement et laisse son brave brigadier Collineau, le héros de Malakoff, le futur héros de Takou, — dont ce fut du reste la fortune pendant toute cette guerre — en face de la chimère de Mantoue. Marche rapide par une chaleur suffocante. Le général Trochu arrive sur le terrain de la lutte avec une troupe dont le bon ordre contraste avec les scènes d'indescriptible désordre dont elle est témoin.

Dans un pli de terrain il se rencontre nez à nez avec le général de Rochefort, l'ancien directeur de l'école de Saumur qui commandait une brigade de cavalerie composée des 2ᵉ et 10ᵉ régiments de chasseurs à cheval. Ses hommes étaient couchés dans les blés à côté de leurs chevaux, la bride au bras.

— Qu'attendez-vous donc ici? dit le général Trochu au général de Rochefort.

— J'attends des ordres.

— Joignez-vous à moi, je rejoins le général Niel; si ma brigade doit jouer un certain rôle dans cette dure journée, pensez de quel poids peut être l'adjonction de toute une brigade de cavalerie arrivant inopinément sur le terrain avec mes fantassins.

Mais le général de Rochefort ne croit pas devoir agir sans ordres de ses chefs.

Plus loin Trochu rencontre le général marquis de Luzy-Pélissac, tout seul, seul comme l'Empereur au pont du Tessin. Celui-là n'était pas un novice comme le général de Rochefort dont c'était la première campagne, il figurait au musée de Versailles à côté du duc d'Orléans dont il avait été l'aide de camp; mais c'était lui qui venait de soutenir le premier choc des Autrichiens qui lui avaient mis 1 925 hommes hors de combat, de sorte que non seulement il était très ému, mais il avait encore perdu tout empire sur lui-même :

— Pourquoi êtes-vous tout seul? lui demanda le général Trochu.

— Ah! mon cher ami, lui répondit-il, j'ai perdu toute ma division.

— Et vos officiers, où sont-ils?

— Tous morts.

— Et votre division?

— Détruite.

— Voyons, mon général, une division ne disparaît pas comme cela?

— Si, tous perdus! bien perdus!

— Eh bien! mon général, venez avec moi, je suis en marche pour rejoindre Niel. Je suis convaincu que nous allons retrouver votre division; elle peut être décimée, mais tous vos hommes ne sont pas morts.

Rien ne put décider le malheureux général à sortir de ce sombre désespoir; des pleurs sillonnaient son visage. Il n'y avait plus rien à en tirer. C'était un organisme détraqué.

Le général Niel — calme sous une canonnade très vive — invite le général Trochu à pousser en avant avec Guidizzolo pour objectif.

En dix minutes l'invariable ordre de bataille échelonné est formé, l'artillerie est placée entre lui et la ligne des tirailleurs. La division est noyée dans une plaine immense de hautes vignes. On ne voit ni l'ennemi, qui est très près, ni l'ensemble de la troupe. Mais elle marche avec fermeté, comme une troupe organisée qui pousse devant elle des groupes désorganisés par neuf ou dix heures de lutte. Le jour est très avancé.

C'est la reproduction du combat *inédit* de Ponte Vecchio di Magenta; mais en leur cédant le terrain, les Autrichiens couvrent de feu les Français, et leur général fait d'assez grosses pertes... triples de celles de Ponte Vecchio.

Le colonel Broutta, du 43°, est mortellement blessé; mais l'ennemi laisse sur un petit tertre 3 pièces et leurs caissons, sans attelages.

On ne distingue plus depuis longtemps entre les coups de canon et les coups de tonnerre. Une trombe d'eau chassée par le vent inonde tous les yeux, les aveugle, les fusils ne se chargent plus et ne tirent plus. Deux pièces franchissant une ravine retombent au fond, hommes, chevaux et matériel. C'est un désordre extraordinaire qui dure jusqu'à la nuit.

La lutte a cessé sur toute l'étendue du champ de bataille.

A 11 heures du soir, rapport des généraux autour du général Niel. Celui-ci demande alors au général Trochu si, au jour, il sera en état de combattre? Ce dernier répond très affirmativement, ajoutant que, si on lui rend sa brigade retenue à Médole, il attaquera à fond.

Mais, au point du jour, il n'y avait pas un Autrichien en vue.

C'est alors que la Victoire emboucha sa trompette.

CHAPITRE XIX

Une panique. — Mort du général Auger. — Nouvelle panique. — L'épopée de la poussière. — A Saint-Cloud. — Le maréchal Niel. — *Te Deum*. — Aux Champs-Élysées. — Négociations. — Cavriana. — Le général Niel chez l'Empereur. — A Goïto. — La raison d'État. — *Remember*. — Fâcheux conflit.

Généralement les récits de guerre se taisent sur les paniques, ou du moins sur certaines paniques, c'est-à-dire que chacun cache soigneusement les siennes et ne raconte que celles de l'ennemi. De même qu'il n'y a pas d'homme de guerre qui n'ait ses moments de défaillance, il n'y a pas d'armée, si brave et si bien dressée qu'elle soit, qui à un moment donné ne soit sujette à la panique. Dans une déroute on peut dire que c'est l'état normal du vaincu; mais, après une victoire, une panique est plus rare chez le vainqueur et ne peut provenir que d'ordres absurdes.

La bataille de Solferino a été suivie dans l'armée française de deux cas de panique on ne peut plus étranges, qui dénotent combien peu les Français se croyaient certains de la victoire.

La brigade de cavalerie Partouneaux avait été envoyée tout entière en reconnaissance dans un bois. Pour ceux qui connaissent l'emploi de la cavalerie, cet ordre était une monstruosité, car dans la cavalerie il y a deux éléments de panique : le cheval et le cavalier.

Naturellement le cheval n'aime pas les bois, parce qu'il sait, sans avoir étudié l'art militaire, que tous ses moyens y sont paralysés; dans les pâturages où il a passé sa jeunesse, il se rappelle que le loup s'y embusque pour l'attaquer à l'improviste; aussi, en liberté, n'en approche-t-il point.

Le cavalier partage à cet égard les opinions de sa monture, et redoute tout spécialement les tirailleurs embusqués dans les arbres, qui le canardent sans qu'il puisse répondre. On doit donc éviter d'envoyer des cavaliers en reconnaissance dans les bois, surtout en nombre, car en cette occasion le nombre n'est qu'une cause de désordre de plus.

A la sortie du bois le 1ᵉʳ escadron aperçoit quelques fuyards autrichiens qui n'avaient pas eu encore le temps de franchir le fleuve. Il s'imagine que l'ennemi est en force, et tourne le dos au pas. Sans savoir pourquoi, le 2ᵉ escadron exécute le même mouvement au trot, le 3ᵉ l'accélère encore et part au galop; alors pour le 4ᵉ c'est une débandade générale précédée par les officiers, parce que leurs chevaux sont meilleurs. Ce troupeau humain passe comme un ouragan, sans heureusement l'émouvoir, devant la division Trochu qui, désignée pour le siège de Peschiera, a tourné à gauche, s'élevant vers les hauteurs, en longeant les fronts de bandière de l'armée, et en est à sa première halte, dans la plaine. Il sème l'épouvante et le désordre sur tout son passage.

Une panique de 2 000 chevaux !

Le mouvement est donné et se propage de proche en proche. La trombe de cavaliers, dans un désordre indescriptible, balaie tout sur son chemin, porte le trouble, la terreur sur les derrières de l'armée où se passent des scènes que je ne veux pas redire ici, et l'effet s'en produit non seulement jusqu'à Brescia, — où les habitants effrayés retirent de leurs fenêtres les drapeaux français, croyant à un désastre, et les remplacent de nouveau par la bannière des Habsbourg, — mais encore jusqu'à Milan. Les chevaux essoufflés s'arrêtent enfin d'eux-mêmes.

Ce que je ne puis toutefois passer sous silence, c'est que l'artillerie avait coupé ses traits et abandonné ses canons !... et les gens du pays, qui avaient été réquisitionnés avec leurs voitures pour le transport des blessés, se sauvèrent au triple galop en jetant les blessés sur les routes.

Un grand nombre de malheureux périrent dans la chute, et ce fut ainsi que succomba le jeune général d'artillerie Auger, qui avait pris une part décisive à la victoire de la veille.

Il avait été amputé d'un bras, mais l'opération avait réussi et il y avait espoir de le sauver. Il mourut dans un des fossés de la route.

Le général Trochu, dont la division avait miraculeusement échappé à la contagion, dont l'infanterie, ferme à son poste, n'avait même pas rompu les faisceaux, fit, séance tenante, un rapport pour réclamer le châtiment, par la voie de l'ordre général, d'un égarement militaire qui, en plein soleil et au lendemain d'une bataille gagnée, était sans exemple et plein de périls pour l'avenir de la campagne; mais ses vues ne furent pas prises en considération. Ordre était donné de se taire, et le public n'eut aucune connaissance de cette humiliante défaillance.

Signalons en passant l'insuffisance, pour ne pas dire la barbarie du service des blessés, à une époque si rapprochée pourtant de la nôtre. Si la *Croix rouge* avait existé à cette époque, le général Auger n'aurait pas été précipité sur la route, et nous ne citons que la plus illustre des victimes de la panique de Brescia. C'est cependant à l'initiative privée qu'on doit l'organisation du service actuel des ambulances.

Il nous reste à conter une autre panique encore moins connue que la précédente, qui aurait rappelé celle d'Austerlitz, si le même général Trochu, dont je viens de parler, n'avait pas pris les mesures les plus énergiques pour en prévenir les désastreuses conséquences.

En effet, en plein jour, une débandade comme celle de la division Partouneaux ne peut avoir aucune conséquence militaire immédiate, surtout pour une armée victorieuse ou à peu près; mais il n'en est pas de même la nuit. En ce cas il arrive presque toujours que les fuyards sont pris pour des ennemis et reçus à coups de fusil ; c'est ce qui arriva à Austerlitz.

Après avoir installé son bivouac, le général Trochu fut prévenu par un officier d'ordonnance que deux régiments de cavalerie devaient passer la nuit sur le front de ses troupes pour aller en reconnaissance.

— Comment ! s'écria-t-il, après la panique de ce matin, il vous en faut encore une autre de nuit? Est-ce le moment de faire faire des reconnaissances par de la cavalerie, et, qui pis est, par des régiments entiers? Mais c'est une folie ! Ne savez-vous pas ce que c'est que la cavalerie la nuit ? Les chevaux ne cessent pas d'être inquiets, les cavaliers ne sont pas sûrs d'eux-mêmes. Il suffit d'un pistolet qui tombe et qui part pour tout mettre en déroute.

— C'est possible, mon général, répondit l'officier, mais je n'y puis rien, je suis tout simplement chargé de vous prévenir.

Peu après, les deux régiments de cavalerie passaient, allant occuper la position qui leur avait été désignée.

Le général rentra dans sa tente et, sur sa cantine, rédigea immédiatement l'ordre du jour suivant :

« Soldats,

« Cette nuit on entendra probablement des coups de feu, des cris, des appels ; puis vous verrez passer une cavalerie affolée. Quoi qu'il arrive, je donne l'ordre exprès que les faisceaux ne soient point rompus, que, sous quelque prétexte que ce soit, les hommes ne prennent pas les armes, et je rends les capitaines personnellement responsables de l'exécution stricte du présent ordre du jour. »

Cet ordre fut immédiatement répandu et lu parmi les troupes. Officiers et soldats se demandaient quelle mouche avait pu piquer leur général.

A 2 heures du matin, les hommes qui dormaient furent éveillés par un vacarme et des clameurs effroyables. Une avalanche désordonnée d'hommes et de chevaux se rua sur le campement au cri de : *Ils nous suivent!* Ils culbutèrent la tente du général, la plupart de celles des officiers, renversèrent hommes et faisceaux, et finalement se perdirent dans les ténèbres de la nuit comme un cauchemar.

La brigade Partouneaux s'était brillamment conduite la veille, avec la division Desvaux, et avait chargé avec intrépidité la belle cavalerie hongroise. Hussards et chasseurs d'Afrique s'y étaient distingués à l'envi.

Ce n'étaient pas non plus des novices que les fantassins du général Trochu, qui venaient d'avoir la gloire de terminer deux batailles, et cependant ils se ruèrent sur leurs faisceaux, nerveux et tremblants, et il fallut tout le respect de la discipline, toute la confiance qu'ils avaient dans un général ayant fait ses preuves sur tant de champs de bataille, pour ne pas sauter sur leurs armes et tirer au hasard.

Que serait-il arrivé s'ils avaient tiré? Il en serait résulté dans la nuit une boucherie générale entre Français, que les Autrichiens auraient pu compléter s'ils n'avaient pas été eux-mêmes à 14 lieues de là.

Il est vrai que la paix était faite; mais qui le savait? L'Empereur seul.

Ainsi se termina pour le général Trochu cette campagne sanglante, dont la brièveté annonçait celle de Sadowa.

Quoique courte, elle fut excessivement pénible à cause de la chaleur, et surtout de la poussière que soulevaient les troupes en marche. Cette poussière formait des nuages opaques qui se distinguaient à des distances prodigieuses, et d'après la dimension de ces nuages on se rendait un compte très exact du nombre d'hommes qui les produisait. Aussi le général nommait-il la campagne d'Italie : *l'épopée de la poussière.*

Que se passait-il en France, à la Cour, pendant les événements que nous venons de raconter? Le voici :

Lorsque l'armée française était arrivée sur la Chiese et n'avait pas trouvé l'ennemi en face d'elle par les hauteurs de Montechiaro, qui offrent un véritable champ de bataille à conquérir avant le passage du Mincio, considéré comme limite extrême de la Lombardie, l'Empereur avait télégraphié à l'Impératrice que la bataille désirée était certainement retardée, qu'il allait continuer sa marche et qu'il ne rencontrerait plus l'ennemi qu'au delà du Mincio, probablement sur les positions de Castelnovo, en avant de Valeggio, dans le Quadrilatère même.

La journée du 22 se passa à Saint-Cloud dans une attente fébrile; l'Impératrice, très énervée, ne recevait pas de dépêche après cette dernière si incertaine; elle ressentait une agitation de tous les instants.

Pas de dépêche dans la nuit du 22 au 23.

Pas de dépêche le 23.

Pas de dépêche le 24.

Ce jour-là, à minuit, on se sépara.

L'Impératrice avait les yeux brillants de fièvre; elle ne pouvait rester en place, et répétait à chaque instant :

— Soyez sûrs qu'il se passe de gros événements là-bas... Quels sont-ils?... Que faut-il en augurer?

A 3 heures du matin, le 25 juin, l'Impératrice reçut enfin la dépêche de l'Empereur datée de Cavriana, qui lui annonçait le succès de Solferino.

Sa joie, l'éclat de ses transports remplirent le palais de clameurs d'ivresse.

Il faut se rappeler cette phrase qu'elle répéta :

— Quelle joie pour le pays! pour l'Empereur! Vous savez que j'aimerais mieux le savoir mort qu'amoindri!

Hélas!

Dès 4 heures du matin, le lieutenant-colonel Schmitz partit pour Paris, alla directement chez le ministre de l'intérieur, le duc de Padoue, qui devait faire afficher les dépêches;

Chez le roi Jérôme;

Chez le prince Murat;

Chez la princesse Mathilde.

Les détails sur la bataille arrivèrent promptement.

L'Empereur avait déjà dit, dans sa deuxième dépêche, que le général Niel s'était couvert de gloire en livrant bataille toute la journée dans la plaine de *Medole*, et qu'il le faisait maréchal de France.

L'Impératrice accueillit cette nouvelle avec froideur : elle n'aimait pas beaucoup Niel, qui ne recherchait jamais que les conversations de l'Empereur, sans se préoccuper des impressions de l'Impératrice.

— Mais, dites-moi donc, — s'adressant à un interlocuteur, — comment expliquez-vous l'engouement de l'Empereur pour Niel?

— Madame, c'est bien simple ; le général Niel est un esprit distingué : il parle de toutes choses avec facilité, compétence : c'est une encyclopédie vivante ; de plus, il est fort solidement instruit ; l'Empereur n'ayant autour de lui que des hommes dont la capacité est contestée et constatée, ne s'adresse plus à eux quand il a besoin de renseignements, Niel les lui donne toujours sans hésiter.

— Merci pour les autres du portrait que vous faites d'eux ! riposta l'Impératrice.

Paris était à la joie. Par cette belle saison de juin, le soleil éclairait aussi bien le paysage que les visages.

On convint d'un *Te Deum* à célébrer à Notre-Dame.

L'Empereur avait recommandé à l'Impératrice de ne pas placer le Prince impérial dans sa voiture ; prétextant qu'il ne fallait pas tout risquer en cas d'accident.

L'Impératrice ne tint pas compte de cet ordre, et arriva à Notre-Dame ayant son enfant à côté d'elle.

Elle était coiffée d'un chapeau ravissant de paille d'Italie, et les rubans tricolores, *oui, tricolores*, encadraient le chapeau et le visage.

Effet merveilleux sur la foule, par ce jour de grand soleil. Fête complète. Mouvement immense dans Paris, jusqu'au milieu de la nuit.

L'Impératrice voulut s'y associer, sortant à pied des Tuileries, vers 10 heures du soir, avec le duc et la duchesse de Bassano, le colonel Schmitz et une dame du palais. On fit une promenade aux Champs-Élysées. Le duc de Bassano avait l'Impératrice à son bras. Elle ne fut pas reconnue.

A la suite de la bataille de Solferino, l'armée traversa le Mincio, et l'Empereur établit son quartier général à Valeggio. Nous voici en Vénétie, en plein Quadrilatère.

L'ennemi se retirait en arrière de Vérone et dans Vérone. On s'attendait à un retour offensif. Des ordres furent donnés pour prendre un ordre de bataille sur les hauteurs de Castelnovo et de Custozza. On prit les armes le matin. A midi on rentrait. L'ennemi n'était pas devant l'armée.

A quelques jours de là, il vint un courrier autrichien de Vérone.

Le soir même, le général Fleury partait pour cette ville et était introduit en parlementaire auprès de l'empereur d'Autriche, qui lui parla de la paix à intervenir.

Les négociations préalables de cette paix boiteuse seront certainement racontées dans les mémoires du général Fleury.

Quoi qu'il en soit, en rentrant à Valeggio, il assurait à l'Empereur qu'il n'y avait plus qu'à la consacrer dans une entrevue entre lui et François-Joseph. Elle fut immédiatement décidée et réglée.

Mais avant de parler de la paix, suivons encore Napoléon III.

Le 25 juin, l'armée était restée sur les emplacements qu'elle avait occupés à la fin de la journée du 24, et, en attendant les rapports des commandants de corps, l'Empereur avait préparé les ordres de mouvement de ceux qui devaient aller occuper les positions les plus rapprochées du Mincio, entre Peschiera et Mantoue.

Pendant la journée, de nombreuses colonnes de prisonniers traversèrent Cavriana. L'Empereur ayant appris qu'une vingtaine d'officiers étaient réunis dans l'église, et qu'ils étaient dans le dénuement le plus complet, chargea le prince Murat et un de ses officiers d'ordonnance de leur remettre de l'argent et de leur faire porter du quartier impérial les vivres nécessaires.

Un certain nombre de ces officiers étaient assis dans les stalles du chœur, d'autres étaient étendus sur les dalles de l'église; tous paraissaient harassés de fatigue.

Ils se levèrent à la vue des officiers français, et leur rendirent leur salut avec une politesse froide, triste et toute militaire; mais lorsqu'ils apprirent que les visiteurs étaient envoyés par Napoléon III pour pourvoir à tous leurs besoins, les visages de ces jeunes officiers s'éclairèrent, et la glace fut rompue.

L'arrivée de plusieurs valets de pied à la livrée de l'Empereur, chargés de paniers remplis de provisions de toute espèce, acheva de les rassurer sur le but prémédité de la visite qui leur était faite, et qui n'avait rien d'une curiosité malséante.

Ces jeunes officiers autrichiens purent constater que dans l'*armée française victorieuse* les adversaires de la veille d'une bataille deviennent les camarades du lendemain. Tout près de l'église, sous un hangar, il y avait un petit attroupement de curieux. Sous ce hangar était étendu sur le dos un immense soldat croate, la tête appuyée sur son sac. Deux médecins français étaient occupés à le déshabiller, pour chercher une blessure qui n'existait pas. Son visage était violacé et ses dents tellement serrées qu'il était impossible de lui faire avaler quelques gouttes d'eau ou de cognac. Les yeux étaient hagards et la face complètement tuméfiée. Malgré tous les soins de nos braves médecins, toujours si dévoués, le pauvre diable mourut dans la soirée, et un des médecins admit comme possible qu'il était *mort de terreur*. N'avait-on pas dit, parmi les régiments autrichiens, que les turcos *mangeaient leurs prisonniers?*

Le 26 dans la matinée, le général Niel arriva au quartier impérial et fut reçu par l'Empereur qui le retint à déjeuner. Il était difficile de parler d'autre chose que de la grande bataille de l'avant-veille, et, pendant toute la durée du repas, le général Niel eut souvent la parole. Placé à la droite de l'Empereur, il lui raconta en grands détails la part prise par le 4e corps aux événements du 24, la glorieuse résistance aux efforts que l'armée autrichienne avait dirigés contre lui et fit ressortir brillamment et habilement à la fois l'inébranlable fermeté de ses généraux et de ses soldats.

Pendant qu'il parlait, il était intéressant d'observer attentivement la figure du maréchal Vaillant. Un sourire, dont la traduction n'était pas difficile, et un certain rictus des narines ne laissaient aucun doute sur son impression. Le général Niel était de la plus Haute Garonne, et son récit fait avec une éloquence séduisante et imagée avait malheureusement un cachet d'origine trop accentué. Plus malheureusement encore il se termina par des récriminations, qui finirent par prendre le caractère d'un véritable acte d'accusation contre le maréchal Canrobert, à qui il reprocha de ne lui avoir pas prêté toute l'assistance nécessaire et possible.

L'impression produite par les dernières paroles du général fut pénible, et le silence glacial qui les suivit avait une signification non douteuse de désapprobation.

Ce silence, que d'ailleurs la présence de l'Empereur imposait, ne fut rompu que par l'Empereur lui-même, qui, s'adressant au général Niel, lui dit tristement ces nobles paroles :

— *J'ai eu tort;* j'aurais dû penser et prévoir qu'en donnant à Canrobert des ordres trop absolus et trop précis, il n'oserait pas les modifier pour obéir à ses propres inspirations.

Le général Niel s'était-il laissé aller à des appréciations peut-être erronées? Ce soupçon traversa-t-il l'esprit de l'Empereur? Toujours est-il qu'après son départ, Sa Majesté fit appeler le capitaine Brady, qui avait assisté pendant le déjeuner à la scène que je viens de raconter, et que l'Empereur savait avoir été pendant cinq années dans l'intimité militaire de l'illustre maréchal; il lui donna l'ordre de se rendre à Goïto, — que le 3ᵉ corps avait dû occuper dans la matinée, — de voir le maréchal Canrobert, et de lui rapporter des renseignements exacts sur les dispositions qu'il avait prises sur la rive droite du Mincio, et sur les emplacements occupés par ses troupes. Le capitaine devait en outre réclamer du maréchal ses états de propositions de récompenses.

Le maréchal avait établi son quartier général dans un château placé à hauteur des positions occupées par les divisions Renault et Bourbaki, et la division Trochu, placée en réserve, occupait Cerlungo et Cattapone.

Le premier objet qui frappa les yeux de l'envoyé de l'Empereur, en entrant dans le vestibule, fut un grand tableau sur lequel était dessiné à la plume l'arbre généalogique de la famille Bonaparte. On pouvait supposer qu'il était accroché là de fraîche date et qu'il devait être moins en évidence quatre jours auparavant, lors du passage de l'empereur François-Joseph et de l'armée autrichienne.

Le maréchal Canrobert était en conférence avec son chef d'état-major. Le capitaine Brady dut causer quelques instants avec le propriétaire du château, qui lui donna des détails sur le passage du Mincio par l'armée autrichienne, dans la soirée et pendant la nuit du 24 au 25.

— Il s'est produit, lui dit-il, un grand encombrement aux abords des ponts, et un effroyable désordre en est résulté. Les rangs furent rompus, tous les numéros des régiments étaient confondus. La voix des officiers n'était plus écoutée, et tous leurs efforts pour rétablir l'ordre restèrent impuissants. Quelques-uns pleuraient de rage ; d'autres, prévoyant et redoutant un affreux désastre, brisaient leur épée.

Poursuivie par notre cavalerie et canonnée par notre artillerie, l'armée autrichienne, en effet, acculée à un obstacle infranchissable, aurait été perdue et toute résistance aurait été impossible.

Tel devait être le dénouement de la bataille de Solferino, et si l'armée autrichienne y a échappé, c'est *assurément* parce que l'Empereur Napoléon III *ne l'a pas voulu*. Toute autre appréciation est invraisemblable.

Tout le monde sait avec quelle netteté étaient rédigés les discours officiels que l'Empereur adressait aux grands corps de l'État. Celui qu'il prononça à sa rentrée à Saint-Cloud devait affirmer que la guerre de 1859 avait pu avoir pour but l'amoindrissement territorial de l'Autriche, mais non l'affaiblissement de sa puissance militaire et encore moins sa destruction temporaire.

Une seule phrase de ce discours: «Croyez-vous qu'il ne m'en a pas coûté d'arrêter des soldats enivrés par la victoire... etc. » prouve que l'immobilité de l'armée sur le champ de bataille de Solferino et les jours suivants, a été la conséquence d'une détermination politique, que ni les avis des généraux français ni l'ardeur du roi Victor-Emmanuel, ardeur plus intéressée que toute autre, ne purent ébranler.

Le lendemain de la bataille de Magenta, la Diète germanique se réunit à Francfort. Elle y déclara que la Vénétie, appartenant à la Confédération, se trouvant menacée, elle allait appeler sous les armes la landwehr, en attendant la mobilisation du landsturm.

La nouvelle en arriva à notre ministre des affaires étrangères, M. Drouyn de Lhuys. Celui-ci s'empressa d'en donner avis à l'Empereur, en lui conseillant de faire immédiatement occuper la rive gauche du Rhin par les cent mille hommes qu'à Nancy commandait le maréchal Pélissier, ce vainqueur de Malakoff qui, se mordant les poings dans l'Est, ne demandait qu'à marcher.

La dépêche portée par un jeune attaché d'ambassade qui depuis a fait parler de lui, le baron de Billing, arriva au camp français le jour de la victoire de Solferino, qui termina la guerre.

Nous avions alors dépensé pour l'Italie 500 millions de francs et 50 000 hommes. Tout s'arrêta là ; l'Allemagne, qui eût été aplatie, fut sauvée, et l'Italie, qui nous léchait les bottes, vit le commencement de cette unification dont la France souffre aujourd'hui.

L'Empereur après Solferino a considéré qu'il avait rempli ses engagements vis-à-vis de l'Italie, qu'il avait payé ses dettes de jeunesse, et sa résolution d'arrêter son armée victorieuse fut une amère déception pour le roi de Sardaigne, forcé d'ajourner des espérances dont il avait pu voir la réalisation immédiate dans les plis du drapeau français. Il dut se rappeler ce vieux dicton : « L'occasion n'a qu'un cheveu. »

Sept ans plus tard, en effet, ce même dicton devait se présenter plus amèrement encore à son esprit, alors que les rôles et les situations étaient intervertis, et que l'armée italienne, battue par l'archiduc Albrecht à Custozza, était rejetée dans une effroyable déroute sur la rive droite du Mincio ! Le rapprochement de ces deux dates aurait pu être matière à réflexion pour son fils et pour son premier ministre, si dans leur politique il y avait eu place pour ce seul mot, qui a été à la fois la devise chevaleresque et le dernier cri d'agonie de deux rois d'Angleterre : *Remember...*

Mais le roi Humbert devait donner la préférence à un proverbe italien dont il a fait une maxime politique à son usage personnel : *Passato il pericolo, gabbato il santo* (Le danger passé, on méprise le saint).

Dans ce cas particulier le saint s'appelle la France. Quant au proverbe, il pourra servir d'épigraphe à l'histoire du règne de Victor-Emmanuel. Je me hâte d'ajouter cependant qu'il n'a pas cours forcé dans *toutes les régions* de l'Italie unifiée, et que le peuple italien ne peut être rendu responsable de l'ingrate politique de son souverain.

Je reviens au récit de l'entrevue de l'officier d'ordonnance de l'Empereur et du maréchal Canrobert, dont je me suis trop écarté.

Introduit auprès de lui, le capitaine Brady écrivit sous sa dictée les renseignements que l'Empereur attendait, en relevant sur une carte toutes les positions qu'il occupait avec ses troupes. Puis le maréchal parla de la bataille du 24, et raconta en détail la part qu'il y avait prise, les difficultés qui avaient résulté pour lui de l'obligation d'obéir aux ordres de l'Empereur, et de celle non moins impérieuse de porter secours au 4ᵉ corps, qui avait plusieurs fois plié sous les attaques réitérées de l'ennemi.

Le récit du maréchal était en tous points en contradiction avec celui du général Niel, aussi le capitaine n'hésita-t-il pas à informer son ancien chef de ce qui s'était passé au quartier impérial dans la matinée, le priant de venir à Cavriana et d'y établir les faits dans toute leur exactitude.

— C'est inutile, répondit le maréchal, tout ce que je viens de vous dire est consigné dans mon rapport, cela suffit.

En effet, le maréchal ne vit l'Empereur que deux jours plus tard, à son passage à Volta.

Il était facile de se rendre compte que les paroles du capitaine avaient provoqué chez le maréchal une violente indignation ; mais tout en redoutant les suites qu'elles pouvaient avoir, cet officier était convaincu qu'il venait de remplir un devoir et que l'Empereur avait voulu lui en faciliter l'accomplissement.

Jusqu'à la fin de la campagne qui devait se terminer quelques jours plus tard, on n'entendit plus parler de ce fâcheux conflit, dont il ne faut pas hésiter à laisser toute la responsabilité au général Niel. Ce n'est qu'après le retour à Paris, qu'à la suite de commentaires et de bavardages imprudents, auxquels la presse eut le tort de prendre part, il reprit un caractère de la dernière gravité, qui fit craindre un instant qu'il n'aboutît à une rencontre à l'épée entre les deux maréchaux de France !

Une pareille extrémité a pu heureusement être conjurée.

CHAPITRE XX

Le siège de Peschiera. — Contre-ordre. — Mécontentement. — Le général Fleury. — Le prince Napoléon. — Le roi à Monzambano. — Grande manœuvre. — Un bâton de maréchal. — Croyances physiologiques. — Le général Trochu. — Entrevue de Villafranca.

L'Empereur quitta Cavriana le 27 ou le 28, et, après s'être arrêté à Volta, vint établir son quartier général à Valeggio, dans la maison même où le général Bonaparte, pendant la campagne de 1796, faillit être pris par un corps de cavalerie autrichienne.

L'Empereur a systématiquement *improvisé* toutes ses guerres pour deux raisons: la première, parce qu'il avait le périlleux fanatisme de croire à l'absolue supériorité de notre armée sur toutes les armées du monde; la seconde, parce que, résolu à faire la guerre — malgré la solennelle promesse du début — il entendait dissimuler sa résolution jusqu'à la dernière heure et paraître ne céder que par contrainte et force majeure à l'accomplissement d'un grand devoir d'intérêt public et de dignité nationale.

La guerre d'Italie, qui a été, entre toutes, la caractéristique de cette politique, a, par son improvisation comme par l'étonnant décousu de son exécution, été la préface et l'avertissement, pour les clairvoyants, de nos désastres de 1870. Il n'entrait pas non plus dans la politique de l'Empereur de faire prévoir son intention de terminer la guerre après Solferino. Déterminé à faire la paix que l'attitude de l'Angleterre, de l'Allemagne surtout qui armait, rendait obligatoire, — il laissa croire à son armée que la guerre allait naturellement continuer, et les dispositions furent prises en conséquence, quoique secrètement le général Fleury fût chargé de négocier.

Des préparatifs d'une nature spéciale se poursuivaient donc, et un corps d'armée s'organisait, qui était destiné à mettre le siège devant Peschiera, et devait être placé sous les ordres du général Frossard.

Des ordres avaient été envoyés pour presser l'arrivée du matériel de siège nécessaire. La place était du reste à peu près investie par deux divisions sardes. Le général Trochu fut désigné pour faire le siège de Peschiera. C'était un *obsidional* de Crimée; cette opération, dont il avait une grande expérience, lui allait ; mais à peine s'était-il mis en marche dans cette direction qu'il reçut contre-ordre, car l'Empereur avait annoncé une grande bataille, et sa division avait été chargée d'occuper deux grands villages sur le front de l'armée.

Suivant son habitude, le général Trochu s'empressa d'en escalader les clochers. C'était un magnifique spectacle que cette longue ligne de 100 000 hommes, qu'on pouvait, d'un coup d'œil, embrasser tout entière. Allait-il assister à une de ces batailles rangées classiques, dont on lit la pompeuse description dans les livres d'histoire? En attendant il fortifiait les villages, et les crénelait avec amour, car pour un général en campagne, c'est une bonne fortune inestimable que de pouvoir s'appuyer sur un village : entre les mains d'un homme qui sait son métier, ce sont autant de forteresses presque imprenables.

O déception! pendant que l'Empereur parlait de guerre, suivant son habitude, je le répète, il traitait de la paix; les deux souverains dont les armées s'égorgeaient sans pitié, en avaient assez. Napoléon III avait fait honneur à ses engagements, mais il n'était pas assez aveugle pour ne pas voir que c'était au détriment du pays qui lui avait confié ses destinées, et même de sa dynastie.

Le 6 juillet, toute l'armée avait reçu l'ordre d'être sous les armes avant le jour. La ligne de bataille était magnifique. La division Trochu avait devant elle les deux villages que son général avait fait fortifier, et se tenait prête à jouer une belle partie. Toute la matinée se passe sans recevoir d'ordres, sous un soleil accablant. Les soldats assoiffés par 38 degrés de chaleur sont très mécontents, n'y comprenant rien.

Les chefs n'en savent pas davantage et forment, dans une ferme sur la grande route de Vérone, un petit club de généraux, discutant un état de choses qui semble inexplicable.

Tout à coup paraît une voiture, les généraux supposent d'abord que c'est un parlementaire autrichien puisque cette voiture vient du côté de l'ennemi; mais quand elle fut près, on reconnut une berline à la livrée de l'Empereur.

Le général Trochu s'avance et l'arrête sans façon. L'intelligente et souriante figure du général Fleury se montre à la portière.

— Hé bien! vous empêchez le service de l'Empereur! Sachez que je vous apporte un armistice et sans doute la paix. Vous allez être content!

Et la berline repart.

Dire quelle fut la stupéfaction des généraux, cela me semble inutile.

Un d'entre eux ne put s'empêcher de s'écrier :

— Et les Italiens, à qui nous avons, à Milan, solennellement promis de les mener jusqu'à l'Adriatique!

Au retour de Vérone, et après avoir rendu compte à l'Empereur du résultat de sa mission, le général Fleury raconta quelques détails des entretiens purement militaires qu'il avait eus avec des généraux autrichiens, particulièrement avec le prince de Hesse-Darmstadt[1].

Je suis heureux, dans un sentiment de légitime orgueil, de consigner ici les termes exacts dont le prince s'est servi.

— Vous avez, lui dit-il, d'admirables soldats, d'une bravoure et d'un élan irrésistibles. A un certain mo-

1. Non le maréchal de Hesse, comme le dit M. Duquet (*la Guerre d'Italie, 1859*).

ment de la journée, j'ai pu le constater lorsqu'ils gravissaient les pentes qui aboutissaient au plateau de Solferino, ils avaient à traverser une route qui contourne le flanc de la montagne. J'avais placé sur cette route deux pièces chargées à mitraille. Elles firent feu au moment où vos tirailleurs et vos têtes de colonne y arrivaient. Croiriez-vous que cela ne les a pas arrêtés!

« Pourquoi, ajouta le prince, l'Empereur Napoléon s'est-il toujours tenu sur des positions aussi découvertes? Nous l'apercevions distinctement, et pendant toute la durée de la bataille une batterie et une compagnie de chasseurs tyroliens ont été spécialement chargés de tirer sur lui et sur son état-major.

— Nous nous en sommes plusieurs fois aperçus, répondit en souriant le général Fleury.

Le prince Napoléon était arrivé et avait déjà conféré avec l'Empereur. En sortant de chez Sa Majesté, il dit à voix basse à des officiers de la maison qu'il connaissait de longue date :

— *Il faut s'arrêter, le moment est arrivé de traiter de la paix.*

Le prince Napoléon avait compris et approuvé les considérations politiques qui avaient interrompu les hostilités.

Placé entre l'ardent patriotisme dont il a toujours été animé, et les intérêts dynastiques de la maison de Savoie que son récent mariage pouvait l'entraîner à défendre, aucune hésitation n'était à craindre de sa part. Son sens politique et sa merveilleuse intelligence suffisaient d'ailleurs à le rallier aux avis de modération de l'Empereur.

Je voudrais et je pourrais peut-être m'arrêter plus longtemps sur la grande personnalité du prince Napoléon ; mais la fière et peut-être regrettable indifférence qu'il a opposée à toutes les injustices dont il a été abreuvé, me semble imposer le même silence à ceux qui ont toujours été et sont restés ses amis. Que ceux qui ont égaré l'opinion publique, — qu'ils aient obéi à de coupables passions, ou qu'ils aient été incapables d'apprécier le caractère, le cœur, l'intelligence et l'esprit du prince, — portent la responsabilité de leur mauvaise foi ou de la fausseté de leur jugement.

Pendant le séjour de l'Empereur à Valeggio, le général Fleury fut envoyé une seconde fois à Vérone, et malgré le secret absolu gardé sur les négociations des deux Empereurs, il n'y avait plus guère de doute sur leur issue ; une entrevue des deux souverains paraissait imminente.

Un jour, l'Empereur fit appeler le commandant Brady et le chargea de porter une lettre au roi Victor-Emmanuel. Dans cette lettre l'Empereur signalait quelques désordres et quelques actes d'indiscipline, maraude et pillage, qui s'étaient produits dans les divisions italiennes placées sous les ordres du prince Napoléon, et qui étaient composées des contingents de Parme, de Lucques et de Florence ; il demandait que ces divisions, organisées à la hâte, fussent rattachées administrativement à l'armée sarde.

Il faisait, depuis l'arrivée à Valeggio, une chaleur accablante. L'officier chargé de la missive de l'Empereur remonta la rive gauche du Mincio jusqu'à Monzambano, où il trouva le Roi établi dans un cottage, abrité par de grands arbres et de frais ombrages.

Le quartier général avait été habilement choisi et avait un aspect confortable fort différent de celui de l'Empereur.

Après avoir pris connaissance de la lettre qu'on venait de lui remettre, le Roi, semblant se parler à lui-même, prononça ces quelques paroles :

— Pauvres gens! ils sont bien excusables. Ils sont partis de chez eux sans organisation régulière. Il ne faut pas s'étonner qu'ils cherchent des moyens d'existence. *D'ailleurs, on les a amenés ici bien inutilement.*

Puis, s'adressant au commandant Brady qui portait pour la première fois l'épaulette d'officier supérieur qu'il avait si brillamment gagnée :

— Approchez-vous du buffet, commandant, et prenez quelques rafraîchissements pendant que je vais répondre à l'Empereur.

Le buffet pouvait donner une haute opinion du chef du service de bouche du roi de Sardaigne. Des viandes froides, des pâtisseries et des fruits de toute espèce ; des flacons et des carafes plongés dans des glacières. On n'avait jamais rien vu de pareil au quartier général de l'Empereur.

Les quelques paroles prononcées par Victor-Emmanuel, après avoir pris connaissance de la lettre de l'Empereur, avaient été accompagnées d'un sourire dont la signification était facilement lisible sur sa physionomie. Il était à la fois empreint de tristesse et de découragement : ce n'était pas sans amertume que le Roi se voyait forcé de renoncer à la réalisation *complète* de ses espérances : à la possession de Venise et d'une partie des côtes de l'Adriatique.

Il y eut le lendemain une prise d'armes générale de l'armée. Depuis l'arrivée de l'Empereur à Valeggio, le thermomètre était fixé entre 35° et 40°, et il était prudent, au point de vue de la santé des troupes, de ne pas les laisser dans une trop longue immobilité.

Cette prise d'armes eut donc tout le caractère d'une grande manœuvre, en même temps que celui d'une reconnaissance inoffensive du terrain accidenté qui s'étend de la rive gauche du Mincio dans la direction de Vérone.

L'Empereur prit le commandement et la direction du mouvement, et toutes nos divisions déployées dans un ordre imposant vinrent couronner les hauteurs avoisinantes. On simula quelques préparatifs d'attaque, l'artillerie se mit en batterie sur plusieurs points, et, après un repos d'une demi-heure pendant lequel les soldats firent du café, l'armée se mit en retraite dans le même ordre et rejoignit ses bivouacs et ses cantonnements.

Quelques instants après le retour à Valeggio, l'Empereur parut sur une galerie couverte qui reliait au premier étage les deux pavillons occupés par Sa Majesté. Il tenait à la main un rouleau enveloppé de papier et fit signe à un de ses officiers, un commandant, de monter.

Ce rouleau contenait un bâton de maréchal de France qui venait d'arriver de Saint-Thomas-d'Aquin, et que le commandant devait remettre au maréchal Regnauld de Saint-Jean-d'Angély.

En sa qualité d'officier d'artillerie, cet honneur lui revenait presque de droit. A un caractère plein de droiture, de loyauté et d'énergie, le brave maréchal joignait les plus attachantes qualités de cœur, et il imposait, à tous ceux qui avaient l'honneur de servir sous ses ordres, la plus sincère et la plus respectueuse affection.

Le commandant courut jusqu'à la porte de la maison qu'occupait le maréchal, et qui était peu éloignée du quartier impérial; introduit auprès de lui, il lui remit, de la part de l'Empereur, l'attribut de la plus haute dignité militaire.

Le maréchal, qui était très souffrant, le prit des deux mains, fit le geste de le porter à ses lèvres, balbutia quelques paroles d'une voix si émue qu'on l'entendait à peine, puis, serrant la main de l'officier d'ordonnance de l'Empereur, il lui dit :

— Portez mes remerciments à l'Empereur.

Très ému lui-même, le commandant sortit à la hâte, se disant comme à une première entrevue à Magenta :

— Quel brave homme !

En rentrant au quartier impérial, le commandant trouva encore l'Empereur sur la galerie couverte. En montant pour porter à Sa Majesté les remercîments du maréchal, une particularité, qui eut pour les autres, comme pour lui-même, presque le caractère d'un phénomène, le frappa d'étonnement : l'Empereur avait sa tunique *entièrement ouverte sur la poitrine*.

Cela ne s'était jamais vû, pendant toute la campagne, non plus qu'au camp de Châlons de 1857, et quelle que fût l'intensité de la chaleur, personne n'avait jamais pu apercevoir sur son visage, ou sur ses cheveux, la plus légère apparence de sueur.

Cette remarque, que tous les officiers de l'entourage de l'Empereur avaient faite, semble confirmer jusqu'à un certain point une de mes croyances physiologiques les plus enracinées : c'est qu'il y a entre le moral et le physique de la plupart, pour ne pas dire de tous les hommes, une corrélation presque indissoluble. Il devait y avoir à la transpiration de la pensée de Napoléon III, *le Taciturne*, un obstacle aussi infranchissable que l'était son épiderme à la chaleur *latente* de son corps.

Dans le courant de la soirée, le général Trochu vint au quartier impérial pour la première fois : les aides de camp de l'Empereur voulurent provoquer le récit de l'attaque de Casanuova et de Guidizzolo, si vivement, si brillamment exécutée par lui à la tête de deux régiments et du bataillon de chasseurs à pied de la brigade Bataille.

La parole du général, si facile et si abondante sur d'autres sujets, prend un caractère tout différent dans le récit d'un glorieux fait d'armes. Elle devient brève, précise et vigoureusement militaire, et, pour me servir d'une expression qui lui est familière, le tableau n'en est que plus *saisissant*.

Il est de fait que, grâce à la façon toute spéciale dont le général Trochu avait su dresser ses troupes, la formation en ordre oblique de cette véritable charge d'infanterie s'avançant baïonnette baissée, sans tirer un coup de fusil, au son de 200 tambours battant la charge, et au choc irrésistible de laquelle les Autrichiens furent forcés de plier en abandonnant de fortes positions définitivement conquises; il est de fait que cette action fut une des plus brillantes de la campagne d'Italie.

On apprit enfin le 11 juillet que l'entrevue des deux Empereurs devait avoir lieu le lendemain à Villafranca, village situé à 5 ou 6 kilomètres environ de Valeggio.

Le 12 au matin, l'Empereur monta à cheval, et, suivi de sa maison militaire, de quelques officiers de l'état-major général, escorté par les cent-gardes, arriva à 10 heures précises dans Villafranca, sans rencontrer François-Joseph.

— L'Empereur est un peu en retard, dit Napoléon III avec simplicité, marchons à sa rencontre.

La route, après avoir dépassé Villafranca, fait un coude à gauche, dans la direction du Nord-Est, pour aboutir presque en droite ligne à Vérone. A partir de ce point, les terrains qu'elle parcourt, fortement ondulés, ne permettent pas à la vue de s'étendre au delà de 2 kilomètres.

L'Empereur, après avoir traversé le village sans

s'arrêter, continua à s'avancer jusqu'à 2 kilomètres environ au delà de Villafranca. Arrivé à un point élevé où la route descendait dans une vallée pour remonter ensuite sur le plateau qui s'étend jusqu'à Vérone, on aperçut la tête de colonne autrichienne, au moment où elle apparaissait sur la crête opposée.

L'Empereur fit signe d'arrêter, et, mettant son cheval au galop, descendit la côte rapidement. Il commençait à traverser le fond de la vallée lorsque l'empereur François-Joseph, qui avait commencé lui aussi à descendre la côte opposée au pas, reconnaissant Napoléon III, mit également son cheval au galop, et vint s'arrêter à sa hauteur.

Les deux souverains, après s'être salués militairement, se tendirent la main, et commencèrent à se rapprocher de l'état-major français. L'escorte de cavalerie autrichienne avait rejoint rapidement les deux empereurs.

Napoléon III, avec le tact délicat et l'exquise courtoisie dont il ne s'est jamais départi, avait pris la gauche de l'empereur d'Autriche. Les officiers français se mirent en bataille sur le côté droit de la route, pour pouvoir se placer dans le même ordre par rapport à l'état-major autrichien.

Ces officiers se reconnurent pour s'être vus à Paris dans des temps plus tranquilles.

Arrivé à leur hauteur, l'Empereur voulut présenter nominativement ses aides de camp à l'empereur d'Autriche; mais après avoir nommé le maréchal Vaillant, le général de Montebello, le général Ney et le général

Fleury, la mémoire lui fit complètement défaut, et il passa en riant devant les autres sans les nommer.

Cette absence de mémoire momentanée s'explique aisément, et l'instant était assez grave et solennel pour que la pensée de l'Empereur fût absorbée tout entière par l'entrevue qu'il allait avoir, par le traité de paix dont il allait, quelques minutes plus tard, poser les préliminaires.

Les deux Empereurs reprirent la route de Villafranca, et les deux états-majors, les deux escortes marchant côte à côte, les suivirent à distance.

On fit halte devant la maison qui avait été choisie pour l'entrevue, et tout le monde mit pied à terre.

L'empereur d'Autriche présenta à son tour à l'Empereur des Français les généraux qui l'accompagnaient.

Le premier fut le feld-zeugmeister baron de Hess, chef d'état-major général.

En l'entendant nommer, l'Empereur lui tendit la main, et lui dit, avec un de ses meilleurs sourires :

— Je suis fier, maréchal, d'avoir pu faire la guerre en face d'un glorieux soldat de Wagram.

Le maréchal baron de Hess était un homme de petite taille. Ses traits un peu durs étaient empreints d'une rare énergie, et sa vigueur, sa vivacité d'allure étaient extraordinaires pour son âge.

Enfermé dans un uniforme de hussard ajusté comme celui d'un sous-lieutenant, dans une culotte et des bottes à la hongroise, il semblait n'avoir été qu'effleuré par les cinquante années qui s'étaient écoulées entre Wagram et Solferino.

En entendant le flatteur compliment que le neveu de Napoléon Ier venait de lui adresser, il s'inclina profondément, puis se redressa brusquement dans une attitude pleine de fierté. Son visage, tout à l'heure assombri, s'était éclairé et avait pris une expression qui, si elle ne pouvait être celle de la joie dans un pareil moment, était assurément celle d'une touchante émotion. Son regard, fixé sur celui de l'Empereur dont il tenait encore la main, avait perdu toute sa dureté, ses épais sourcils froncés s'étaient relevés, et l'on put croire que, pendant quelques instants, le chef d'état-major autrichien oublia toutes les amertumes qu'une guerre malheureuse laisse amoncelées dans le cœur d'un brave soldat.

Lorsque les deux Empereurs furent entrés dans la modeste maison basse où de si graves questions allaient être débattues, et où allaient être posées les conditions d'une paix dont les redoutables conséquences n'apparaissaient pas encore dans toute leur réalité, le maréchal de Hess s'approcha vivement d'un groupe d'officiers autrichiens qui s'étaient tenus à l'écart, et leur répéta avec un empressement bien compréhensible l'hommage que Napoléon III venait de rendre à sa longue et glorieuse carrière.

Quant aux officiers français, sentant qu'ils devaient faire les premiers pas, ils s'approchèrent d'eux pour les saluer.

Ils furent accueillis à Villafranca comme à Cavriana par une froide, mais exquise politesse ; la plupart des **officiers français** alors présents ont trop appris depuis tout ce que leur situation vis-à-vis des vainqueurs pouvait avoir de douloureux et de pénible, pour ne pas reconnaître ce que leur attitude froide et réservée avait de louable et de respectable à la fois.

Elle pouvait donner à juste titre la plus haute opinion du caractère et des sentiments de dignité des officiers autrichiens.

L'entrevue des deux Empereurs fut moins longue qu'on ne l'avait prévu. Au bout d'une heure environ ils sortirent, et, après avoir causé à l'écart pendant quelques instants encore, ils se serrèrent la main et se séparèrent avec toutes les apparences d'une entente complète et d'un accord définitif.

François-Joseph avait le visage altéré par l'émotion, les yeux presque rouges.

Les officiers français, après avoir échangé des saluts avec les officiers autrichiens, remontèrent à cheval et suivirent l'Empereur, qui ne reprit la route de Valeggio qu'après avoir accompagné l'empereur François-Joseph jusqu'aux dernières maisons de Villafranca.

A la sortie de Villafranca, l'Empereur dit :

— La paix est faite. Je l'aurais désirée plus productive ; mais quand j'ai demandé la Vénétie, il a fondu en larmes et m'a dit : « Prenez ce que vous avez déjà ; mais ne me demandez pas autre chose ; mon honneur, plus que mes intérêts, me commande de résister. »

L'Empereur ajouta :

— J'ai consenti. J'avais affaire à un galant homme.

CHAPITRE XXI

Devoir de l'historien. — Le général Martimprey. — Le général Jarras. — L'armée française. — Imprévoyance et duplicité. — Préjugés funestes. — Déception. — Situation politique. — Napoléon III. — La préface de 1870. — État-major général. — Démission de Cavour. — Froid significatif. — Saint-Cloud.

Tel fut le dénouement de la campagne d'Italie de 1859, qui, malgré son improvisation et l'étonnant décousu de son exécution, malgré ses nombreuses fautes d'ensemble et de détails, fut incontestablement glorieuse pour l'armée française et pour l'Empereur Napoléon III.

Pour juger, dans leur ensemble, les opérations d'une campagne, leur conception, leur exécution; pour attribuer au chef de l'armée et à chacun de ses lieutenants la part de responsabilité qui lui revient, une connaissance approfondie des faits et un inébranlable sentiment d'impartialité sont nécessaires; mais il ne faudrait pas croire que ces deux conditions sont toujours suffisantes pour mettre l'historien à l'abri de toute erreur, et il est un ordre de faits qu'il ne saurait jamais aborder avec trop de prudence et de circonspection, sous peine de les dénaturer ou au moins de les présenter sous un aspect qui n'est pas toujours la réalité. Je veux parler des événements du champ de bataille.

Pour ceux-là en particulier j'estime que le droit de les apprécier, de les exalter ou de les critiquer, appartient exclusivement à ceux qui en ont été les auteurs ou au moins les *témoins oculaires, et c'est pris à cette source que les renseignements présentent le plus de garanties d'exactitude et de sincérité.*

Il est d'ailleurs une maxime qui semble avoir force de loi pour l'historien militaire, plus que pour tout autre :

Scribitur ad narrandum, non ad probandum[1].

J'ai dû plusieurs fois signaler l'impéritie, l'inactivité et l'imprévoyance du grand état-major général. Je dois justifier ce sévère jugement et préciser ma pensée.

Dans cet état-major, si incomplètement organisé, si peu et si mal dirigé, il y avait pourtant de bons éléments, des officiers vigoureux, actifs et intelligents ; les uns ayant déjà une expérience de la guerre acquise en Afrique et en Crimée, les autres débutant avec le zèle et l'ardeur qu'inspire une première campagne.

A leur tête l'Empereur avait placé un brillant gé-

---

1. On écrit pour raconter, non pour prouver.

néral qui, à ses qualités d'homme de guerre, en joignait de plus rares encore, car il était l'homme de tous les dévouements et l'esclave de tous les devoirs. Seul et indépendant, il aurait été capable d'organiser, de régler et de mettre en mouvement cette machine de guerre, déjà compliquée alors, plus compliquée que jamais aujourd'hui, qui est à la fois le grand ressort et l'étoile polaire d'une armée. *Malheureusement*, le général de Martimprey était un soldat *trop discipliné* et *trop obéissant*, et pendant toute la campagne il devait être paralysé et presque annulé par l'inertie somnolente du maréchal Vaillant, qui resta au-dessous de la tâche redoutable *qu'il avait sollicitée*, comme il était resté au-dessous de celle de ministre, dans la préparation de la guerre.

Quant à la personnalité effacée du sous-chef d'état-major, le général Jarras, je n'en dirai rien que tout le monde ne sache. Il a été à l'armée d'Italie ce qu'il avait été à l'armée de Crimée, un rouage inutile, souvent nuisible, en attendant qu'il devînt onze ans plus tard, à l'armée de Metz, un homme fatal par son ignorance, son incapacité et son insolente outrecuidance. Il n'y a jamais eu en lui d'autre aptitude que celle d'un secrétaire de bureau, commis aux écritures.

Lorsque la guerre d'Italie succéda à celle de Crimée, cette dernière avait formé des soldats admirables, mais des officiers insuffisants. Quant à l'organisation générale de l'armée, c'était toujours celle de 1815, elle n'avait pas avancé d'un pas. L'intendance surtout, malgré les brillantes qualités des officiers qui la composaient, avait été constamment au-dessous de sa tâche. Il est vrai que celle des Anglais en Crimée ne s'était pas montrée supérieure. Des deux parts, les officiers généraux avaient manqué de prévoyance, et plus d'une fois l'on avait été à deux doigts d'un Sedan anticipé. La fortune des armées alliées n'avait été ramenée que par la solidité des troupes, surtout celles des Anglais, — à Inkermann, par exemple.

Que serait-il advenu si ces derniers n'avaient pas opposé aux Russes une résistance tellement acharnée, qu'après le combat on trouva des paquets de cadavres Russes dans les tentes mêmes des Anglais?

Jamais ne s'était trouvée mieux justifiée la remarque du maréchal Bugeaud qui disait d'eux :

— « L'infanterie anglaise est la plus redoutable de l'Europe; heureusement, il n'en existe pas beaucoup. »

Il faut cependant rendre à la nôtre cette justice qu'elle avait lutté avec elle de patience, de persévérance et d'obstination, dans cet interminable siège de Sébastopol qui mettait à l'épreuve le tempérament encore plus que les courages, et qu'à côté des soldats choisis d'outre-Manche, les nôtres, fournis au hasard par la conscription — et épurés, par le remplacement, de leurs plus riches éléments, — avaient fait preuve d'une solidité froide qu'on leur refusait généralement. On n'est porté à voir dans le Français que le Parisien, qui devient de plus en plus cosmopolite; mais si l'on considère les divers éléments dont se compose la France, on constate qu'elle est composée dans son ensemble de races douées de moins d'élan que d'obstination. Tels sont les Bretons, les Normands, les Flamands, les Gascons, les Auvergnats, les Cévenols, les Savoyards, les Francs-Comtois, etc.

Réellement la qualification de légers ne peut s'appliquer qu'aux Français d'une partie des bassins de la Seine et de la Loire; les autres ne le cèdent en rien à tout ce qu'il peut y avoir de plus rancunier et de plus opiniâtre en Angleterre et en Allemagne.

Malheureusement, depuis le premier Empire, tous les gouvernements qui se sont succédé en France ont trop compté sur les qualités militaires qu'on ne saurait contester à notre race, sans se préoccuper suffisamment de ses défauts.

Le plus grand et le plus redoutable est l'imprévoyance inimaginable des classes dirigeantes. On ne saurait se rendre compte par exemple du désarroi du ministère de la guerre lorsqu'il fut question d'envoyer en Orient un corps d'observation de 35 000 hommes.

On saura un jour les immenses services que le général Trochu, chef du personnel au ministère de la guerre, rendit alors à sa patrie.

Malheureusement, à force d'imprévoyance on finit par lasser la fortune; c'est ce qui ne pouvait manquer d'arriver à l'Empereur Napoléon III, qui l'avait érigée en système.

Il y joignait une étrange duplicité vis-à-vis de ceux qu'il chargeait de l'exécution de ses ordres.

Pendant la guerre de 1866 entre la Prusse et l'Autriche, son attitude ne fut ni moins extraordinaire ni moins illogique, car il commit la faute surprenante de ne pas mettre de corps d'observation sur la frontière des belligérants, pour faire valoir les intérêts de la France si l'occasion s'en présentait.

Ce ne fut pas une négligence de la part de l'Empereur, mais il aimait à traiter en dehors de son ministère, et Bismarck, en négociant personnellement avec lui, avait obtenu qu'il renoncerait à toute action militaire, en faisant miroiter à ses yeux le rôle d'arbitre entre la Prusse et l'Autriche, rôle qui devait être payé de la cession de la rive gauche du Rhin.

L'Empereur partageait les préjugés de son entourage, — et, on peut le dire, de la presque totalité des officiers supérieurs français, — sur l'efficacité du système militaire prussien. Personne ne croyait à sa solidité ; on se figurait trop complaisamment que des soldats qui ne servaient que trois ans ne pouvaient être sérieux, on les considérait comme de vrais mannequins à ressorts, dont l'unique qualité était de faire correctement l'exercice. Quant au reste, ce n'étaient que des enfants bien dressés, incapables de supporter une campagne de six mois.

L'Autriche possédait au contraire une armée superbe dont on avait pu apprécier toute la solidité pendant la campagne d'Italie, tandis que les Prussiens n'avaient pas fait la guerre depuis 1815.

D'ailleurs, la question n'était pas là; la guerre durerait bien au moins six mois, pensait l'Empereur, et au bout de six mois les deux parties seraient tellement affaiblies, tellement diminuées, que la France sans avoir brûlé une amorce devait s'en trouver grandie en proportion, et recueillir sans peine le fruit de l'arbitrage promis par M. de Bismarck, cette rive gauche du Rhin qui est destinée à être éternellement disputée entre la race germanique et la race latine.

Indescriptible fut la déception de toutes les hautes sphères gouvernementales lorsqu'une série de victoires foudroyantes termina la campagne en quelques jours. La Prusse n'eut que faire du concours de Napoléon III, M. de Bismarck imposa ses conditions à Sadowa, et, au lieu de nous céder la rive gauche du Rhin, il ne songea plus qu'à y adjoindre l'Alsace.

Ce rôle d'arbitre qui avait leurré Napoléon III, ce fut l'empereur de Russie qui le joua avec un plein succès, quatre ans plus tard, en déchirant le traité de Paris.

On avait voulu l'unité de l'Italie, on avait commencé, sans le vouloir, l'unité de l'Allemagne, Sedan paracheva les deux unités qui relégueraient à tout jamais la France au second rang, si l'accroissement démesuré de la puissance russe ne devait pas contraindre la race latine à suivre l'exemple de la race germanique, et à grouper ses 100 millions de catholiques latins, pour faire contrepoids aux 100 millions d'orthodoxes de la Russie.

Sinon, la race germanique, qui ne peut réunir en tout que 50 millions, serait dévorée la première.

Aussi, du vivant même de M. de Bismarck, en est-elle

réduite à un rôle qui deviendra de plus en plus difficile et périlleux, celui de chercher des alliés pour résister à la Russie, dont seule elle ne peut plus soutenir le choc.

Tels ont été les résultats immédiats de ce système des nations armées ; il était clair *a priori* que ce système, en assurant à la Russie une supériorité éphémère, ne pouvait finalement profiter qu'au nombre.

La guerre d'Italie s'annonça bien plus longtemps à l'avance que celle de Crimée ; aussi le général Trochu l'avait-il prévue malgré la duplicité proverbiale de l'Empereur, qui songeait toujours à la guerre quand il parlait de paix, et réciproquement ; on le vit bien à Solferino. Il avait donné pour devise à son règne : *L'Empire c'est la paix*. Singulière paix, puisqu'il ne cessa point de faire la guerre.

A celle de Crimée succédèrent les guerres d'Italie, de Chine, de Syrie, du Mexique et finalement la guerre avec l'Allemagne, sans compter les menus combats d'Afrique et de Cochinchine.

Nous n'insisterons plus sur les motifs de la guerre d'Italie : le pays se laissa entraîner par les événements, mais pour l'Empereur ce ne fut, je le répète encore, que l'exécution d'un engagement de jeunesse.

Napoléon III avait 51 ans quand il entreprit la campagne d'Italie ; il était sain de corps et d'esprit, en pleine possession de ses facultés, montrant constamment une tendresse excessive pour le merveilleux pays, qu'il voulait rendre libre, des Alpes à l'Adriatique, et constituer plus tard en confédération.

Pendant toute la campagne, qui dura du 10 mai au 19 juillet, l'Empereur fit preuve d'une égalité d'âme qui n'eut de comparable que sa bienveillance de tous les instants envers les chefs de l'armée et sa sollicitude pour les soldats.

Supportant la fatigue sans que personne s'en aperçût, — qu'il fût à cheval ou dans son cabinet, dans les grandes villes enthousiasmées, comme aux plus humbles cantonnements, — il était discret, courtois, n'ayant l'air d'avoir aucune préoccupation autre que celle de se conserver l'affection et le respect. — Son esprit en travail continuel s'était promptement initié à la lecture de la carte, et s'il n'avait pas la pratique des choses militaires, il savait conserver la direction des opérations.

Il en donna une preuve non équivoque lorsque, après Montebello, il prit *de lui-même la résolution* de placer, par un énorme mouvement, toute l'armée sur la *route de Milan*.

Dans les deux grandes batailles livrées, il eut naturellement des instants d'inquiétudes, qui ne se traduisirent jamais en angoisses — apparentes du moins. Si ce n'est, une fois, je l'ai déjà dit, au pont du Tessin.

Le soir de Solferino, il marchait de sa personne en tête des voltigeurs de la garde pour attaquer le village de Cavriana, où il voulait coucher.

Les batailles d'Italie ont été des batailles de rencontre. Ce sont les plus favorables au génie et aux aptitudes de l'armée française.

Notre armée a besoin d'expansion ; elle demande à

marcher, rarement à s'arrêter. En cela toute différente de l'incomparable génie anglais que Wellington sut si bien mettre en lumière à Torrès Vedras et à Waterloo ; et que plus tard nous retrouvâmes aussi caractéristique à la défense des positions d'Inkermann par la Garde anglaise (5 novembre 1854).

Comme on le voit, la guerre de 1859 était bien la préface de 1870. Heureusement pour nous, l'Autriche n'était pas mieux préparée ; mais le jour où nous nous heurterions à un état-major vigilant et consciencieux, notre sort était tracé d'avance.

La France n'avait alors aucune idée d'une mobilisation rapide ; c'est un mot qui ne se trouve même pas dans le fameux ouvrage tout à fait prophétique, du général Trochu, publié en 1867, sous le titre : *l'Armée française,* — bien que la chose y soit traitée à fond, car la foudroyante campagne de Sadowa avait déjà ouvert les yeux d'officiers d'un esprit moins pénétrant que le sien.

En rapprochant les deux dates de 1815 et de 1859, il est difficile de ne pas reconnaître qu'il a été fait une double expérience pleine d'enseignements et d'avertissements pour l'avenir.

Pendant la campagne de 1815, l'état-major général comptait encore dans ses rangs beaucoup d'officiers ayant servi sous les ordres de Berthier, et formés à son école ; et pourtant tous ces éléments, si perfectionnés par le prince de Wagram, fonctionnèrent mal, ou incomplètement, dans la main du maréchal Soult, qui n'avait ni l'expérience ni les spéciales et merveilleuses aptitudes de son prédécesseur. Pendant la courte durée de la campagne, sur le champ de bataille de Ligny, plus encore sur celui de Waterloo, les ordres de l'Empereur furent tantôt mal compris, tantôt mal transmis, partout mal exécutés. Là aussi avait fait défaut cette activité fiévreuse, qui avait amené Berthier, non seulement à transmettre les ordres du grand capitaine avec une prodigieuse rapidité, mais encore à les faire confirmer par un ou deux officiers, qui leur donnaient le caractère de précision et d'urgence si nécessaire à la guerre.

Bien que la vapeur et l'électricité aient pris rang, comme moyen de communication, entre les diverses fractions d'une armée, il n'en faut pas moins tirer conclusion de cette remarque historique.

La conclusion, c'est que l'état-major d'une grande armée, ce corps sans troupes, qui ne doit compter dans ses rangs que des officiers instruits et distingués, et qui tend à prendre chaque jour une plus haute importance, ne peut être placé que sous les ordres d'un général d'élite, possédant une science et une expérience profonde de la guerre, et doué d'un de ces rares et lucides esprits qui peuvent embrasser à la fois toutes les complications d'un pareil rôle, l'ensemble des grandes opérations et les nombreux et minutieux détails de leur exécution.

Il me paraît donc difficile de disjoindre les fonctions de généralissime de celles de chef d'état-major général dans une armée républicaine, sans porter atteinte à l'unité de commandement.

Elles me paraissent devoir être concentrées dans la même main, sous peine d'élever autel contre autel et de s'exposer au plus dangereux antagonisme.

Cette grave question n'existe pas pour les armées étrangères, où le commandement suprême, réel ou fictif, appartient de droit au souverain.

Pour nous seuls elle reste encore debout, avec toutes ses menaces et tous ses dangers.

L'Empereur résolut de quitter Valeggio pour rentrer à Paris immédiatement.

Le roi Victor-Emmanuel le devançait à Milan et à Turin pour l'y recevoir à son passage.

Déjà dans les conseils du roi de Sardaigne tout était remis en question. Sa Majesté reçut la démission de Cavour, qui désapprouvait hautement la paix, se rapportant au programme annoncé :

« L'Italie libre jusqu'à l'Adriatique. »

Le roi fit semblant d'être outré de la résolution de Cavour, lui représentant qu'il l'abandonnait au moment où il avait le plus besoin de lui. Rien n'y fit. Cavour se retira.

Le roi ne lui épargna aucune épithète injurieuse dans ses conversations.

C'est au milieu de ce trouble que l'Empereur rentra à Milan. L'accueil fut bien différent de celui qu'il avait reçu après Magenta ; mais on pouvait encore le considérer comme acceptable.

A Turin, il y eut un froid significatif. Après avoir été reçu au dîner de gala par le Roi, l'Empereur montait en wagon le 18 juillet à 3 heures et demie du matin, et rentrait dans le parc de Saint-Cloud le 19 juillet, par la grille qui le borde, en face de la porte Jaune.

L'Impératrice le reçut à la descente du wagon avec des témoignages de satisfaction et de tendresse très accentués.

On prit immédiatement ses ordres pour les réceptions des corps de l'État qui devaient haranguer l'Empereur, après la proclamation où il cherchait à justifier auprès du Pape, de l'Italie et de l'Europe la résolution qu'il avait prise de renoncer à l'exécution complète du programme.

Les harangues furent louangeuses, comme on devait s'y attendre.

Le Corps législatif, le Sénat, célébrèrent à l'envi les inspirations de génie de l'Empereur.

Il y eut un incident amusant au milieu de cette pompe officielle.

L'Empereur se rendait avec l'Impératrice dans le salon de Saint-Cloud, où le Sénat était rassemblé. Tout en marchant, il boutonnait son gant et dit en souriant à l'Impératrice :

— Ce diable de Troplong m'embarrasse. J'ai connaissance de son discours ; il me compare à Scipion.

L'éclat de rire de l'Impératrice fut interrompu par un malin officier d'ordonnance, qui la regarda et lui dit :

— C'est, Madame, le plus grand éloge que l'on

puisse faire d'un *souverain époux*. Scipion était l'homme le plus tempérant de son temps.

On n'a pas dit si cette singulière interprétation avait reçu l'agrément des intéressés.

FIN

TABLE DES MATIÈRES

                                                    Pages.

PRÉFACE.   VII

CHAPITRE PREMIER. — L'attentat Orsini. — Suites de l'attentat. — L'Empereur a-t-il eu peur? — Une lettre du baron de Heeckeren. — Un acte d'affiliation. — Carbonari et francs-maçons. — L'Empire romain. — *Le Journal de Florence*. — Le secret de l'Empereur. — Ce que pensait M. Thouvenel. — Appel au peuple italien. — La reconnaissance de l'Italie..   1

CHAPITRE II. — Le mariage de la princesse Clotilde. — Mission du prince Napoléon auprès de l'empereur de Russie. — Préliminaires de guerre. — Départ de Paris. — Les fictions de l'intendance et la réalité. — Le 2ᵉ voltigeurs s'installe à Megnanigo..   30

CHAPITRE III. — Départ de l'Empereur. — *Première étape, Charenton!* — Les proclamations ne sont pas prêtes. — Une mission à Turin. — Chez Victor-Emmanuel. — Ce que pense le maréchal Canrobert. — Le procès du ministre de la guerre. — Renault, Trochu, Bourbaki. — Situation critique du général Lebœuf. — Le Senarmont du second Empire. — Chez l'Empereur..   44

CHAPITRE IV. — A Gênes. — Plus de préoccupations historiques que de discernement personnel. — Imprévoyance et impéritie ministérielles. — Par ordre de l'Empereur. — Chez les ministres de la guerre et du commerce. — M. Paris de la Bollardière. — Retour à l'armée. — Novi, Alexandrie. — Les premiers blessés de Montebello. — Égalité devant les balles..   56

Chapitre V. — Une lettre du général d'Autemarre. — Le lieutenant-colonel Mangin. — Le devoir est de marcher au canon. — Attaque soudaine. — Appréciation de M. de Moltke. — Trop de responsabilité. — Pourquoi les subalternes manquent d'initiative. — Le général Bazaine veut marcher au canon. — La légende. 68

Chapitre VI. — Un *signor dottore*. — Chevaleresque équipée. — L'intendance à Novare. — Conséquences du passage des Africains. — Le devoir *n'est plus* de marcher au canon. — Fausse alerte. — Passage du Tessin. — Un souvenir de jeunesse. — On se débrouille. — *La Cascina podreynana*. — Un malheureux capitaine de Tyroliens. . . 82

Chapitre VII. — Le 2⁰ voltigeurs prend les armes. — Rectifiez la position des guides. — Mac-Mahon. — Les tambours battent la charge. — Effet moral. — Deux chiens de faïence. — Héros inconnus. — Une ambulance. — Comment on se défait d'un officier trop sévère. 95

Chapitre VIII. — Napoléon III à Novare. — Inaction de l'ennemi. — Une mission auprès de Victor-Emmanuel et de Mac-Mahon. — Rapport à l'Empereur. — Une surprise désagréable. — Vive inquiétude. — Nouvelle mission auprès de Mac-Mahon. — La Bicoque. — Le champ de bataille. — Premier rapport de Mac-Mahon. — « Grande bataille, grande victoire. ». 103

Chapitre IX. — Position de l'armée. — Entrevue de Napoléon III et de Victor-Emmanuel. — Comment Mac-Mahon fut fait duc et maréchal de France. — Le général Regnauld de Saint-Jean-d'Angély est nommé maréchal. — Un bain hygiénique. — Les profits d'une défaite. — Essais tardifs. — Le marquis de Cadore. — L'Empereur est *tout seul*! — Effet moral. — Un combat *inédit*. — Le siège d'Alexandrie. — Conférences militaires. 115

Chapitre X. — Insuffisance et inaptitude du grand état-major. — Le service d'espionnage. — Une plaisanterie de l'Empereur. — Le défaut d'impartialité. — Attaque de Buffalora. — Les généraux de Lamotterouge, Espinasse. — Mac-Mahon raconte la bataille de Magenta. — Une grande perte pour Napoléon III. — Un rapport interminable. — Le commandant Schmitz a tous les courages. — Récompense méritée. — Ils sont superbes. — Mort de *Philips*. 129

Chapitre XI. — Chez l'apothicaire. — Le champ de bataille. L'arc du Simplon. — Milan. — Entrée triomphale. —

TABLE DES MATIÈRES.

Pages.

Te Deum. — Une heure de détente. — Singulière guerre. — Les drapeaux de Magenta. — Le nonce du Pape. — Une dépêche de l'Empereur. — Ignorance politique des ministres de Napoléon III. 146

CHAPITRE XII. — Succès et échec. — Le maréchal Baraguey d'Hilliers. — Une relation de la campagne de 1859. — Voici *peut-être* la vérité. — Le maréchal Lefebvre. — A la *Scala*. — La cathédrale. — Place du Dôme. — Une visite de nuit à la cathédrale. — Divers sentiments de la population milanaise. — Le syndic de Gorgonzola. — Treviglio. 157

CHAPITRE XIII. — Plus heureux que sage. — La popote de Gamache. — Travagliato. — Un nouveau colonel. — Premier rapport. — Un bavard. — Grave erreur du bureau militaire. — Brescia. — Chez le comte Martinengo. — A la bonne franquette. — Le musée. 176

CHAPITRE XIV. — La bibliothèque du comte Martinengo. — Une généalogie. — Un dîner chez le comte de Santa-A... — Triste dépêche. — Départ de Milan. — Montechiaro. — Les pressentiments du capitaine Dupont. — Un souvenir 188

CHAPITRE XV. — Au delà de Castiglione. — *La Spia d'Italia!* — Une surprise. — En route. — Un sergent marié. — Le lieutenant Chassériaux. — C'est à recommencer. — Réflexion philosophique. — La voix de l'Empereur. — Chocolat Menier. — A l'assaut. — Musique militaire. . 199

CHAPITRE XVI. — Un modeste héros. — A bout portant. — Deux blessures. — Chez M. le maire. — Un drapeau. — Chasse à l'homme. — Les colonels Puech et Fournier. — Notre colonel. — Panorama grandiose. — Cinq prisonniers. — Une bonne prise. — Un peu d'intrigue. — Le capitaine Dupont. — Un étrange collaborateur. 214

CHAPITRE XVII. — Mort du général de Cotte. — Un enterrement militaire. — Le soldat français. — *C'est une grande bataille!* — Un peu de lumière. — Perte d'une épaulette. — Deux inséparables. — Mission du capitaine Brady. — Un drapeau autrichien. 232

CHAPITRE XVIII. — Fausse position du maréchal Canrobert. — Attaques insuffisantes. — Le général Niel. — Un révolutionnaire routinier. — Progression, instruction. — Fusées de guerre. — Retraite. — *Journée terminée*. Modération, lassitude. — *Addio cara Italia*. — Bataille de surprise. — Épouvantail chimérique. — Les généraux Rochefort et Luzy-Pélissac. — Marche en avant. — Un orage. 246

CHAPITRE XIX. — Une panique. — Mort du général Auger. — Nouvelle panique. — L'épopée de la poussière. — A Saint-Cloud. — Le maréchal Niel. — *Te Deum*. — Aux Champs-Élysées. — Négociations. — Cavriana. — Le général Niel chez l'Empereur. — A Goïto. — La raison d'État. — *Remember*. — Fâcheux conflit. 261

CHAPITRE XX. — Le siège de Peschiera. — Contre-ordre. — Mécontentement. — Le général Fleury. — Le prince Napoléon. — Le roi à Monzambano. — Grande manœuvre. — Un bâton de maréchal. — Croyances physiologiques. — Le général Trochu. — Entrevue de Villafranca 280

CHAPITRE XXI. — Devoir de l'historien. — Le général Martimprey. — Le général Jarras. — L'armée française. Imprévoyance et duplicité. — Préjugés funestes. — Déception. — Situation politique. — Napoléon III. — La préface de 1870. — État-major général. — Démission de Cavour. — Froid significatif. — Saint-Cloud. 295

Paris. — Typ. G. Chamerot, 19, rue des Saints-Pères. — 24967.

www.ingramcontent.com/pod-product-compliance
Lightning Source LLC
Chambersburg PA
CBHW060415170426
43199CB00013B/2154